LE SOULIER DE SATIN

PAUL CLAUDEL

de l'Académie française

Le soulier
de satin

VERSION INTÉGRALE

nrf

GALLIMARD

AU PEINTRE JOSÉ MARIA SERT

Deus escreve direito por linhas tortas.
Proverbe portugais.

Etiam peccata.
Saint Augustin.

... *Comme après tout il n'y pas impossibilité complète que la pièce soit jouée un jour ou l'autre, d'ici dix ou vingt ans, totalement ou en partie, autant commencer par ces quelques directions scéniques. Il est essentiel que les tableaux se suivent sans la moindre interruption. Dans le fond la toile la plus négligemment barbouillée, ou aucune, suffit. Les machinistes feront quelques aménagements nécessaires sous les yeux mêmes du public pendant que l'action suit son cours. Au besoin rien n'empêchera les artistes de donner un coup de main. Les acteurs de chaque scène apparaîtront avant que ceux de la scène précédente aient fini de parler et se livreront aussitôt entre eux à leur petit travail préparatoire. Les indications de scène, quand on y pensera et que cela ne gênera pas le mouvement, seront ou bien affichées ou lues par le régisseur ou les acteurs eux-mêmes qui tireront de leur poche ou se passeront de l'un à l'autre les papiers nécessaires. S'ils se trompent, ça ne fait rien. Un bout de corde qui pend, une toile de fond mal tirée et laissant apparaître un mur blanc devant lequel passe et repasse le personnel sera du meilleur effet. Il faut que tout ait l'air provisoire, en marche, bâclé, incohérent, improvisé dans l'enthousiasme! Avec des réussites, si possible, de temps en temps, car même dans le désordre il faut éviter la monotonie.*

L'ordre est le plaisir de la raison : mais le désordre est le délice de l'imagination.

Je suppose que ma pièce soit jouée par exemple un jour de Mardi-Gras à quatre heures de l'après-midi. Je rêve une grande salle chauffée par un spectacle précédent, que le public envahit et que remplissent les conversations. Par les portes battantes on entend le tapage sourd d'un orchestre bien nourri qui fonctionne dans le foyer. Un autre petit orchestre nasillard dans la salle s'amuse à imiter les bruits du public en les conduisant et en leur donnant peu à peu une espèce de rythme et de figure.

Apparaît sur le proscenium devant le rideau baissé l'ANNONCIER. C'est un solide gaillard barbu et qui a emprunté aux plus attendus Velasquez ce feutre à plumes, cette canne sous son bras et ce ceinturon qu'il arrive péniblement à boutonner. Il essaye de parler, mais chaque fois qu'il ouvre la bouche et pendant que le public se livre à un énorme tumulte préparatoire, il est interrompu par un coup de cymbale, une clochette niaise, un trille strident du fifre, une réflexion narquoise du basson, une espièglerie d'ocarina, un rot de saxophone. Peu à peu tout se tasse, le silence se fait. On n'entend plus que la grosse caisse qui fait patiemment POUM POUM POUM, *pareille au doigt résigné de Madame Bartet battant la table en cadence pendant qu'elle subit les reproches de Monsieur le Comte. Au-dessous roulement* PIANISSIMO *de tambour avec des* FORTE *de temps en temps, jusqu'à ce que le public ait fait à peu près silence.*

 L'ANNONCIER, *un papier à la main, tapant fortement le sol avec sa canne, annonce :*

LE SOULIER DE SATIN

OU LE PIRE N'EST PAS TOUJOURS SÛR

action espagnole en quatre journées.

Première journée

Coup bref de trompette.

La scène de ce drame est le monde et plus spécialement l'Espagne à la fin du XVIe, à moins que ce ne soit
le commencement du XVIIe siècle. L'auteur s'est permis de comprimer les pays et les époques, de même
qu'à la distance voulue plusieurs lignes de montagnes
séparées ne font qu'un seul horizon.

Encore un petit coup de trompette.
Coup prolongé de sifflet comme pour la ma-
nœuvre d'un bateau.
Le rideau se lève.

Personnages de la première journée

L'ANNONCIER.
LE PÈRE JÉSUITE.
DON PÉLAGE.
DON BALTHAZAR.
DONA PROUHÈZE (Dona Merveille).
DON CAMILLE.
DONA ISABEL.
DON LUIS.
LE ROI D'ESPAGNE.
LE CHANCELIER.
DON RODRIGUE.
LE CHINOIS.
LA NÉGRESSE JOBARBARA.
LE SERGENT NAPOLITAIN.
DON FERNAND.
DONA MUSIQUE (Dona Délice).
L'ANGE GARDIEN.
L'ALFÉRÈS.
SOLDATS.

SCÈNE PREMIÈRE

L'ANNONCIER, LE PÈRE JÉSUITE

L'ANNONCIER : Fixons, je vous prie, mes frères, les yeux sur ce point de l'Océan Atlantique qui est à quelques degrés au-dessous de la Ligne à égale distance de l'Ancien et du Nouveau Continent. On a parfaitement bien représenté ici l'épave d'un navire démâté qui flotte au gré des courants. Toutes les grandes constellations de l'un et de l'autre hémisphères, la Grande Ourse, la Petite Ourse, Cassiopée, Orion, la Croix du Sud, sont suspendues en bon ordre comme d'énormes girandoles et comme de gigantesques panoplies autour du ciel. Je pourrais les toucher avec ma canne. Autour du ciel. Et ici-bas un peintre qui voudrait représenter l'œuvre des pirates — des Anglais probablement, — sur ce pauvre bâtiment espagnol, aurait précisément l'idée de ce mât, avec ses vergues et ses agrès, tombé tout au travers du pont, de ces canons culbutés, de ces écoutilles ouvertes, de ces grandes taches de sang et de ces cadavres partout, spécialement de ce groupe de religieuses écroulées l'une sur l'autre. Au tronçon du grand mât est attaché un PÈRE JÉSUITE, comme vous voyez, extrêmement grand et maigre. La soutane déchirée laisse voir l'épaule nue. Le voici qui parle comme il suit : *Seigneur, je vous remercie de m'avoir ainsi attaché...* Mais c'est lui qui va parler. Ecoutez bien, ne toussez pas et essayez de comprendre un peu. C'est ce que vous ne comprendrez pas qui est le plus beau, c'est ce qui est le plus long qui est le plus intéressant et c'est ce que vous ne trouvez pas amusant qui est le plus drôle. (*Sort* L'ANNONCIER.)

LE PÈRE JÉSUITE : Seigneur, je vous remercie de m'avoir ainsi attaché ! Et parfois il m'est arrivé de trouver vos commandements pénibles

Et ma volonté en présence de votre règle

Perplexe, rétive.

Mais aujourd'hui il n'y a pas moyen d'être plus serré à Vous que je ne le suis et j'ai beau vérifier chacun de mes membres, il n'y en a plus un seul qui de Vous soit capable de s'écarter si peu.

Et c'est vrai que je suis attaché à la croix, mais la croix où je suis n'est plus attachée à rien. Elle flotte sur la mer.

La mer libre à ce point où la limite du ciel connu s'efface

Et qui est à égale distance de ce monde ancien que j'ai quitté

Et de l'autre nouveau.

Tout a expiré autour de moi, tout a été consommé sur cet étroit autel qu'encombrent les corps de mes sœurs l'une sur l'autre, la vendange sans doute ne pouvait se faire sans désordre,

Mais tout, après un peu de mouvement, est rentré dans la grande paix paternelle.

Et si je me croyais abandonné, je n'ai qu'à attendre le retour de cette puissance immanquable sous moi qui me reprend et me remonte avec elle comme si pour un moment je ne faisais plus qu'un avec le réjouissement de l'abîme,

Cette vague, voici bientôt la dernière pour m'emporter.

Je prends, je me sers de toute cette œuvre indivisible que Dieu a faite toute à la fois et à laquelle je suis étroitement amalgamé à l'intérieur de Sa sainte volonté, ayant renoncé la mienne.

De ce passé dont avec l'avenir est faite une seule étoffe indéchirable,

De cette mer qui a été mise à ma disposition,

Du souffle que je ressens tour à tour avec sa cessation sur ma face, de ces deux mondes amis, et là-haut dans le ciel de ces grandes constellations incontestables,

Pour bénir cette terre que mon cœur devinait là-bas dans la nuit, tant désirée !

Que la bénédiction sur elle soit celle d'Abel le pasteur au milieu de ses fleuves et de ses forêts ! Que la guerre et la dissension l'épargnent ! Que l'Islam ne souille point ses rives, et cette peste encore pire qu'est l'hérésie !

Je me suis donné à Dieu et maintenant le jour du repos et de la détente est venu et je puis me confier à ces liens qui m'attachent.

On parle d'un sacrifice quand à chaque choix à faire il ne s'agit que de ce mouvement presque imperceptible comme de la main.

C'est le mal seul à dire vrai qui exige un effort, puisqu'il est contre la réalité, se disjoindre à ces grandes forces continues qui de toutes parts nous adoptent et nous engagent.

Et maintenant voici la dernière oraison de cette messe que mêlé déjà à la mort je célèbre par le moyen de moi-même : Mon Dieu, je Vous prie pour mon frère Rodrigue ! Mon Dieu, je Vous supplie pour mon fils Rodrigue !

Je n'ai pas d'autre enfant, ô mon Dieu, et lui sait bien qu'il n'aura pas d'autre frère.

Vous le voyez qui d'abord s'était engagé sur mes pas sous l'étendard qui porte Votre monogramme, et maintenant sans doute parce qu'il a quitté Votre noviciat il se figure qu'il Vous tourne le dos,

Son affaire à ce qu'il imagine n'étant pas d'attendre, mais de conquérir et de posséder

Ce qu'il peut, comme s'il y avait rien qui ne Vous appartînt et comme s'il pouvait être ailleurs que là où vous êtes.

Mais, Seigneur, il n'est pas si facile de Vous échapper, et s'il ne va pas à Vous par ce qu'il a de clair, qu'il y aille par ce qu'il a d'obscur ; et par ce qu'il a de direct, qu'il y aille par ce qu'il a d'indirect ; et par ce qu'il a de simple,

Qu'il y aille par ce qu'il a en lui de nombreux, et de laborieux et d'entremêlé,

Et s'il désire le mal, que ce soit un tel mal qu'il ne soit compatible qu'avec le bien,

Et s'il désire le désordre, un tel désordre qu'il implique l'ébranlement et la fissure de ces murailles autour de lui qui lui barraient le salut,

Je dis à lui et à cette multitude avec lui qu'il implique obscurément.

Car il est de ceux-là qui ne peuvent se sauver qu'en sauvant toute cette masse qui prend leur forme derrière eux.

Et déjà Vous lui avez appris le désir, mais il ne se doute pas encore ce que c'est que d'être désiré.

Apprenez-lui que Vous n'êtes pas le seul à pouvoir être absent ! Liez-le par le poids de cet autre être sans lui si beau qui l'appelle à travers l'intervalle !

Faites de lui un homme blessé parce qu'une fois en cette vie il a vu la figure d'un ange !

Remplissez ces amants d'un tel désir qu'il implique à l'exclusion de leur présence dans le hasard journalier.

L'intégrité primitive et leur essence même telle que Dieu les a conçus autrefois dans un rapport inextinguible !

Et ce qu'il essayera de dire misérablement sur la terre, je suis là pour le traduire dans le Ciel.

SCÈNE II

La façade d'une maison d'homme noble en Espagne.
Première heure de la matinée. Un jardin rempli d'oran-
gers. Une petite fontaine de faïence bleue sous les
arbres.

DON PÉLAGE : Don Balthazar, il y a deux chemins
qui partent de cette maison.

En l'un, si le regard pouvait l'auner d'un seul coup,
à travers maintes villes et villages

Montant, redescendant, comme l'écheveau en désordre sur les chevalets d'un cordier,

Tire d'ici directement à la mer, non loin d'une certaine hôtellerie que je connais parmi de gros arbres
cachée.

C'est par là qu'un cavalier en armes escorte Dona
Prouhèze. Oui, je veux que par lui Dona Prouhèze soit
enlevée à mes yeux.

Cependant que par un autre chemin entre les genêts,
tournoyant et montant parmi les roches parsemées,

J'accéderai à l'appel que cette tache blanche là-haut
m'adresse,

Cette lettre de la veuve dans la montagne, cette lettre
de ma cousine dans ma main.

Et Merveille, pour Madame il n'y a pas autre chose
à faire que bien regarder la ligne de la mer vers l'Est

En attendant que ces voiles y paraissent qui doivent
nous ramener, elle et moi, en notre Gouvernement
d'Afrique.

DON BALTHAZAR : Eh quoi, Seigneur, si tôt déjà
partir !

Cette maison de votre enfance, après tant de mois
sur un sol barbare, quoi, de nouveau la quitter !

DON PÉLAGE : Il est vrai, c'est le seul endroit au
monde où je me sente compris et accepté.

C'est ici où je cherchais refuge en silence, du temps
où j'étais le Terrible Juge de Sa Majesté, extirpateur
des brigands et de la rébellion.

On n'aime pas un juge.

Mais moi, j'ai appris tout de suite qu'il n'y avait
pas de plus grande charité que de tuer les êtres mal-
faisants.

Que de journées j'ai passées ici, n'ayant pour compagnie du matin jusqu'au soir que mon vieux jardinier.

Ces orangers que j'arrosais moi-même et cette petite
chèvre qui n'avait pas peur de moi !

Oui, elle me donnait par jeu des coups de tête et
venait manger des feuilles de vigne dans ma main.

DON BALTHAZAR : Maintenant voici cette Dona Merveille qui est plus pour vous que la petite chèvre.

DON PÉLAGE : Prenez-en soin, Don Balthazar, en ce
voyage difficile. Je la remets à votre honneur.

DON BALTHAZAR : Quoi, c'est à moi que vous voulez
confier Dona Prouhèze ?

DON PÉLAGE : Pourquoi non ? ne m'avez-vous pas dit
vous-même que vos devoirs vous appellent en Catalogne ? Votre chemin n'en sera pas fort allongé.

DON BALTHAZAR : Je vous prie de m'excuser. N'est-il
point d'autre cavalier à qui remettre ce soin ?

DON PÉLAGE : Point d'autre.

DON BALTHAZAR : Don Camille, par exemple, votre cousin et lieutenant là-bas, qui va partir tout à l'heure ?

DON PÉLAGE, *durement* : Il partira seul.

DON BALTHAZAR : Et ne pouvez-vous laisser Dona Prouhèze à vous attendre ici ?

DON PÉLAGE : Je n'aurai pas le temps de revenir.

DON BALTHAZAR : Quel devoir impérieux vous appelle ?

DON PÉLAGE : Ma cousine Dona Viriana, qui se meurt et aucun homme auprès d'elle.

Point d'argent dans l'humble et altière demeure, à peine de pain,

Plus six filles à marier dont l'aînée ne s'éloigne de vingt ans que peu.

DON BALTHAZAR : N'est-ce point celle-là que nous appelions Dona Musique ? — j'ai résidé là-bas au temps que je faisais des levées pour les Flandres, —

A cause de cette guitare qu'elle ne quittait pas et dont elle ne jouait jamais,

Et de ces grands yeux croyants ouverts sur vous et prêts à absorber toutes les merveilles,

Et de ces dents comme des amandes fraîches qui mordaient la lèvre écarlate, et de son rire !

DON PÉLAGE : Pourquoi ne l'avez-vous pas épousée ?

DON BALTHAZAR : Je suis plus gueux qu'un vieux loup.

DON PÉLAGE : Et tout l'argent que tu gagnes passe à ton frère, le chef de la Maison là-bas en Flandre ?

DON BALTHAZAR : Il n'y en a pas de meilleure entre l'Escaut et la Meuse.

DON PÉLAGE : Je me charge de Musique et toi je te confie Prouhèze.

DON BALTHAZAR : Comme vous-même, Seigneur, oui-da, malgré mon âge,

Je me sens plutôt fait pour être l'époux d'une jolie femme que son protecteur.

DON PÉLAGE : Ni elle ni vous, noble ami, j'en suis sûr, n'avez à redouter ces quelques jours de compagnie,

Et d'ailleurs vous trouverez toujours la servante de ma femme avec elle ; gare à la noire Jobarbara ! Un pêcher n'est pas mieux défendu qui pousse tout au travers d'un figuier de Barbarie.

Puis votre attente ne sera pas longue : en peu de temps j'aurai mis ordre à tout.

DON BALTHAZAR : Et marié les six filles ?

DON PÉLAGE : Déjà pour chacune d'elles j'ai choisi deux maris et le commandement est parti qui convoque mes galants ; qui oserait résister à Pélage, le Terrible Juge ?

Elles n'auront qu'à choisir, ou autrement j'ai choisi pour elles, moi,

Le cloître qui les attend.

L'Aragonais n'est pas plus sûr de son affaire qui arrive sur la place du marché avec six cavales neuves. Elles sont là toutes ensemble tranquilles à l'ombre d'un grand châtaignier

Et ne voient pas l'acheteur qui passe de l'une à l'autre avec tendresse et connaissance, cachant le mors derrière son dos.

DON BALTHAZAR, *avec un gros soupir* : Adieu, Musique !

DON PÉLAGE : Et pendant qu'il me reste un peu de temps, je vais achever de vous expliquer la situation sur la côte d'Afrique. Le sultan Mouley... (*Ils s'éloignent.*)

SCÈNE III

DON CAMILLE, DONA PROUHÈZE

Une autre partie du même jardin. Midi. La longue muraille d'un côté à l'autre de la scène d'une espèce de charmille formée de plantes aux feuilles épaisses. Obscurité résultant de l'ombre d'arbres compacts. Par quelques interstices passent cependant des rayons de soleil qui font des taches ardentes sur le sol. Du côté invisible de la charmille et ne laissant paraître à travers les feuilles pendant qu'elle marche au côté de DON CAMILLE *que des éclairs de sa robe rouge,* DONA PROUHÈZE. *Du côté visible* DON CAMILLE.

DON CAMILLE : Je suis reconnaissant à Votre Seigneurie de m'avoir permis de lui dire adieu.

DONA PROUHÈZE : Je ne vous ai rien permis et Don Pélage ne m'a rien défendu.

DON CAMILLE : Cette charmille entre nous prouve que vous ne voulez pas me voir.

DONA PROUHÈZE : N'est-ce pas assez que je vous entende ?

DON CAMILLE : Où je suis je n'importunerai plus souvent Monsieur le Capitaine général.

DONA PROUHÈZE : Vous retournerez là-bas à Mogador ?

DON CAMILLE : C'est le bon côté du pays, loin de
Ceuta et de ses bureaux, loin de cette grosse peinture
bleue où la rame des galions en blanc écrit incessam-
ment le nom du Roi d'Espagne.

Ce que j'apprécie le plus est cette barre de quarante
pieds qui me coûte une barcasse ou deux de temps en
temps et qui ennuie un peu les visiteurs.

Mais, comme on dit : ceux qui viennent me voir me
font honneur, ceux qui ne viennent pas me voir me font
plaisir.

DONA PROUHÈZE : Cela vous sépare aussi de tous ren-
forts et ravitaillements.

DON CAMILLE : J'essaye de m'en passer.

DONA PROUHÈZE : Heureusement que le Maroc en ce
moment est partagé entre trois ou quatre sultans ou
prophètes qui se font la guerre ; c'est vrai ?

DON CAMILLE : C'est vrai, c'est ma petite chance.

DONA PROUHÈZE : Et personne mieux que vous,
n'est-ce pas, pour en profiter ?

DON CAMILLE : Oui, je parle toutes les langues. Mais
je sais ce que vous pensez.

Vous pensez à ce voyage de deux ans que j'ai fait
à l'intérieur du pays, déguisé en marchand juif.

Beaucoup de gens disent que cela n'est pas le fait
d'un gentilhomme ni d'un chrétien.

DONA PROUHÈZE : Je ne l'ai pas pensé. Personne n'a
jamais pensé que vous fussiez un renégat. Vous le
voyez par ce poste d'honneur que le Roi vous a remis.

DON CAMILLE : Oui, un poste d'honneur comme un
chien sur une barrique au milieu de l'océan. Mais je
n'en veux point d'autre.

Et beaucoup de gens aussi disent qu'il y a du Maure
dans mon cas, à cause de ce teint un peu sombre.

DONA PROUHÈZE : Je ne l'ai pas pensé. Je sais que
vous êtes de fort bonne famille.

DON CAMILLE : Va pour le Maure !

Tout bon gentilhomme sait qu'il n'y a qu'à taper dessus comme à la quintaine.

Théoriquement, car en fait nous nous y frottons le moins possible.

DONA PROUHÈZE : Vous savez que je pense comme vous. Moi aussi j'aime cette race dangereuse.

DON CAMILLE : Est-ce que je les aime ? Non, mais je n'aime pas l'Espagne.

DONA PROUHÈZE : Qu'entends-je, Don Camille ?

DON CAMILLE : Il y a des gens qui trouvent leur place toute faite en naissant,

Serrés et encastrés comme un grain de maïs dans la quenouille compacte :

La religion, la famille, la patrie.

DONA PROUHÈZE : Est-ce que vous êtes dégagé de tout cela ?

DON CAMILLE : N'est-ce pas, vous aimeriez que je vous rassure ? C'est comme ma mère qui voulait que je lui dise constamment les choses qu'elle pensait elle-même. Ce « sourire câlin » pour toute réponse, comme elle me le reprochait !

Ah ! ses autres fils et filles, je dois dire qu'elle n'y pensait guère ! Elle n'avait que mon nom sur les lèvres en mourant. Et cet Enfant Prodigue, pour passer à un autre sujet, un très mauvais sujet,

Est-ce que vous croyez que c'est vrai qu'il mangeait son bien avec les gloutons et les prostituées ? Ah ! il s'était mis dans des affaires autrement passionnantes !

Des spéculations à faire frire les cheveux sur la tête avec les Carthaginois et les Arabes ! C'est le *nom* même qui était compromis, vous sentez ?

Croyez-vous que le Père pensait à autre chose qu'à ce fils chéri ? Tout le long des jours. On ne lui en laissait guère le moyen.

DONA PROUHÈZE : Qu'entendez-vous par ce « sourire câlin » ?

DON CAMILLE : Comme si nous étions d'accord en dessous, comme si tout cela était de complicité avec elle. Un petit clin d'œil, comme ça ! C'est cela qui la mettait hors d'elle-même. Pauvre maman !

Et cependant qui diable m'a fait, je vous prie, si ce n'est elle seule ?

DONA PROUHÈZE : Je ne suis pas chargée de vous refaire.

DON CAMILLE : Qu'en savez-vous ? Mais c'est peut-être moi qui suis chargé de vous défaire.

DONA PROUHÈZE : Ce sera difficile, Don Camille.

DON CAMILLE : Ce sera difficile, et cependant vous êtes déjà là qui m'écoutez malgré la défense de votre mari, à travers ce mur de feuilles. J'aperçois votre petite oreille.

DONA PROUHÈZE : Je sais que vous avez besoin de moi.

DON CAMILLE : Vous entendez que je vous aime ?

DONA PROUHÈZE : J'ai dit ce que j'ai dit.

DON CAMILLE : Et je ne vous fais point trop horreur ?

DONA PROUHÈZE : A cela vous ne pouvez réussir ainsi tout de suite.

DON CAMILLE : Dites, personne qui m'écoutez invisible et qui cheminez d'un même pas avec moi de l'autre côté de ce branchage, ce n'est pas tentant ce que je vous offre ?

D'autres à la femme qu'ils aiment montrent des perles, des châteaux, que sais-je ? des forêts, cent fermes, une flotte sur la mer, des mines, un royaume,

Une vie paisible et honorée, une coupe de vin à boire ensemble.

Mais moi, ce n'est rien de tout cela que je vous propose, attends ! je sais que je vais toucher la fibre la plus secrète de ton cœur,

Mais une chose si précieuse que pour l'atteindre

avec moi rien ne coûte, et vous vous ennuierez de vos biens, famille, patrie, de votre nom et de votre honneur même !

Oui, que faisons-nous ici, partons, Merveille !

DONA PROUHÈZE : Et quelle est cette chose si précieuse que vous m'offrez ?

DON CAMILLE : Une place avec moi où il n'y ait absolument plus rien ! *nada !* rrac !

DONA PROUHÈZE : Et c'est ça ce que vous voulez me donner ?

DON CAMILLE : N'est-ce rien que ce rien qui nous délivre de tout ?

DONA PROUHÈZE : Mais moi, j'aime la vie, Seigneur Camille ! J'aime le monde, j'aime l'Espagne ! J'aime ce ciel bleu, j'aime le bon soleil ! J'aime ce sort que le bon Dieu m'a fait.

DON CAMILLE : J'aime tout cela aussi. L'Espagne est belle. Grand Dieu, que ce serait bon si on pouvait la quitter une bonne fois et pour jamais !

DONA PROUHÈZE : N'est-ce pas ce que vous avez fait ?

DON CAMILLE : On revient toujours.

DONA PROUHÈZE : Mais est-ce qu'il existe, ce lieu où il n'y a absolument plus rien ?

DON CAMILLE : Il existe, Prouhèze.

DONA PROUHÈZE : Quel est-il ?

DON CAMILLE : Un lieu où il n'y a plus rien, un cœur où il n'y a pas autre chose que toi.

DONA PROUHÈZE : Vous détournez la tête en disant cela afin que je ne voie pas sur vos lèvres que vous vous moquez.

DON CAMILLE : Quand je dis que l'amour est jaloux, prétendez-vous que vous ne comprenez pas ?

DONA PROUHÈZE : Quelle femme ne le comprendrait ?

DON CAMILLE : Celle qui aime, les poëtes ne disent-ils pas qu'elle gémit de n'être pas toute chose pour l'être qu'elle a choisi ? Il faut qu'il n'ait plus besoin que d'elle seule.

C'est la mort et le désert qu'elle apporte avec elle.

DONA PROUHÈZE : Ah ! ce n'est pas la mort, mais la vie que je voudrais apporter à celui que j'aime,

La vie, fût-ce au prix de la mienne !

DON CAMILLE : Mais n'êtes-vous pas vous-même plus que ces royaumes à posséder, plus que cette Amérique à faire sortir de la mer ?

DONA PROUHÈZE : Je suis plus.

DON CAMILLE : Et qu'est-ce qu'une Amérique à créer auprès d'une âme qui s'engloutit ?

DONA PROUHÈZE : Faut-il donner mon âme pour sauver la vôtre ?

DON CAMILLE : Il n'y a pas d'autre moyen.

DONA PROUHÈZE : Si je vous aimais, cela me serait facile.

DON CAMILLE : Si vous ne m'aimez pas, aimez mon infortune.

DONA PROUHÈZE : Quelle infortune si grande ?

DON CAMILLE : Empêchez-moi d'être seul !

DONA PROUHÈZE : Mais n'est-ce pas cela à quoi vous n'avez cessé de travailler ?

Quel est l'ami que vous n'ayez découragé ? le lien que vous n'ayez rompu ? le devoir que vous n'ayez accueilli avec ce sourire dont vous me parliez tout à l'heure ?

DON CAMILLE : Si je suis vide de tout, c'est afin de mieux vous attendre.

DONA PROUHÈZE : Dieu seul remplit.

DON CAMILLE : Et qui sait, ce Dieu, si vous seule n'étiez pas capable de me l'apporter ?

DONA PROUHÈZE : Je ne vous aime pas.

DON CAMILLE : Et moi, je vais être si malheureux et si criminel, oui, je vais faire de telles choses, Dona Prouhèze,

Que je vous forcerai bien de venir à moi, vous et ce Dieu que vous gardez si jalousement pour vous, comme s'il était venu pour les justes.

DONA PROUHÈZE : Ne blasphémez pas !

DON CAMILLE : C'est vous qui me parlez de Dieu ; je n'aime pas ce sujet.

Et croyez-vous que ce soit le Fils prodigue qui ait demandé pardon ?

DONA PROUHÈZE : L'Evangile le dit.

DON CAMILLE : Moi, je tiens que c'est le Père, oui, pendant qu'il lavait les pieds blessés de cet explorateur.

DONA PROUHÈZE : Vous reviendrez aussi.

DON CAMILLE : Alors je ne veux pas de musique ce jour-là ! pas d'invités ni de veau gras ! pas de cette pompe publique.

Je veux qu'il soit aveugle comme Jacob pour qu'il ne me voie pas.

Vous vous rappelez cette scène quand Joseph fait sortir tous ses frères pour être seul avec Israël ?

Nul ne sait ce qui s'est passé entre eux à ce moment, il y en a pour jusqu'à la fin du monde, de quoi remplir cinq minutes d'agonie !

DONA PROUHÈZE : Don Camille, est-ce donc si difficile que d'être tout simplement un honnête homme ? Un fidèle chrétien, un fidèle soldat, un fidèle serviteur de Sa Majesté,

Un très fidèle époux de la femme qui vous aura trouvé ?

DON CAMILLE : Tout cela est trop encombrant, et lent, et compliqué,

Les autres éternellement sur nous, j'étouffe ! Ah ! n'en avoir jamais fini de cette prison compacte et de toute cette pile de corps mous !

Tout cela qui nous empêche de suivre notre appel.

DONA PROUHÈZE : Quel est donc cet appel irrésistible ?

DON CAMILLE : Dites-moi que vous ne l'avez pas ressenti vous-même ? Les moucherons ne sont pas plus faits pour résister à cette extase de la lumière, quand elle pompe la nuit,

Que les cœurs humains à cet appel du feu capable de les consumer. L'appel de l'Afrique !

La terre ne serait point ce qu'elle est si elle n'avait ce carreau de feu sur le ventre, ce cancer rongeur, ce rayon qui lui dévore le foie, ce trépied attisé par le souffle des océans, cet antre fumant, ce fourneau où vient se dégraisser l'ordure de toutes les respirations animales !

Nous ne sommes pas toute chose entre nos quatre murs.

Vous avez beau tout fermer, vous avez beau vous arranger entre vous, vous ne pouvez pas exclure cette plus grande part de l'humanité dont vous avez convenu de vous passer et, pour laquelle le Christ aussi cependant est mort.

Ce souffle sur vous qui fait frémir vos feuillages et battre vos jalousies, c'est l'Afrique qui l'appelle, en proie à son éternel supplice !

D'autres explorent la mer, et moi, pourquoi ne m'enfoncerais-je pas aussi loin qu'il est possible d'aller, vers cette autre frontière de l'Espagne, le feu !

DONA PROUHÈZE : Les capitaines que le Roi envoie vers ces Indes nouvelles ne travaillent pas pour eux, mais pour leur maître.

DON CAMILLE : Je n'ai pas besoin de penser tout le temps au Roi d'Espagne, n'est-il pas là partout où il y a un de ses sujets ? tant mieux pour lui que je pénètre où son nom ne peut passer.

Moi, ce n'est pas un monde nouveau qu'on m'a donné pour le pétrir à ma fantaisie,

C'est un livre vivant que j'ai à étudier et le commandement que je désire ne s'acquiert que par la science.

Un Alcoran dont les lignes sont faites de ce rang de palmiers là-bas, de ces villes nacrées sur le bord de l'horizon comme un titre,

Et les lettres, de ces foules dans l'ombre des rues étroites aux yeux de braise, de ces formes empaquetées qui ne peuvent sortir une main sans qu'elle devienne de l'or.

Comme les Hollandais vivent de la mer, ainsi ces peuples à la frontière même de l'humanité (non parce que la terre cesse mais parce que le feu commence) de l'exploitation de ces rives au-delà du lac ardent.

C'est là que je me taillerai un domaine pour moi, une insolente petite place pour moi seul entre les deux mondes.

DONA PROUHÈZE : Pour vous seul ?

DON CAMILLE : Pour moi seul. Une petite place que j'y sois plus perdu qu'une petite pièce d'or dans une cassette oubliée. Telle que nulle autre que vous jamais n'est capable de venir m'y rechercher.

DONA PROUHÈZE : Je ne viendrai pas vous rechercher.

DON CAMILLE : Je vous donne rendez-vous.

SCÈNE IV

DONA ISABEL, DON LUIS

Une rue dans une ville d'Espagne quelconque. Une haute fenêtre garnie de barreaux de fer. Derrière les barreaux DONA ISABEL, *et dans la rue* DON LUIS.

DONA ISABEL : Je jure de ne pas être la femme d'un autre que Votre Seigneurie. Demain mon frère, ce cruel tyran, m'arrache à Ségovie. Je suis une des filles d'honneur qui accompagnent Notre-Dame quand elle s'en va à la Porte de Castille recevoir l'hommage de Santiago. Armez-vous, emmenez quelques compagnons courageux. Il vous sera facile dans quelque défilé de montagne de m'enlever à la faveur de la nuit et de la forêt. Ma main. (*Elle la lui donne.*)

SCÈNE V

DONA PROUHÈZE, DON BALTHAZAR

Même lieu qu'à la scène II. Le soir. Toute une cara-vane prête à partir. Mules, bagages, armes, chevaux sellés, etc.

DON BALTHAZAR : Madame, puisqu'il a plu à votre époux par une inspiration subite de me confier le commandement de Votre Seigneurie hautement respectée,

Il m'a paru nécessaire, avant de partir, de vous donner communication des clauses qui doivent régler notre entretien.

DONA PROUHÈZE : Je vous écoute avec soumission.

DON BALTHAZAR : Ah ! je voudrais être encore à la retraite de Bréda ! Oui, plutôt que le commandement d'une jolie femme,

Je préfère celui d'une troupe débandée de mercenaires sans pain que l'on conduit à travers un pays de petits bois vers un horizon de potences !

DONA PROUHÈZE : Ne vous désolez pas, Seigneur, et donnez-moi ce papier que je vois tout prêt dans votre main.

DON BALTHAZAR : Lisez-le, je vous prie, et veuillez y mettre votre seing à la marque que j'ai faite.

Oui, je me suis senti tout soulagé depuis que j'ai

couché ainsi mes ordres sur ce papier. C'est lui qui nous commandera à tous désormais, moi le premier.

Vous y trouverez toute chose bien indiquée, les étapes, les heures du départ et des repas,

Et ces moments aussi où vous aurez permission de m'entretenir, car je sais qu'on ne saurait condamner les femmes au silence.

Alors je vous raconterai mes campagnes, les origines de ma famille, les mœurs de la Flandre, mon pays.

DONA PROUHÈZE : Mais moi aussi, n'aurai-je pas licence de dire un mot parfois ?

DON BALTHAZAR : Sirène, je ne vous ai prêté déjà les oreilles que trop !

DONA PROUHÈZE : Est-il si désagréable de penser que pendant quelques jours mon sort et ma vie ne seront pas moins pour vous que votre propre vie ?

Et qu'étroitement associés, vous sentirez bien à chaque minute que j'ai pour défenseur vous seul !

DON BALTHAZAR : Je le jure ! on ne vous tirera pas d'entre mes mains.

DONA PROUHÈZE : Pourquoi essayerais-je de fuir alors que vous me conduisez là précisément où je voulais aller ?

DON BALTHAZAR : Et ce que j'avais refusé, c'est votre époux qui me l'enjoint !

DONA PROUHÈZE : Si vous m'aviez refusé, alors je serais partie seule. Oui-dà, j'aurais trouvé quelque moyen.

DON BALTHAZAR : Dona Merveille, je suis fâché d'entendre ainsi parler la fille de votre père.

DONA PROUHÈZE : Etait-ce un homme qu'on avait habitude de contrarier dans ses desseins ?

DON BALTHAZAR : Non, pauvre Comte ! Ah ! quel ami j'ai perdu ! Je me ressens encore de ce grand coup d'épée qu'il me fournit au travers du corps un matin de carnaval. C'est ainsi que commença notre fraternité.

Il me semble que je le revois quand je vois vos yeux, vous y étiez déjà.

DONA PROUHÈZE : Je ferais mieux de ne pas vous dire que j'ai envoyé cette lettre.

DON BALTHAZAR : Une lettre à qui ?

DONA PROUHÈZE : A Don Rodrigue, oui, pour qu'il vienne me retrouver en cette auberge précisément où vous allez me conduire.

DON BALTHAZAR : Avez-vous fait cette folie ?

DONA PROUHÈZE : Et si je n'avais pas profité de l'occasion inouïe de cette gitane qui gagnait directement Avila où je sais qu'est la résidence de ce cavalier,

N'aurait-ce pas été un péché, comme disent les Italiens ?

DON BALTHAZAR : Ne blasphémez pas, — et veuillez ne pas me regarder ainsi, je vous prie, fi ! N'avez-vous point vergogne de votre conduite ? et aucune crainte de Don Pélage ? que ferait-il s'il venait à l'apprendre ?

DONA PROUHÈZE : Il me tuerait, nul doute, sans hâte comme il fait tout et après avoir pris le temps de considérer.

DON BALTHAZAR : Aucune crainte de Dieu ?

DONA PROUHÈZE : Je jure que je ne veux point faire le mal, c'est pourquoi je vous ai tout dit. Ah ! ce fut dur de vous ouvrir mon cœur et je crains que vous n'ayez rien compris,

Rien que ma bonne affection pour vous. Tant pis ! Maintenant c'est vous qui êtes responsable et chargé de me défendre.

DON BALTHAZAR : Il faut m'aider, Prouhèze.

DONA PROUHÈZE : Ah ! ce serait trop facile ! Je ne cherche point d'occasion, j'attends qu'elle vienne me trouver.

Et je vous ai loyalement averti, la campagne s'ouvre.

C'est vous qui êtes mon défenseur. Tout ce que je pourrai faire pour vous échapper et pour rejoindre Rodrigue,

Je vous donne avertissement que je le ferai.

DON BALTHAZAR : Vous voulez cette chose détestable ?

DONA PROUHÈZE : Ce n'est point vouloir que prévoir. Et vous voyez que je me défie tellement de ma liberté que je l'ai remise entre vos mains.

DON BALTHAZAR : N'aimez-vous point votre mari ?

DONA PROUHÈZE : Je l'aime.

DON BALTHAZAR : L'abandonneriez-vous à cette heure où le Roi lui-même l'oublie,

Tout seul sur cette côte sauvage au milieu des infidèles,

Sans troupes, sans argent, sans sécurité d'aucune sorte ?

DONA PROUHÈZE : Ah ! cela me touche plus que tout le reste. Oui, l'idée de trahir ainsi l'Afrique et notre pavillon,

Et l'honneur du nom de mon mari, je sais qu'il ne peut se passer de moi,

Ces tristes enfants que j'ai recueillis, à la place de ceux que Dieu ne m'a pas donnés, ces femmes qu'on soigne à l'infirmerie, ces partisans rares et pauvres qui se sont donnés à nous, abandonner tout cela,

Je peux dire que cela me fait horreur.

DON BALTHAZAR : Et qu'est-ce donc qui vous appelle ainsi vers ce cavalier ?

DONA PROUHÈZE : Sa voix.

DON BALTHAZAR : Vous ne l'avez connu que peu de jours.

DONA PROUHÈZE : Sa voix ! Je ne cesse de l'entendre.

DON BALTHAZAR : Et que vous dit-elle donc ?

DONA PROUHÈZE : Ah ! si vous voulez m'empêcher d'aller à lui,

Alors du moins liez-moi, ne me laissez pas cette cruelle liberté !

Mettez-moi dans un cachot profond derrière des barres de fer !

Mais quel cachot serait capable de me retenir quand celui même de mon corps menace de se déchirer ?

Hélas ! il n'est que trop solide, et quand mon maître m'appelle, il ne suffit que trop à retenir cette âme, contre tout droit, qui est à lui,

Mon âme qu'il appelle et qui lui appartient !

DON BALTHAZAR : L'âme et le corps aussi ?

DONA PROUHÈZE : Que parlez-vous de ce corps quand c'est lui qui est mon ennemi et qui m'empêche de voler d'un trait jusqu'à Rodrigue ?

DON BALTHAZAR : Ce corps aux yeux de Rodrigue n'est-il que votre prison ?

DONA PROUHÈZE : Ah ! c'est une dépouille que l'on jette aux pieds de celui qu'on aime !

DON BALTHAZAR : Vous le lui donneriez donc si vous le pouviez ?

DONA PROUHÈZE : Qu'ai-je à moi qui ne lui appartienne ? Je lui donnerais le monde entier si je le pouvais !

DON BALTHAZAR : Partez. Rejoignez-le !

DONA PROUHÈZE : Seigneur, je vous ai déjà dit que je me suis placée non plus en ma propre garde, mais en la vôtre.

DON BALTHAZAR : C'est Don Pélage seul qui est votre gardien.

DONA PROUHÈZE : Parlez. Dites-lui tout.

DON BALTHAZAR : Ah ! pourquoi vous ai-je donné si vite ma parole ?

DONA PROUHÈZE : Quoi, la confiance que j'ai mise en vous, n'en êtes-vous pas touché ? Ne me forcez pas à avouer qu'il y a des choses que je ne pouvais dire qu'à vous seul.

DON BALTHAZAR : Après tout je ne fais qu'obéir à Don Pélage.

DONA PROUHÈZE : Ah ! que vous allez bien me garder et que je vous aime ! je n'ai plus rien à faire, on peut s'en remettre à vous.

Et déjà je concerte dans mon esprit mille ruses pour vous échapper.

DON BALTHAZAR : Il y aura un autre gardien qui m'aidera et auquel vous n'échapperez pas si aisément.

DONA PROUHÈZE : Lequel, Seigneur ?

DON BALTHAZAR : L'Ange que Dieu a placé près de vous, dès ce jour que vous étiez un petit enfant innocent.

DONA PROUHÈZE : Un ange contre les démons ! et pour me défendre contre les hommes il me faut une tour comme mon ami Balthazar,

La Tour et l'Epée cheminant d'un seul morceau, et cette belle barbe dorée qui montre de loin où vous êtes !

DON BALTHAZAR : Vous êtes restée Française.

DONA PROUHÈZE : Comme vous êtes resté Flamand ; n'est-ce pas joli, mon petit accent de Franche-Comté ?

Ce n'est pas vrai ! mais tous ces gens avaient bien besoin de nous apprendre à être Espagnols, ils savent si peu s'y prendre !

DON BALTHAZAR : Comment votre mari a-t-il pu vous épouser, lui vieux déjà, et vous si jeune ?

DONA PROUHÈZE : Je m'arrangeais sans doute avec les parties de sa nature les plus sévèrement maintenues, les plus secrètement choyées.

De sorte que quand j'accompagnai mon père à Madrid où les affaires de sa province l'appelaient,

L'accord ne fut pas long à établir entre ces deux hauts seigneurs,

Que j'aimasse Don Pélage aussitôt qu'on me l'aurait

présenté, par-dessus toute chose et pour tous les jours de ma vie, comme cela est légal et obligatoire entre mari et femme.

DON BALTHAZAR : Lui, du moins, vous ne pouvez pas douter qu'il ne remplisse pas envers vous sa part.

DONA PROUHÈZE : S'il m'aime, je n'étais pas sourde pour que je l'entende me le dire.

Oui, si bas qu'il me l'aurait avoué, un seul mot, j'avais l'oreille assez fine pour le comprendre.

Je n'étais pas sourde pour entendre ce mot auquel mon cœur était attentif.

Bien des fois j'ai cru le saisir dans ses yeux dont le regard changeait dès que le mien voulait y pénétrer.

J'interprétais cette main qui se posait une seconde sur la mienne.

Hélas ! je sais que je ne lui sers de rien, ce que je fais jamais je ne suis sûre qu'il l'approuve.

Je n'ai même pas été capable de lui donner un fils.

Ou peut-être, ce qu'il éprouve pour moi, j'essaye parfois de le croire,

C'est chose tellement sacrée peut-être qu'il faut la laisser s'exhaler seule, il ne faut pas la déranger avec les paroles qu'on y mettrait.

Oui, il m'a fait entendre quelque chose de ce genre une fois, à sa manière étrange et détournée.

Ou peut-être est-il si fier que pour que je l'aime il dédaigne de faire appel à autre chose que la vérité.

Je le vois si peu souvent ! et je suis si intimidée avec lui !

Et cependant longtemps je n'imaginais pas que je pouvais être ailleurs qu'à son ombre.

Et vous voyez que c'est lui-même aujourd'hui qui me congédie et non pas moi qui ai voulu le quitter.

Presque tout le jour il me laisse seule, et c'est bien lui, cette maison déserte et sombre ici, si pauvre, si fière,

Avec ce tuant soleil au dehors et cette odeur délicieuse qui la remplit !

Oui, on dirait que c'est la mère qui l'a laissée ainsi dans un ordre sévère et qui vient de partir à l'instant,

Une grande dame infiniment noble et qu'on oserait à peine regarder.

DON BALTHAZAR : Sa mère est morte en lui donnant la vie.

DONA PROUHÈZE *montrant la statue au-dessus de la porte* : Peut-être est-ce de celle-ci que je parle.

DON BALTHAZAR *ôte gravement son chapeau. Tous deux regardent la statue de la Vierge en silence.*

DONA PROUHÈZE *comme saisie d'une inspiration* : Don Balthazar, voudriez-vous me rendre le service de tenir cette mule ?

DON BALTHAZAR *tient la tête de la mule.* DONA PROUHÈZE *monte debout sur la selle et se déchaussant elle met son soulier de satin entre les mains de la Vierge :*

Vierge, patronne et mère de cette maison,

Répondante et protectrice de cet homme dont le cœur vous est pénétrable plus qu'à moi et compagne de sa longue solitude,

Alors si ce n'est pas pour moi, que ce soit à cause de lui,

Puisque ce lien entre lui et moi n'a pas été mon fait, mais votre volonté intervenante :

Empêchez que je sois à cette maison dont vous gardez la porte, auguste tourière, une cause de corruption !

Que je manque à ce nom que vous m'avez donné à porter, et que je cesse d'être honorable aux yeux de ceux qui m'aiment.

Je ne puis dire que je comprends cet homme que vous m'avez choisi, mais vous, je comprends, qui êtes sa mère comme la mienne.

Alors, pendant qu'il est encore temps, tenant mon

cœur dans une main et mon soulier dans l'autre,

Je me remets à vous ! Vierge mère, je vous donne mon soulier ! Vierge mère, gardez dans votre main mon malheureux petit pied !

Je vous préviens que tout à l'heure je ne vous verrai plus et que je vais tout mettre en œuvre contre vous !

Mais quand j'essayerai de m'élancer vers le mal, que ce soit avec un pied boiteux ! la barrière que vous avez mise,

Quand je voudrai la franchir, que ce soit avec une aile rognée !

J'ai fini ce que je pouvais faire, et vous, gardez mon pauvre petit soulier,

Gardez-le contre votre cœur, ô grande Maman effrayante !

SCÈNE VI

LE ROI, LE CHANCELIER

LE ROI D'ESPAGNE *entouré de sa cour dans la grande salle du palais de Belem qui domine l'estuaire du Tage.*

LE ROI : Seigneur Chancelier, vous qui avez le poil blanc alors que le mien ne fait encore que grisonner,

Ne dit-on pas que la jeunesse est le temps des illusions,

Alors que la vieillesse peu à peu

Entre dans la réalité des choses telles qu'elles sont ?

Une réalité fort triste, un petit monde décoloré qui va se rétrécissant.

LE CHANCELIER : C'est ce que les anciens moi-même m'ont toujours instruit à répéter.

LE ROI : Ils disent que le monde est triste pour qui voit clair ?

LE CHANCELIER : Je ne puis le nier contre tous.

LE ROI : C'est la vieillesse qui a l'œil clair ?

LE CHANCELIER : C'est elle qui a l'œil exercé.

LE ROI : Exercé à ne plus voir que ce qui lui est utile.

LE CHANCELIER : A elle et à son petit royaume.

LE ROI : Le mien est grand ! oui, et si grand qu'il soit, mon cœur qui le réunit

Dénie à toute frontière le droit de l'arrêter, alors
que la Mer même, ce vaste Océan à mes pieds,
    Loin de lui imposer des limites ne faisait que réser-
ver de nouveaux domaines à mon désir trop tardif !
    Et je voudrais la trouver enfin, cette chose dont vous
auriez le droit de dire au Roi d'Espagne qu'elle n'était
pas pour lui.
    Triste ? Comment dire sans impiété que la vérité
de ces choses qui sont l'œuvre d'un Dieu excellent
    Est triste ? et sans absurdité que le monde qui est
à sa ressemblance et à son émulation
    Est plus petit que nous-mêmes et laisse la plus grande
part de notre imagination sans support ?
    Et je dis en effet que la jeunesse est le temps des
illusions, mais c'est parce qu'elle imaginait les choses
infiniment moins belles et nombreuses et désirables
qu'elles ne sont et de cette déception nous sommes
guéris avec l'âge.
    Ainsi cette mer où le soleil se couche, la miroitante
étendue,
    Là où les poëtes voyaient se précipiter chaque soir
l'impossible attelage au milieu des sardines de je ne
sais quel dieu ridicule, l'orfèvrerie d'Apollon,
    L'œil audacieux de mes prédécesseurs par-dessus
elle, leur doigt,
    Désignait impérieusement l'autre bord, un autre
monde.
    Et déjà l'un de leurs serviteurs cingle vers le Sud, il
retrouve Cham, il double le Cap détesté,
    Il boit au Gange ! à travers maints passages difformes
il atterrit à la Chine, c'est à lui cet immense remue-
ment de soies et de palmes et de corps nus,
    Tous ces bancs palpitants de frai humain, plus popu-
leux que les morts et qui attendent le baptême ;
    L'autre...
    LE CHANCELIER : Notre grand Amiral !

LE ROI : Lui, c'est quelque chose d'absolument neuf qui lui surgit à la proue de son bateau, un monde de feu et de neige à la rencontre de nos enseignes détachant une escadre de volcans !

L'Amérique, comme une immense corne d'abondance, je dis ce calice de silence, ce fragment d'étoile, cet énorme quartier du paradis, le flanc penché au travers d'un océan de délices !

Ah ! que le ciel me pardonne ! mais quand parfois comme aujourd'hui, des bords de cet estuaire, je vois le soleil m'inviter d'un long tapis déroulé à ces régions qui me sont éternellement disjointes,

L'Espagne, cette épouse dont je porte l'anneau, m'est peu à côté de cette esclave sombre, de cette femelle au flanc de cuivre qu'on enchaîne pour moi là-bas dans les régions de la nuit !

Grâce à toi, fils de la Colombe, mon Royaume est devenu semblable au cœur de l'homme :

Alors qu'une part ici accompagne sa présence corporelle, l'autre a trouvé sa demeure outre la mer ;

Il a mouillé ses ancres pour toujours en cette part du monde qu'éclairent d'autres étoiles.

Celui-là ne pouvait se tromper qui prend le soleil pour guide !

Et cette plage du monde que les savants jadis abandonnaient à l'illusion et à la folie,

C'est d'elle maintenant que mon Echiquier tire l'or vital qui anime ici toute la machine de l'Etat, et qui fait pousser de toutes parts plus dru que l'herbe en mai les lances de mes escadrons !

La mer a perdu ses terreurs pour nous et ne conserve que ses merveilles ;

Oui, ses flots mouvants suffisent mal à déranger la large route d'or qui relie l'une et l'autre Castille

Par où se hâtent allant et revenant la double file de mes bateaux à la peine

Qui me portent là-bas mes prêtres et mes guerriers et me rapportent ces trésors païens enfantés par le soleil

Qui au sommet de sa course entre les deux Océans

Se tient immobile un moment en une solennelle hésitation !

LE CHANCELIER : Le Royaume que Ses serviteurs d'hier ont acquis à Votre Majesté,

La tâche de ceux d'aujourd'hui est de l'ouvrir et de le conserver.

LE ROI : Il est vrai, mais depuis quelque temps je ne reçois de là-bas que nouvelles funestes :

Pillages, descentes de pirates, extorsions, injustices, extermination des peuples innocents,

Et ce qui est plus grave encore, fureur de mes capitaines qui se taillent part pour eux de ma terre et se déchirent l'un contre l'autre,

Comme si c'était pour cette nuée de moustiques sanguinaires et non pas pour le Roi seul à l'ombre de la Croix pacifique

Que Dieu ait fait surgir un monde du sein des Eaux !

LE CHANCELIER : Où le maître n'est pas, les muletiers se gourment.

LE ROI : Je ne puis être à la fois en Espagne et aux Indes.

LE CHANCELIER : Qu'un homme soit là-bas la personne de Votre Majesté, au-dessus de tous Un seul, revêtu du même pouvoir.

LE ROI : Et qui choisirons-nous pour être là-bas Nousmême ?

LE CHANCELIER : Un homme raisonnable et juste.

LE ROI : Quand les volcans de mon Amérique se seront éteints, quand ses flancs palpitants seront épuisés, quand elle se sera reposée de l'immense effort qui vient de la faire sortir du néant toute brûlante et bouillonnante,

Alors je lui donnerai pour la régir un homme raisonnable et juste !

L'homme en qui je me reconnais et qui est fait pour me représenter n'est pas un sage et un juste, qu'on me donne un homme jaloux et avide !

Qu'ai-je à faire d'un homme raisonnable et juste, est-ce pour lui que je m'arracherai cette Amérique et ces Indes prodigieuses dans le soleil couchant, s'il ne l'aime de cet amour injuste et jaloux ?

Est-ce dans la raison et la justice qu'il épousera cette terre sauvage et cruelle, et qu'il la prendra toute glissante entre ses bras, pleine de refus et de poison ?

Je dis que c'est dans la patience et la passion et la bataille et la foi pure ! car quel homme sensé ne préférerait ce qu'il connaît à ce qu'il ne connaît pas et le champ de son père à cette pépinière chaotique ?

Mais celui que je veux, quand il a passé ce seuil que nul homme avant lui n'a traversé,

D'un seul éclair il a su que c'est à lui, et cette sierra toute bleue il y a longtemps qu'elle se dressait à l'horizon de son âme ; il n'y a rien, dans cette carte sous ses pieds qui se déploie, qu'il ne reconnaisse et que d'avance je ne lui aie donné par écrit.

Pour lui le voyage n'a point de longueurs et le désert point d'ennuis, il est déjà tout peuplé des villes qu'il y établira ;

Et la guerre point de hasards, et la politique est simple, il est seulement surpris de toutes ces résistances frivoles.

Et de même quand j'ai épousé l'Espagne, ce n'était pas pour jouir de ses fruits et de ses femmes à la manière d'un brigand,

Et de la toison de ses brebis, et des mines dans sa profondeur, et des sacs d'or que les marchands versent à la douane, à la manière d'un rentier et d'un propriétaire.

Mais c'était pour lui fournir l'intelligence et l'unité, et pour la sentir tout entière vivante et obéissante et comprenante sous ma main, et moi à la manière de la tête qui seule comprend ce qui fait toute la personne.

Car ce n'est pas l'esprit qui est dans le corps, c'est l'esprit qui contient le corps, et qui l'enveloppe tout entier.

LE CHANCELIER : Je ne connais qu'un homme qui réponde au désir de Votre Majesté. Il s'appelle Don Rodrigue de Manacor.

LE ROI : Je ne l'aime pas.

LE CHANCELIER : Je sais que l'obéissance lui va mal. Mais l'homme que vous me demandez ne peut être fait autrement qu'avec de l'étoffe de Roi.

LE ROI : Il est trop jeune encore.

LE CHANCELIER : Cette Amérique que vous allez lui donner l'est moins à peine que lui.

Il était tout enfant que déjà elle était sa vision prodigieuse quand il accompagnait son père qui lui racontait Cortez et Balboa.

Et plus tard ses passages à travers les Andes, sa descente non point comme Magellan sur la mer sans obstacles,

Mais du Pérou au Para au travers d'un océan de feuillages,

Son gouvernement de Grenade ravagée par la sédition et la peste

Ont montré qui était Rodrigue, votre serviteur.

LE ROI : Je consens à Rodrigue. Qu'il vienne !

LE CHANCELIER : Sire, je ne sais où il est. Déjà je lui avais fait comprendre que l'Amérique de nouveau allait le requérir.

Il m'a écouté d'un œil sombre sans répliquer.

Et le lendemain il avait disparu.

LE ROI : Qu'on me l'amène de force !

SCÈNE VII

DON RODRIGUE, LE SERVITEUR CHINOIS

Le désert de Castille. Un site parmi les arbustes bas d'où l'on découvre une vaste étendue. Montagnes romanesques dans l'éloignement. Une soirée d'une pureté cristalline. DON RODRIGUE *et le* SERVITEUR CHINOIS *sont allongés sur un talus à l'abri duquel paissent leurs chevaux débridés et ils inspectent l'horizon.*

DON RODRIGUE : Nos cavaliers ont disparu.

LE CHINOIS : Ils sont là-bas dans le petit bois tapis, faisant coucher leurs chevaux, l'un d'eux est blanc et éclaire tout le reste.

DON RODRIGUE : Cette nuit nous leur fausserons compagnie.

LE CHINOIS : Ce n'est pas nous qu'ils cherchent. N'est-ce pas ici la grand-route de Galice à Saragosse et par où chaque année, le jour de sa fête,

Saint Jacques (c'est aujourd'hui, voyez-vous cette étoile qui file ?)

Va solennellement rendre visite à Notre-Dame du Pilier ?

DON RODRIGUE : Ce sont des pèlerins qui vont se joindre au cortège ?

LE CHINOIS : Pèlerins, — j'ai vu des armes à la lueur de ce coup de pinceau phosphorique, —

Peu soucieux de se faire voir trop tôt.

DON RODRIGUE : Fort bien, cette affaire ne nous concerne pas.

LE CHINOIS : Cependant je garde un œil sur ce petit bois de pinasses.

DON RODRIGUE : Et moi, je garde l'œil sur toi, cher Isidore.

LE CHINOIS : Oh ! ne craignez pas que je fuie,

Pour autant que vous respecterez notre pacte et ne me ferez passer la nuit auprès d'aucun cours d'eau, source, puits.

DON RODRIGUE : Crains-tu si fort que je te baptise subrepticement ?

LE CHINOIS : Et pourquoi donc vous donnerais-je ainsi pour rien le droit de me faire chrétien et d'entrer au Ciel avec l'ornement que je vous aurai fourni ? Et compensation à d'autres desseins moins purs,

Il faut d'abord que vous serviez quelque peu Monsieur votre serviteur.

DON RODRIGUE : Et que je t'accompagne là où certaine main noire t'appelle ?

LE CHINOIS : Tout près une main blanche vous fait signe.

DON RODRIGUE : Ce n'est rien de vil que je veux.

LE CHINOIS : Appelez-vous de l'or une chose vile ?

DON RODRIGUE : C'est une âme en peine que je secours.

LE CHINOIS : Et moi, la mienne qui est captive.

DON RODRIGUE : Captive au fond d'une bourse ?

LE CHINOIS : Tout ce qui est à moi, c'est moi.

DON RODRIGUE : Te plains-tu que je te veuille aider ?

LE CHINOIS : Monsieur mon maître, plaise humblement Votre Seigneurie accepter que je n'aie pas confiance en Votre Seigneurie.

Oui, j'aimerais beaucoup être en d'autres mains que les vôtres, pourquoi m'y suis-je mis ?

DON RODRIGUE : C'est moi qui suis dans les tiennes.

LE CHINOIS : Nous nous sommes pris l'un par l'autre et il n'y a plus moyen de nous dépêtrer.

Ah ! j'ai eu tort de vous faire cette promesse à la hâte dans le transport de mon tempérament !

Au fond qu'est-ce que cette eau que vous voulez me verser sur la tête et pourquoi y tenez-vous tellement ? Qu'est-ce que vous y gagnez ? qui m'assure que les choses sont comme vous dites ?

Et quant à ce changement spirituel dont vous parlez, croyez-vous que ce soit agréable ? qui aimerait qu'on lui change ses rognons de place ? mon âme est bien comme elle est et je n'aime pas beaucoup que les autres y regardent et me la tripotent à leur idée.

DON RODRIGUE : Si tu renies ta parole, c'est mauvais, elle se vengera sur toi.

LE CHINOIS *avec un soupir* : Allons, c'est dit, je renonce à cet or là-bas, et vous, renoncez à cette idole bien colorée.

DON RODRIGUE : Tu t'égares, Isidore. Je répète que seul me presse le secours que je dois à cette âme en danger.

LE CHINOIS : Et vous ne voulez pas que j'aie peur quand j'entends un homme parler de cette façon !

Pauvre Isidore ! Ah ! quel maître as-tu tiré au sort ! en quelles mains par le désagrément des éléments lourds et subtils de ta matière as-tu chu ?

Vous m'avez mené à la comédie à Madrid, mais je n'y ai vu rien de pareil ! Salut au sauveur de la femme des autres !

Revenez à vous ! Rapetissez votre cœur ! Ouvrez-vous à mes sages paroles raisonnables et laissez-les enduire votre esprit malade comme le son d'un instrument.

Qu'est-ce que cette femme que vous aimez ? Au dehors cette bouche peinte comme avec un pinceau, ces yeux plus beaux que s'ils étaient des boules de verre, ces membres exactement cousus et ajustés ?

Mais au dedans c'est le chagrin des démons ; le ver, le feu, le vampire attaché à votre substance ! La matière de l'homme qui lui est entièrement soutirée et il ne reste plus qu'une forme brisée et détendue comme un corpuscule de cricri, horreur !

Ne suis-je pas dans la dépendance de Votre Seigneurie ? que de fois ne l'ai-je pas suppliée de songer au salut de son âme et de la mienne ?

Que seront dans cent ans ces cent livres de chair femelle auxquelles votre âme s'est amalgamée comme avec un crochet ?

Un peu d'ordure et de poussière, des os !

DON RODRIGUE : Pour le moment elle vit.

LE CHINOIS : Et moi je certifie que dans une existence antérieure cette diablesse vous a fait signer un papier et promesse de conjonction corporelle !

Si vous le voulez, je m'engage à exhorter cette créature disgracieuse et à lui faire rendre par le moyen de tourments et sollicitations physiques votre chirographe prénatal.

DON RODRIGUE : Tu m'étonnes, Isidore. La Sainte Eglise ne reconnaît la vie d'aucune âme antérieure à sa naissance.

LE CHINOIS *froissé* : J'ai cependant étudié tous les livres que vous m'avez donnés et je pourrais les réciter d'un bout à l'autre. Frère Léon prétend que j'en sais autant que lui.

DON RODRIGUE : Ni à ces choses qui sont derrière moi et me poursuivent,

Ni à celles qui sont devant moi, un point blanc là-bas sur la mer entre les arbres sombres,

Je sens que je ne pourrai échapper.

LE CHINOIS : Qu'est-ce qui est derrière vous ?

DON RODRIGUE : Le galop de ces chevaux qui me poursuivent, le commandement du Roi sur son trône qui m'a choisi entre tous les hommes pour me donner la moitié du monde,

Celle-là qui depuis l'éternité était inconnue de tous jusqu'à moi, ensevelie comme un enfant dans ses langes,

Cette part du monde toute nouvelle et fraîche comme une étoile qui a surgi pour moi de la mer et des ténèbres.

Et ce n'est pas moi plus tard qui aurai à m'y faire une place, à m'y tailler une courte province,

C'est moi qui la contiens tout entière alors que toute fraîche et humide encore elle s'offre à recevoir pour toujours mon empreinte et mon baiser.

LE CHINOIS : Et qu'est-ce qui est en avant de vous ?

DON RODRIGUE : Un point fulgurant là-bas pareil à la vision de la mort. Est-ce un mouchoir qu'on agite ? est-ce un mur sur lequel frappe le soleil de midi ?

LE CHINOIS : Je sais. C'est là que se trouve un certain monstre noir à qui dans l'hilarité de mon âme, parce qu'un sage même n'est pas exempt d'incertitude, et *quasi in lubrico*, si je puis dire,

Je me suis laissé aller à prêter argent. (*Il se tord les mains en levant les yeux au ciel.*)

DON RODRIGUE : Non point sans intérêts, j'en suis sûr. Je connais ton genre de libéralité.

LE CHINOIS : Quoi, n'est-ce point vertu que de donner *illico* aux *petentibus* ?

Et à quoi reconnaît-on la vertu, sinon à ce qu'elle comporte subitement sa récompense ?

DON RODRIGUE : Va, nous retrouverons ton argent, puisque tu tiens à ne l'avoir que de ta négresse.

Le diable sait quel trafic vous avez manigancé !

Et je te baptiserai et je serai débarrassé de toi. Tu pourras retourner à ta Chine.

LE CHINOIS : C'est mon vœu le plus cher. Il est temps que je fructifie entre les infidèles.

Car à quoi sert le jeune vin sinon aux aubergistes pour le mettre dans de vieilles bouteilles ? à quoi le boisseau sinon pour en mesurer ces perles qu'il nous est commandé de distribuer aux cochons,

Plutôt que d'y emmagasiner le vain éclat de notre lumignon personnel ?

DON RODRIGUE : Tu te sers de l'Ecriture comme un épicier luthérien.

LE CHINOIS : Ramenez-moi seulement à Barcelone.

DON RODRIGUE : N'est-ce point là où tu me conjurais de ne pas aller ?

LE CHINOIS : Si je ne puis vous détourner de votre folie, au moins que j'en profite.

DON RODRIGUE : Folie comme chacun l'appellerait, mais j'ai follement raison !

LE CHINOIS : C'est raison que de vouloir sauver une âme en la perdant ?

DON RODRIGUE : Il y a une chose que pour le moment je puis seul lui porter.

LE CHINOIS : Et quelle est cette chose unique ?

DON RODRIGUE : La joie.

LE CHINOIS : Ne m'avez-vous pas fait lire cinquante fois que pour vous, chrétien, c'est le sacrifice qui sauve ?

DON RODRIGUE : C'est la joie seule qui est mère du sacrifice.

LE CHINOIS : Quelle joie ?

DON RODRIGUE : La vision de celle qu'elle me donne.

LE CHINOIS : Appelez-vous joie la torture du désir ?

DON RODRIGUE : Ce n'est point le désir qu'elle a lu sur mes lèvres, c'est la reconnaissance.

LE CHINOIS : La connaissance ? dites-moi seulement la couleur de ses yeux.

DON RODRIGUE : Je ne sais. Ah ! je l'admire tellement que j'ai oublié de la regarder !

LE CHINOIS : Excellent. Moi, j'ai vu de grands vilains yeux bleus.

DON RODRIGUE : Ce ne sont point ses yeux, c'est elle-même tout entière qui est une étoile pour moi !

Jadis sur la mer des Caraïbes, quand à la première heure du matin je sortais de ma caisse étouffante pour prendre la veille,

Et qu'une seconde on me montrait cet astre réginal, cette splendide étoile toute seule au bandeau du ciel transparent,

Ah ! c'était le même saisissement au cœur une seconde, la même joie immense et folle !

Aucun homme ne peut vivre sans admiration. Il y a en nous l'âme qui a horreur de nous-mêmes,

Il y a cette prison dont nous avons assez, il y a ces yeux qui ont le droit de voir à la fin ! il y a un cœur qui demande à être rassasié !

Mais bientôt je ne trouvais plus au firmament que ce feu de plomb trop connu,

L'opaque et sûr falot, triste guide du navigateur sur les eaux inaltérées.

Or cette fois voici bien autre chose qu'une étoile pour moi, ce point de lumière dans le sable vivant de la nuit,

Quelqu'un d'humain comme moi dont la présence et le visage hors la laideur et la misère de ce monde ne sont compatibles qu'avec un état bienheureux !

LE CHINOIS : Un festin pour tous les sens !

DON RODRIGUE : Les sens ! je les compare aux goujats qui suivent l'armée

Pour dépouiller les morts et profiter de la ville prise.

Je n'accepterai point si facilement cette rançon payée par le corps pour l'âme qui s'est dérobée,

Et qu'il y ait une chose en elle dont je cesse d'avoir besoin.

Mais je dis mal, je ne calomnierai pas ces sens que Dieu a faits.

Ce ne sont point de vils acolytes, ce sont nos serviteurs qui parcourent le monde tout entier,

Jusqu'à ce qu'ils aient trouvé enfin la Beauté, cette
figure devant laquelle nous sommes si contents de disparaître.

Tout ce que nous lui demandons est que nous n'ayons
plus pour toujours qu'à ouvrir les yeux pour la retrouver.

LE CHINOIS : Pas autre chose, vraiment ? Ce n'était
pas la peine de nous déranger. Je crains que notre
conversation pour cette dame ne soit pas d'un grand
profit.

DON RODRIGUE : Est-ce pour rien que, si bien cachée,
je l'ai découverte ?

LE CHINOIS : La peste soit de cette tempête qui nous
jeta sur la côte d'Afrique,

Et de cette fièvre qui nous retint là-bas !

DON RODRIGUE : Ce fut son visage que je vis en me
réveillant.

Dis, crois-tu que je l'aie reconnue sans qu'elle le
sache ?

LE CHINOIS : Il faudrait savoir tout ce qui s'est passé
avant notre naissance. A ce moment je ne voyais rien,
oui, je me rappelle que je n'en étais pas encore à mes
yeux :

Pour que rien ne vînt déranger ma préparation du
papillon Isidore.

DON RODRIGUE : Laisse là ta vie antérieure ! à moins
que dans la pensée de Celui qui nous a faits déjà nous
ne fussions étrangement ensemble.

LE CHINOIS : C'est sûr ! nous étions déjà ensemble
tous les trois.

DON RODRIGUE : Déjà elle était l'unique frontière de
ce cœur qui n'en tolère aucune.

LE CHINOIS : Déjà, mon cher parrain, vous pensiez
à me la donner pour marraine.

DON RODRIGUE : Déjà elle contenait cette joie qui m'appartient et que je suis en route pour lui redemander !

Déjà elle me regardait avec ce visage qui détruit la mort !

Car qu'est-ce qu'on appelle mourir, sinon de cesser d'être nécessaire ? quand est-ce qu'elle a pu se passer de moi ? quand est-ce que je cesserai d'être cela sans quoi elle n'aurait pu être elle-même ?

Tu demandes la joie qu'elle m'apporte ? Ah ! si tu savais les mots qu'elle me dit pendant que je dors !

Ces mots qu'elle ne sait pas qu'elle me dit, et je n'ai qu'à fermer les yeux pour les entendre.

LE CHINOIS : Des mots qui vous ferment les yeux et à moi qui me ferment la bouche.

DON RODRIGUE : Ces mots qui sont le poison de la Mort, ces mots qui arrêtent le cœur et qui empêchent le temps d'exister !

LE CHINOIS : Il n'existe plus ! Regardez ! déjà un de ces astres pour vous qui ne servent plus à rien, le voilà qui s'en va,

Et qui au travers de la page céleste fait une grande rature de feu !

DON RODRIGUE : Que j'aime ce million de choses qui existent ensemble ! Il n'y a pas d'âme si blessée en qui la vue de cet immense concert n'éveille une faible mélodie !

Vois, pendant que la terre comme un blessé qui a cessé de combattre exhale un souffle solennel,

Le peuple des cieux sans aucun déplacement, comme employé à un calcul, tout fourmillant de sa mystérieuse besogne !

LE CHINOIS : Au milieu les trois étoiles, le bâton de cet énorme Pèlerin qui tour à tour visite les deux hémisphères.

Ce que vous appelez le Bâton de Saint Jacques.

DON RODRIGUE *à demi-voix et comme se parlant à lui-même* : « Regarde, mon amour ! Tout cela est à toi et c'est moi qui veux te le donner. »

LE CHINOIS : Etrange lumière que ce million de gouttes de lait !

DON RODRIGUE : Là-bas, sous les feuilles, il éclaire une femme qui pleure de joie et qui baise son épaule nue.

LE CHINOIS : Qu'importe cette épaule, je vous prie, Monsieur le sauveur d'âmes ?

DON RODRIGUE : Cela aussi fait partie des choses que je ne posséderai pas en cette vie.

Ai-je dit que c'était son âme seule que j'aimais ? c'est elle tout entière.

Et je sais que son âme est immortelle, mais le corps ne l'est pas moins,

Et de tous deux la semence est faite qui est appelée à fleurir dans un autre jardin.

LE CHINOIS : Une épaule qui fait partie d'une âme et tout cela ensemble qui est une fleur, comprends-tu, mon pauvre Isidore ? O ma tête, ma tête !

DON RODRIGUE : Isidore, ah ! si tu savais comme je l'aime et comme je la désire !

LE CHINOIS : Maintenant je vous comprends et vous ne parlez plus chinois.

DON RODRIGUE : Et crois-tu donc que ce soit son corps seul qui soit capable d'allumer dans le mien un tel désir ?

Ce que j'aime, ce n'est point ce qui en elle est capable de se dissoudre et de m'échapper et d'être absent, et de cesser une fois de m'aimer, c'est ce qui est la cause d'elle-même, c'est cela qui produit la vie sous mes baisers et non la mort !

Si je lui apprends qu'elle n'est pas née pour mourir, si je lui demande son immortalité, cette étoile sans le savoir au fond d'elle-même qu'elle est,

Ah ! comment pourrait-elle me refuser ?

Ce n'est point ce qu'il y a en elle de trouble et de
mêlé et d'incertain que je lui demande, ce qu'il y a
d'inerte et de neutre et de périssable,

C'est l'être tout nu, la vie pure,

C'est cet amour aussi fort que moi sous mon désir
comme une grande flamme crue, comme un rire dans
ma face !

Ah ! me le donnât-elle (je défaille et la nuit vient
sur mes yeux),

Me le donnât-elle (et il ne faut pas qu'elle me le
donne),

Ce n'est point son corps chéri jamais qui réussirait
à me contenter !

Jamais autrement que l'un par l'autre nous ne réussi-
rons à nous débarrasser de la mort,

Comme le violet s'il se fond avec l'orange dégage
le rouge tout pur.

LE CHINOIS : *Tse gue ! Tse gue ! Tse gue !* nous
savons ce qui se cache sous ces belles paroles.

DON RODRIGUE : Je sais que cette union de mon être
avec le sien est impossible en cette vie et je n'en veux
aucune autre.

Seule l'étoile qu'elle est

Peut rafraîchir en moi cette soif affreuse.

LE CHINOIS : Pourquoi donc nous rendons-nous présentement à Barcelone ?

DON RODRIGUE : T'ai-je point dit que j'ai reçu d'elle
une lettre ?

LE CHINOIS : Les choses s'éclairent peu à peu.

DON RODRIGUE, *récitant comme s'il lisait* : « Venez,
je serai à X... Je pars pour l'Afrique. On a de grands
reproches à vous faire. »

C'est une femme gitane qui m'a apporté ce papier.
Je suis parti.

Cédant à tes sollicitations, pendant que les gens du Roi me poursuivaient.

LE CHINOIS : Oui, c'est moi ! Accusez-moi, je vous prie ! Les affaires de mon âme et de ma bourse, vous n'aviez que cela à cœur !

DON RODRIGUE : Tout pesait dans le même sens. La goutte d'eau qui s'accumule

Et l'Espagne tout entière pour moi comme un plateau qu'on incline.

LE CHINOIS : Ah ! cette noire statùe là-bas et cet argent à moi, oïe, oïe !

O cette bourse que je lui ai donnée dans l'impétuosité de mon sentiment intestinal !

J'espérais qu'au-dessous de ce sein exotique elle s'enflerait peu à peu mélodieusement comme un fruit !

DON RODRIGUE : Des reproches, a-t-elle dit ! Ah ! je me suis mépris ! Oui, ce sont des reproches seulement qu'elle veut me faire entendre.

Il faut que je n'existe plus. Il faut me faire comprendre ces choses qui font qu'elle ne m'aimera jamais.

LE CHINOIS : J'en fournirai de mon côté quelques-unes.

DON RODRIGUE : Il faut que je voie bien qu'elle a raison et que je l'approuve ! Il me faut l'entendre condamner ce cœur qui ne bat que pour elle !

J'ai soif de ces mots destructeurs ! Encore ! Je suis avide de ce néant qu'elle veut établir en moi.

Car je sais que c'est seulement dans le vide absolu de toute chose que je la rencontrerai.

Est-ce parce que je suis beau ou noble ou vertueux que je voudrais qu'elle m'aime ? ou pour rien autre chose que ce besoin désespéré que j'ai de son âme ?

Ou quand je pense à elle, est-ce que je désire rien d'elle autre que tout à coup vers moi ce mouvement sacré de son cœur ? est-ce que tout d'elle alors ne disparaît pas, oui, même ces yeux si beaux !

Je veux la confronter pour témoin de cette séparation entre nous si grande que l'autre par le fait de cet homme avant moi qui l'a prise n'en est que l'image,

Cet abîme qui va jusqu'aux fondements de la nature,

Et que franchira seul hors de tout motif et mérite cet acte de foi que nous ferons l'un dans l'autre, ce serment dans l'éternité.

Je sais qu'elle ne peut être à moi que par un acte gratuit.

LE CHINOIS : Rien n'est gratuit que ce précieux élixir caillé au fond de cette fiole mince que liquéfie la bénédiction de Notre-Dame de la Pitié.

Et voyez, les gouttes qui s'en échappent prennent feu dès qu'elles touchent notre air épais.

DON RODRIGUE : Ce n'est pas Notre-Dame que tu vois, mais cette idole chinoise sur un follicule que tu avais retrouvé et dont tu ne pouvais détacher tes regards.

LE CHINOIS : Une seule goutte de parfum est plus précieuse que beaucoup d'eau éparse.

DON RODRIGUE : Dis-tu cela de toi-même ou de qui cette parole est-elle prise ?

LE CHINOIS : Quand je ferme les yeux par une nuit comme celle-ci bien des choses me reviennent d'on ne sait où à la pensée.

J'entends un son grave comme celui d'un tambour de bronze et cela est associé à une idée de désert et de grand soleil et d'une ville sans aucun nom derrière des murailles crénelées.

Je vois un canal où se reflète le croissant de la lune et l'on entend le froissement d'une barque invisible dans les roseaux.

DON RODRIGUE : Cependant tu étais bien petit encore, m'as-tu dit, quand tu as quitté la Chine, après que les Jésuites en t'achetant t'avaient sauvé de la mort.

LE CHINOIS : Mort du corps et celle de l'âme, grâces soient au Ciel suprême !

Dont je vois ce soir comme une coulée gagner

Sur ce pont que fait la Terre entre les deux Maisons de la Nuit.

DON RODRIGUE, *se dressant sur les coudes* : En effet ! Qu'est ceci ? Du fond de l'Occident je vois s'avancer en bon ordre une quantité de petites lumières.

LE CHINOIS : Et là-bas à l'Orient à la crête de cette colline apparaît un autre cortège.

DON RODRIGUE : C'est Jacques qui chaque année au jour de sa fête s'en vient rendre visite à la Mère de son Dieu.

LE CHINOIS : Et celle-ci maternellement fait le tiers du chemin à sa rencontre,

Selon qu'il a été solennellement stipulé par-devant notaire après de longues disputes.

DON RODRIGUE : Attention ! Je vois les petites lumières à l'ouest qui se dispersent, tout s'éteint ! Mais c'est la flamme rouge des arquebuses ! Ecoute ! On crie !

LE CHINOIS : Je crains que ce ne soient nos pèlerins de tout à l'heure, ceux que nous avons vus se tapir derrière la pinède.

DON RODRIGUE : Penses-tu qu'ils vont s'en prendre à saint Jacques ?

LE CHINOIS : Ce sont sans doute des hérétiques ou des Mores et la statue est d'argent massif.

DON RODRIGUE, *se levant* : Mon épée ! Volons au secours de Monsieur saint Jacques !

LE CHINOIS, *se levant aussi* : Et quand nous l'aurons arraché aux mécréants, nous ne le rendrons pas sans une bonne rançon. (*Ils sortent.*)

SCÈNE VIII

L'auberge de X... au bord de la mer.

LA NÉGRESSE, *se jetant sur le Sergent* : Traître, oh !
il faut que je te tue ! fi ! fi ! fi ! dis-moi qu'as-tu féfi
de mon joli zizouilli que tu m'as pris ?

LE SERGENT : Bonjour, Madame !

LA NÉGRESSE : Méchant, je te reconnais bien !

LE SERGENT : Et moi, je ne veux pas vous écouter.
(*Il se prend le nez avec deux doigts de la main droite
en imitant avec le bras gauche le bâton de Polichinelle.*)

LA NÉGRESSE, *retrouvant haleine* : ... en or que je t'ai
donné, mon joli bracelet tout en or que je t'ai donné,
il valait plus de deux cents pistoles !

Où il y avait accrochés une main, une guitare, une
clef, une goyave, un sou, un petit poisson et vingt
autres jolies choses qui font bonheur ensemble !

Prends garde, j'ai prié dessus, oui, j'ai chanté dessus, j'ai dansé dessus et je l'ai arrosé avec le sang d'une
poule noire !

De sorte que c'est joliment bon pour moi, mais celui
qui me l'aura pris, ça le rend malade, il crève !

LE SERGENT : Je suis content d'en être débarrassé.

LA NÉGRESSE : Quoi, c'est vrai, tu l'as vendu, mauvais chien ?

LE SERGENT : Ne me l'aviez-vous pas donné ?

LA NÉGRESSE : Je te l'avais prêté, tu disais que ça te porterait bonheur, méchant,

Pour une certaine affaire que tu avais à faire en enfer !

Après quoi tu es parti d'ici par une fente de la muraille, retirant ta jambe,

Comme les lézards, les scorpions, les Cheval-bon-Dieu et les autres animaux secs.

LE SERGENT : Dis-moi, le capitaine qui part pour l'Inde, la première chose qu'il fait, ce n'est pas d'aller chez le banquier, qui lui procure des armes et des vivres,

De l'argent pour la paye de ses soldats et de ses marins ?

Il revient l'année prochaine avec dix sacs d'or.

LA NÉGRESSE : Mais tu ne reviens pas avec un sac !

LE SERGENT : Je ne reviens pas avec un sac ? et ce ne sera pas joli si je te donne un grand morceau de soie verte et rouge de quoi faire quinze mouchoirs, et un collier en or qui te fera quatre fois le tour du cou ?

Et un bracelet en or ? et encore un bracelet en or ? et item un autre bracelet en or ? et derechef un autre troisième, quatrième et cinquième bracelet en or ?

LA NÉGRESSE, *le regardant partout* : Où c'est que tu as mis tout cela ?

LE SERGENT : Où c'est que j'ai mis tout cela ? et où c'est qu'il l'avait mise, ta maman,

Après que s'étant caché derrière une touffe de bananiers il l'eut prise avec toutes les femmes de son village pendant qu'elles pilaient du mil au clair de lune,

Ce brave Portugais de Portugal, quand il l'amena au Brésil pour lui apprendre les bonnes manières et le goût de la canne à sucre il n'y a rien de meilleur ?

S'il n'avait eu cette inspiration, au lieu d'être aujour-
d'hui cette matrone respectée, oracle de la maison du
Juge,

Les cheveux accommodés avec de l'huile de palme
et vêtue d'un morceau de papier,

Tu serais encore à danser comme une niaise sur les
bords du fleuve Zaïre, essayant d'attraper la lune avec
tes dents.

LA NÉGRESSE, *éperdue* : La matrone..., le clair de
lune..., l'huile de canne..., tu me tournes la tête, je ne
sais plus où j'en suis. (*Avec un cri.*) J'en étais à mon
argent que tu m'as pris, voleur !

LE SERGENT : Cet argent que je t'ai pris ? et ce n'est
pas beaucoup plus que de l'argent cette étoile que j'ai
été cueillir dans la montagne avec les doigts,

Cette mouche à feu que j'ai attrapée avec la main
et placée dans une petite cage,

Au moment qu'avec le dessous de son cœur elle
essayait d'embraser une fleur de jasmin ?

LA NÉGRESSE : Tu parles de cette pauvre jeune fille
avec laquelle tu nous es arrivé l'autre jour,

Tous deux cachés dans le fond de cette charrette
chargée de roseaux ?

LE SERGENT : Maintenant la barque est prête. Ce
soir, si le vent l'est aussi,

Nous faisons route vers le rivage latin.

LA NÉGRESSE : Et le bracelet que tu m'as pris ? et la
chaîne que tu dois me donner à la place ?

LE SERGENT : Suis-les ! Attache-toi fort à moi ! qui
t'empêche de nous accompagner ?

LA NÉGRESSE : Que veux-tu faire de cette pauvre
jeune fille ?

LE SERGENT : J'ai promis de lui donner le Roi de
Naples, pourquoi pas ? C'est une idée qui m'est venue
tout à coup, je suis sûr qu'il y a un Roi à Naples !

Je lui ai dit que le Roi de Naples l'avait vue en

songe, ah ! quel délicieux jeune homme j'ai fabriqué aussitôt ! il m'envoie fouiller le monde pour la trouver.

Je la reconnaîtrai à ce signe d'une tache en forme de colombe qu'elle a au-dessous de l'épaule.

LA NÉGRESSE : Et elle avait ce signe en effet ?

LE SERGENT, *frappant dans ses mains* : Voilà qui est étrange, elle l'avait ! elle me l'a dit. Jamais elle n'a voulu me le montrer.

LA NÉGRESSE : Comment l'appelle-t-on ?

LE SERGENT : On l'appelle Dona Musique à cause d'une guitare dont heureusement elle ne joue jamais. Son vrai nom est Dona Délices.

LA NÉGRESSE : Et personne ne s'est aperçu de son départ ?

LE SERGENT : On voulait la marier de force à une espèce de grand vilain toucheur de bœufs vêtu de cuir, une mâchoire solennelle qui vous descend des Goths !

Le pauvre petit cœur a dit qu'elle voulait aller dans un couvent du voisinage pour demander lumière et conseil, et nous sommes partis pour demander lumière et conseil, tous les deux sur le même cheval.

LA NÉGRESSE : On vous poursuit ?

LE SERGENT : On ne nous aura pas. (*Il mouille son doigt et le lève en l'air.*) Et déjà je sens les premières bouffées de ce béni vent de Castille qui tout à l'heure va entraîner notre léger esquif !

LA NÉGRESSE : Que vas-tu faire de cette pauvre jeune fille ?

LE SERGENT : Crois-tu donc que je vais l'endommager ? ce serait comme un pâtissier qui consommerait ses flans.

Je m'évapore à ses pieds dans le respect et l'attendrissement !

Je souffle dessus pour enlever la poussière ! J'y jette un peu d'eau avec le bout des doigts ! Je l'époussète chaque matin avec un petit plumeau fait de duvet de colibri !

Garde l'œil, commère, sur ce chemin qui s'en va tournillant là-bas,

Jusqu'à cette montagne qui a forme d'un lion couché,

Jusqu'à ce qu'y apparaisse cette chose qui d'avance me fait mal au ventre,

Certain nuage de poussière où brille l'éclat des armes et des étriers !

— Ah ! quel beau métier que le mien ! il ne me rapporterait nuls gages que je n'en voudrais point d'autre !

LA NÉGRESSE : C'est la corde qui sera ton salaire, ô grand vilain méchant !

LE SERGENT : Jamais de corde pour moi ! je fais retraite dans le décor ! Je ferme les yeux et aussitôt il n'y a plus moyen de me distinguer d'un pied de grenadier.

Rassurez-vous, touchantes jeunes filles ! votre ami, le Sergent doré, est encore là pour aller vous chercher au fond des trous où vous moisissez avec une canne à pêche !

Quand se gonfle votre petit cœur innocent, quand votre âme délicatement frémit au son de l'ami inconnu là-bas,

Quand vous sentez que vous êtes comme ces graines que la nature a pourvues de plumes et de duvets afin qu'elles s'envolent au gré d'avril,

Alors j'apparais sur le rebord de votre fenêtre battant des ailes et peint en jaune !

SCÈNE IX

DON FERNAND, DON RODRIGUE, DONA ISABEL,
LE SERVITEUR CHINOIS

*Une autre partie du désert de Castille. Un chemin
creux parmi les roseaux et les chênes verts. Il vient d'y
avoir une bataille. On voit par terre des cadavres parmi
lesquels celui de* DON LUIS, *masqué. Çà et là des car-
rosses et voitures de charge, des chevaux que les valets
tiennent par la bride.* DON RODRIGUE *blessé adossé
contre le tronc d'un arbre.*

DON FERNAND, *à Don Rodrigue :* Seigneur cavalier,
je vous remercie.

DON RODRIGUE : Je suis heureux d'avoir pu sauver
Monsieur Saint Jacques.

DON FERNAND, *montrant Don Luis :* Ce n'est nullement à saint Jacques qu'en voulait Monsieur.

DON RODRIGUE : Il s'est battu comme un gentilhomme et j'ai cru que je n'en viendrais pas à bout.

LE SERVITEUR CHINOIS : Oui, mais notre pourpoint a
souffert.

DON FERNAND : Vous sentez-vous sérieusement blessé ?

DON RODRIGUE : Peu de chose. Donnez-moi l'une de
ces voitures. Mon serviteur prendra soin de moi.

DON FERNAND, *à Dona Isabel* : Et vous, ma chère sœur, reprenez vos sens. Ne restez pas ainsi toute blanche et interdite. Et remerciez ce cavalier qui nous a sauvés tous.

DONA ISABEL : Je vous remercie.

SCÈNE X

DONA PROUHÈZE, DONA MUSIQUE

Le jardin de l'auberge de X...

DONA MUSIQUE : Vous qui savez tant de choses, comme je suis contente de causer avec vous !

DONA PROUHÈZE : Prenons garde seulement, petite sœur, que Don Balthazar ne nous voie.

DONA MUSIQUE : Le jour tombe. C'est l'heure où le bon Seigneur relève ses sentinelles

De peur que sa captive ne s'envole.

DONA PROUHÈZE : Je suis contente d'être si bien gardée. J'ai vérifié toutes les sorties. Il n'y a pas moyen d'échapper quand je le voudrais. Quel bonheur !

DONA MUSIQUE : Et cependant je suis entrée sans nulle permission ici.

DONA PROUHÈZE : Qui aurait été vous chercher, mélangée comme une couleuvre à ce grand tas de roseaux ?

Maintenant c'est moi qui vous tiens et qui vous empêcherai de fuir.

DONA MUSIQUE : Est-ce vous qui m'empêchez de fuir, ou bien est-ce moi au contraire qui me suis prise à vous d'une manière si gentille

Que vous ne savez plus comment vous dépêtrer ? Oh ! comme vous êtes belle et comme je vous aime ! Si j'étais votre mari, je voudrais toujours vous tenir dans un sac, je serais terrible avec vous !

DONA PROUHÈZE : Dès qu'il sera de retour j'arrangerai cette affaire.

DONA MUSIQUE : Vous n'arrangerez rien du tout ! car il s'est mis dans la tête de me marier avec le toucheur de bœufs, et moi je m'envole sur le rebord du toit et je me moque de lui !

C'est le gentil Roi de Naples qui sera mon mari !

DONA PROUHÈZE : Il n'y pas de Roi à Naples.

DONA MUSIQUE : Il y a un Roi de Naples pour Musique ! N'essayez pas de me faire de la peine ou je vous casserai le petit doigt.

Et ce n'est pas vrai non plus, peut-être, que j'ai cette tache sur l'épaule comme une colombe ? je vous l'ai montrée.

DONA PROUHÈZE : C'est toi qui es la colombe.

DONA MUSIQUE : Mon Dieu, comme il sera content quand il me tiendra dans ses bras !

« Ah que le temps m'a duré !

« Fallait-il donc m'obliger à te chercher si loin,

« Musique », dira-t-il: Il me semble que je l'entends.

Oh ! comme je serai contente de l'entendre me dire mon nom !

Lui seul le sait désormais.

DONA PROUHÈZE : Folle, tu ne l'as jamais vu !

DONA MUSIQUE : Je n'ai pas besoin de le voir pour connaître son cœur ! Qui donc m'appelait si fort ? Croyez-vous que ce n'était pas dur de partir ainsi et de fouler aux pieds tous les miens ?

Il m'appelle et je lui réponds aussitôt.

DONA PROUHÈZE : Oui, Musique, je le sais, celui que ton cœur attend, je suis sûre qu'il ne peut pas te faire défaut.

DONA MUSIQUE : Le vôtre n'attend-il plus personne ?
Mais qui oserait en menacer la paix quand il est sous
la protection d'une telle beauté ?

Ah ! vous étiez faits pour marcher de compagnie,
vous et cet homme terrible qui essayait de m'attraper
tout à l'heure et dont la charge est de donner la mort !

DONA PROUHÈZE : Cependant vous voyez que le Seigneur Balthazar ne se fie pas à ma beauté seule pour
me défendre et qu'il a multiplié les gardes autour de
ce vieux château. C'est moi-même qui le lui ai demandé.

DONA MUSIQUE : Aimez-vous tellement votre prison
que vous vous plaisiez à la rendre plus sûre ?

DONA PROUHÈZE : Il y faut des barreaux bien forts.

DONA MUSIQUE : Que peut le monde contre vous ?

DONA PROUHÈZE : C'est moi sans doute qui peux
beaucoup contre lui.

DONA MUSIQUE : Je ne veux d'aucune prison !

DONA PROUHÈZE : La prison pour quelqu'un, il dit
qu'elle est là où je ne suis pas.

DONA MUSIQUE : Il y a une prison pour moi et nul
ne pourra m'en arracher.

DONA PROUHÈZE : Quelle ? Musique.

DONA MUSIQUE : Les bras de celui que j'aime, elle
est prise, la folle Musique !

DONA PROUHÈZE : Elle échappe !

Elle n'est là que pour un moment ; qui pourrait la
retenir pour toujours avec son cœur ?

DONA MUSIQUE : Déjà je suis avec lui sans qu'il le
sache. C'est à cause de moi avant qu'il m'ait connue

Qu'il affronte à la tête de ses soldats tant de fatigues,
c'est pour moi qu'il nourrit les pauvres et pardonne à
ses ennemis.

Ah ! ce ne sera pas long à comprendre que je suis
la joie, et que c'est la joie seule et non point l'accep-
tation de la tristesse qui apporte la paix.

Oui, je veux me mêler à chacun de ses sentiments

comme un sel étincelant et délectable qui les transforme et les rince ! Je veux savoir comment il s'y prendra désormais pour être triste et pour faire le mal quand il le voudrait.

Je veux être rare et commune pour lui comme l'eau, comme le soleil, l'eau pour la bouche altérée qui n'est jamais la même quand on y fait attention. Je veux le remplir tout à coup et le quitter instantanément, et je veux qu'il n'ait alors aucun moyen de me retrouver, et pas les yeux ni les mains, mais le centre seul et ce sens en nous de l'ouïe qui s'ouvre,

Rare et commune pour lui comme la rose qu'on respire tous les jours tant que dure l'été et une fois seulement !

Ce cœur qui m'attendait, ah ! quelle joie pour moi de le remplir !

Et si parfois le matin le chant d'un seul oiseau suffit à éteindre en nous les feux de la vengeance et de la jalousie,

Que sera-ce de mon âme dans mon corps, mon âme à ces cordes ineffables unie en un concert que nul autre que lui n'a respiré ? Il lui suffit de se taire pour que je chante !

Où il est je ne cesse d'être avec lui. C'est moi pendant qu'il travaille, le murmure de cette pieuse fontaine !

C'est moi le paisible tumulte du grand port dans la lumière de midi,

C'est moi mille villages de toutes parts dans les fruits qui n'ont plus rien à redouter du brigand et de l'exacteur,

C'est moi, petite, oui, cette joie stupide sur son vilain visage,

La justice dans son cœur, ce réjouissement sur sa face !

DONA PROUHÈZE : Il n'y a rien pour quoi l'homme

soit moins fait que le bonheur et dont il se lasse aussi vite.

DONA MUSIQUE : Est-il fait pour la souffrance ?

DONA PROUHÈZE : S'il la demande, pourquoi la lui refuser ?

DONA MUSIQUE : Comment souffrir quand vous êtes là ? Qui vous regarde oublie de vivre et de mourir.

DONA PROUHÈZE : Il n'est pas là.

DONA MUSIQUE : Donc il y a quelqu'un, sœur chérie, dont l'absence ne cesse de vous accompagner ?

DONA PROUHÈZE : Petite sœur, vous êtes trop hardie, silence ! Qui oserait lever les yeux sur Prouhèze ?

DONA MUSIQUE : Qui saurait les en arracher ?

DONA PROUHÈZE : Qui troublerait son cœur ?

DONA MUSIQUE : Une voix seule au monde, une voix seule et qui parle tout bas.

DONA PROUHÈZE, *comme se parlant à elle-même* : ... intérieure à ce sacrement indissoluble.

DONA MUSIQUE : Voudriez- vous qu'elle se tût ?

DONA PROUHÈZE : Ah ! je ne vis que par elle !

DONA MUSIQUE : L'aimez-vous à ce point ?

DONA PROUHÈZE : Qu'oses-tu dire ? non, je ne l'aime aucunement.

DONA MUSIQUE : Regrettez-vous ce temps où vous ne le connaissiez point ?

DONA PROUHÈZE : Maintenant je vis pour lui !

DONA MUSIQUE : Comment, quand votre visage lui est pour toujours interdit ?

DONA PROUHÈZE : Ma souffrance ne l'est pas.

DONA MUSIQUE : Ne voulez-vous pas son bonheur ?

DONA PROUHÈZE : Je veux qu'il souffre aussi.

DONA MUSIQUE : Il souffre en effet.

DONA PROUHÈZE : Jamais assez.

DONA MUSIQUE : Il appelle, ne lui répondrez-vous pas ?

DONA PROUHÈZE : Je ne suis pas une voix pour lui.
DONA MUSIQUE : Qu'êtes-vous donc ?
DONA PROUHÈZE : Une Epée au travers de son cœur.

SCÈNE XI

LA NÉGRESSE, *puis* LE CHINOIS

Près de l'auberge. Une région de rochers fantastiques et de sable blanc. LA NÉGRESSE *nue danse et tourne dans le clair de lune.*

LA NÉGRESSE : Vive Maman jolie qui m'a faite si noire et si polie !

C'est moi le petit poisson de la nuit, c'est moi le petit toton qui tourne, c'est moi le chaudron qui ballotte et qui bondit dans l'eau froide qui bouge et qui bout. (*Se dressant violemment sur la pointe des pieds.*)

Hi pour toi, papa maman codile ! — hi pour toi papa cheval potame !

Pendant que tout le fleuve tourne vers moi, pendant que la forêt tourne vers moi, pendant que tous les villages tournent, tournent, tournent vers moi, pendant que tous les bateaux tournent vers moi,

A cause du trou que je fais, à cause du bouillon que je fais,

A cause du nœud que je fais dans cette eau qui mousse et qui remue !

J'ai de l'eau pour me rincer, j'ai de l'huile pour me graisser, j'ai de l'herbe pour me frotter !

Je ne suis pas noire, je brille comme un miroir, je bondis comme un cochon, je claque comme un poisson, je tourne comme un petit canon !

Hi ! hi ! hi ! je suis ici ! je suis ici !

Viens ! viens ! viens ! viens ! mon petit Monsiou Italien !

Oui ! oui ! oui ! oui ! mon petit canari jaune !

J'ai mis un sou dans ta poche.

Tout ce qui t'empêchait de m'aimer, je l'ai tué, je l'ai cassé avec le sang d'une poule coupée !

Je n'ai qu'à tourner, tourner ! viens vers moi, tu ne peux me résister ! (*Entre* LE CHINOIS.)

Tous les fils qui me rattachent à toi, je les enroule en tournant sur moi comme sur une bobine, tu viens, je te rapproche, je te raccourcis en tournant sur moi comme un petit canon, en tournant comme la corde sur le treuil qui arrache l'ancre d'entre les racines ;

Hi ! hi ! hi ! hi ! ici ! ici ! ici ! ici ! (*Elle tombe pâmée entre les bras du* CHINOIS *qui l'a saisie par derrière. Elle regarde d'un œil blanc, puis poussant un cri, elle bondit et se roule dans ses vêtements.*)

LE CHINOIS : Imberbe créature, tu as beau ajouter à ta couenne noire ce tégument varié, je te perce jusqu'à l'âme.

LA NÉGRESSE : Hé !

LE CHINOIS : Je vois le cœur tout étouffé par le téton comme une pelote sombre, jetant un rayon maléfique.

LA NÉGRESSE : Hi !

LE CHINOIS : Je vois le foie comme une enclume où les démons viennent forger le mensonge et les deux poumons au-dessus comme d'affreux soufflets.

LA NÉGRESSE : Ho !

LE CHINOIS : Je vois les entrailles comme un paquet de reptiles d'où s'échappe une vapeur infecte et balsamique !

LA NÉGRESSE : Et que vois-tu encore ?

LE CHINOIS, *grinçant des dents* : Je vois mon argent tout empilé de chaque côté de la colonne vertébrale, comme les grains dans un épi de maïs !

Je m'en vais le reprendre sur-le-champ ! (*Il tire son couteau.*)

LA NÉGRESSE, *poussant un cri aigu* : Arrête, mon amour chéri ! si tu me tues, je ne pourrai pas te faire voir le diable !

LE CHINOIS : Tu me l'avais déjà promis et c'est ainsi que tu m'as extorqué cet argent.

LA NÉGRESSE : Et jamais plus ton maître ne remettra les yeux sur Dona Prouhèze.

LE CHINOIS : Impur alligator ! enfant musqué de la boue et gros ver de marée basse !

Nous reprendrons adultérieurement cette conversation, je te tiens !

LA NÉGRESSE : Dona Merveille est dans cette forteresse et Don Balthazar la défend et Don Pélage revient demain ou après-demain et il enlève Dona Merveille en Afrique et Don Rodrigue ne la reverra plus, tu tu tu ! Il ne la reverra pas, tralala !

LE CHINOIS : Ecoute ! le Seigneur Rodrigue a été navré et jeté par terre cependant que l'épée au poing il s'efforçait de défendre Jacques contre les brigands.

LA NÉGRESSE : Quel Jacques ?

LE CHINOIS : Saint Jacques en argent. Nous l'avons transporté ici (Rodrigue je dis) dans le château de Madame sa mère qui est à quatre lieues de cette auberge.

LA NÉGRESSE : Madone !

LE CHINOIS : Dis-lui qu'il va crever, dis-lui qu'il veut la voir, dis-lui qu'elle aille le rejoindre aussitôt, foulant aux pieds le bon usage.

Quant à moi, puisque mes exhortations accompagnées de profonds soupirs n'ont pu le réincorporer,

Il ne me reste plus qu'à me retirer en silence, après l'avoir installé au sein de son vomissement, donnant libre cours à la pudeur.

Quant à toi je ne te lâcherai pas jusqu'à ce que tu m'aies montré le diable.

LA NÉGRESSE : Et pourquoi tiens-tu tellement à voir le maudit ?

LE CHINOIS : Plus j'aurai de belles relations de ce côté et plus mon âme aura de prix aux yeux de ceux qui veulent m'arroser.

LA NÉGRESSE : Mais comment veux-tu que Dona Prouhèze quitte cette auberge qui est de toutes parts gardée ?

LE CHINOIS : Ecoute, j'ai rencontré ce matin une bande de cavaliers. Ils cherchent une demoiselle appelée Musique qu'un certain sacripant de Naples a enlevée.

LA NÉGRESSE : Musique ? Ciel !

LE CHINOIS : Tu la connais ?

LA NÉGRESSE : Poursuis.

LE CHINOIS : Aussitôt par force et par menace ils m'ont arraché l'aveu que ladite Musique se trouve dans cette auberge au bord de la mer qu'occupent d'affreux pirates.

LA NÉGRESSE : Mais ce n'est pas vrai !

LE CHINOIS : Je le sais, qu'importe !

Demain soir on attaque Balthazar et ses troupes.

LA NÉGRESSE : Mais ils ne trouveront rien.

LE CHINOIS : Ils trouveront du moins une certaine sorcière que j'ai dépeinte.

Qui est la plus dangereuse complice du voleur aux yeux de velours.

LA NÉGRESSE : Je ne rentre pas à l'auberge !

LE CHINOIS : Alors je te tue sur la place.

LA NÉGRESSE : Dona Prouhèze est là qui saura tout arranger.

LE CHINOIS : Dis-lui que, profitant du tumulte, elle fuie, avec toi.

LA NÉGRESSE : Comment ?

LE CHINOIS : A cent pas de l'auberge là-bas derrière les figuiers de Barbarie, je l'attends avec mon valet et des chevaux pour elle et pour toi.

SCÈNE XII

*Le ravin profond qui entoure l'auberge, plein de ronces, de lianes et d'arbustes entremêlés. Sur le bord se tient l'*ANGE GARDIEN *en costume de l'époque avec la fraise et l'épée au côté.*

L'ANGE GARDIEN : Regardez-la qui se démène au milieu des épines et des lianes entremêlées, glissant, rampant, se rattrapant, des ongles et des genoux essayant de gravir cette pente abrupte ! et ce qu'il y a dans ce cœur désespéré !

Qui prétend que les Anges ne peuvent pas pleurer ?

Est-ce que je ne suis pas une créature comme elle ? est-ce que les créatures de Dieu ne sont rattachées par aucun lien ?

Ce qu'ils appellent la souffrance, est-ce que cela se passe dans un monde à part et de tout le reste exclu ! est-ce qu'elle échappe à notre vision ? est-ce qu'elle est une chose agréable à contenir pour cet être qui embrasse son objet ?

Est-ce qu'elle est étrangère à cet amour et à cette justice dont nous sommes les ministres ? A quoi servirait-il d'être un Ange Gardien si nous ne la comprenions pas ?

Qui pleinement voit le bien, celui-là seul pleinement comprend ce qu'est le mal. Eux ne savent ce qu'ils font.

— Et moi, est-ce que j'aurais été choisi pour la garder sans une secrète parenté avec elle ?

— Enfin ! elle est tout de même venue à bout de ces ronces et de ces épines charitables qui voulaient la retenir. La voici qui apparaît sur le rebord du fossé. (PROUHÈZE *sort du fossé. Elle est en vêtements d'homme, tout déchirés, les mains et la figure meurtries.*)

Oui, tu es belle, ma pauvre enfant, avec ces cheveux défaits, dans ce costume indécent,

Ces joues couvertes de terre et de sang, et ce regard dans tes yeux qui me fait mal de résolution et de folie !

Ah ! tu me fais honneur et j'ai plaisir à montrer ainsi ma pauvre petite sœur. Si seulement il n'y avait personne pour nous voir !

DONA PROUHÈZE, *regardant autour d'elle comme éperdue* : Je suis seule !

L'ANGE GARDIEN : Elle dit qu'elle est seule !

DONA PROUHÈZE : Je suis libre !

L'ANGE GARDIEN : Hélas !

DONA PROUHÈZE : Rien ne m'a retenue.

L'ANGE GARDIEN : Nous ne voulions d'autre prison pour toi que l'honneur.

DONA PROUHÈZE : Il fallait mieux me garder. J'ai été loyale. J'ai donné avertissement à Don Balthazar.

L'ANGE GARDIEN : Il va payer ta fuite de sa vie.

DONA PROUHÈZE : Rodrigue va mourir !

L'ANGE GARDIEN : Il est encore temps de perdre son âme.

DONA PROUHÈZE : Rodrigue va mourir !

ACKNOWLEDGMENT of order entered 1/17/91   as of 1/18/91

account 00839 SALEM COLLEGE
DALE H GRAMLEY LIBRARY

author   title
PACHELBEL   FUGUES ON THE MAGNIFICAT

  ISBN   est.price   qty   binding   year   edition
0-486-25037-7   5.95   1

fund# MUS   publisher DOVER PUBLICATIONS INC
p.o.# 01-17-91   MINEOLA   NY 11501

our no. 1017-6318-00-0

                                    EMERY-PRATT COMPANY

L'ANGE GARDIEN : Il vit.

DONA PROUHÈZE : Il vit ! quelqu'un me dit qu'il vit encore ! Il est encore temps que je l'empêche de mourir avec mon visage !

L'ANGE GARDIEN : Ce n'est point l'amour de Prouhèze qui l'empêchera de mourir.

DONA PROUHÈZE : Du moins je puis mourir avec lui.

L'ANGE GARDIEN : Ecoutez avec quelle horrible facilité elle parle de déposer cette âme qui ne lui appartient pas et qu'il a coûté tant de peine à faire et à racheter.

DONA PROUHÈZE : Il n'y a que Rodrigue au monde.

L'ANGE GARDIEN : Essaye donc de le rejoindre. (*Elle tombe sur le sol comme défaillante.*)

DONA PROUHÈZE, *haletante* : Ah ! l'effort a été trop grand ! Je meurs ! Ah ! j'ai cru que je ne réussirais jamais à sortir de cet horrible fossé !

L'ANGE GARDIEN, *il lui pose le pied sur le cœur* : Il me serait facile de te maintenir ici si je le voulais.

DONA PROUHÈZE, *à voix basse* : Rodrigue m'appelle.

L'ANGE GARDIEN : Porte-lui donc ce cœur où mon pied s'est posé.

DONA PROUHÈZE, *de même* : Il le faut !

L'ANGE GARDIEN, *il ôte son pied* : Vois où tu vas m'amener.

DONA PROUHÈZE, *à voix basse* : Debout Prouhèze ! (*Elle se lève en chancelant.*)

L'ANGE GARDIEN : Je regarde Dieu.

DONA PROUHÈZE : Rodrigue !

L'ANGE GARDIEN : Hélas ! j'entends une autre voix dans le feu qui dit :
Prouhèze !

DONA PROUHÈZE : Ah ! que le chemin est long jusqu'au buisson là-bas !

L'ANGE GARDIEN : Il était plus long encore jusqu'au Calvaire !

DONA PROUHÈZE : Rodrigue, je suis à toi !

L'ANGE GARDIEN : Tu es à lui ? c'est toi qui le rempliras avec ton corps d'excommuniée ?

DONA PROUHÈZE : Je sais que je suis un trésor pour lui.

L'ANGE GARDIEN : On ne lui ôtera pas cette idée de sa petite tête stupide.

DON PROUHÈZE, *faisant un pas* : En marche !

L'ANGE GARDIEN, *faisant un pas de son côté* : En marche !

DONA PROUHÈZE, *faisant quelques pas en chancelant* : Rodrigue, je suis à toi ! Tu vois que j'ai rompu ce lien si dur !

Rodrigue, je suis à toi ! Rodrigue, je vais à toi !

L'ANGE GARDIEN : Et moi, je t'accompagne. (*Ils sortent.*)

SCÈNE XIII

L'auberge. Dans un coin le porche fortifié avec une lourde porte garnie de clous et de verrous et fermée de barres de fer. Au fond de la scène, encadrée par des pins, la ligne de la mer. Le soir.

DON BALTHAZAR : C'est entendu. Dès que ces canailles attaqueront, ordre à tous de rallier aussitôt et de garnir les tambours et chemins couverts que j'ai fait préparer des deux côtés de la porte. Et défense absolue de tirer avant que j'aie levé mon chapeau.

L'ALFÉRÈS : Laisserai-je pas quelques sentinelles du côté du ravin ?

DON BALTHAZAR, *tirant sur sa barbe* : Ne divisons pas nos forces.

De ce côté l'auberge est défendue assez par ce fossé parfaitement impraticable.

Je m'en suis rendu compte moi-même.

L'ALFÉRÈS, *jaugeant de l'œil la corpulence de son chef* : Hum !

DON BALTHAZAR : Que dites-vous, Monsieur l'Alférès ?

L'ALFÉRÈS : Je dis : croyez-vous tout ce que raconte ce Chinois ?

DON BALTHAZAR : Sa présence suffit, je le connais.

Une chance que je faisais ma ronde cette nuit et que j'ai entendu les cris de notre pauvre Jobarbara !

Elle se cramponnait à lui des ongles et des dents, mais si je n'étais pas arrivé, je crois qu'il la fendait comme une figue.

L'ALFÉRÈS : Comptez sur moi pour défendre l'argent du Roi contre ces brigands.

DON BALTHAZAR : Nous avons plus que de l'argent à défendre.

L'ALFÉRÈS : Dona Prouhèze...

DON BALTHAZAR : Je n'ai rien dit. Mais le Chinois prétend que c'est le dieu des amours et non celui des voleurs que vous verrez voltiger tout à l'heure à travers la fumée de vos arquebuses.

L'ALFÉRÈS, *faisant le geste d'ajuster* : Que ce soit une plume ou l'autre, pan !

DON BALTHAZAR : C'est cela, descendez-le, seigneur Alférès, c'est un service que vous nous rendrez à nous tous.

Je ne parle pas pour moi, mais pourquoi faut-il toujours que je sois mêlé aux affaires d'amour des autres quand personne jamais ne s'intéresserait aux miennes ?

Supposons qu'on vous ait chargé de garder quelqu'un, oui, disons un grand criminel.

Et celui qu'elle aime, elle apprend qu'il se meurt et qu'il demande à la voir,

Est-ce que cela vous amuserait d'entendre ses larmes et ses supplications ? à quoi cela sert-il ?

Est-ce que c'est honnête de me tourmenter ainsi ? comme si j'étais libre moi-même de ne pas faire ce qui est écrit et que l'on m'a commandé !

L'ALFÉRÈS : Est-ce que vous parlez d'un homme ou d'une femme ?

DON BALTHAZAR : Un homme naturellement. Qu'avez-vous en tête, je vous prie ? Un certain prisonnier, vous dis-je, qu'on m'avait remis en garde.

L'ALFÉRÈS : Vous êtes rouge et troublé comme si vous sortiez à l'instant d'une terrible dispute.

DON BALTHAZAR : Il y a vingt ans de cela, Monsieur l'Alférès ! Il y a vingt ans de cela, c'est comme si c'était tout à l'heure !

Me baiser les mains comme si cela pouvait servir à quelque chose !

— « Quel mal y a-t-il à ce que j'aille la voir », le voir veux-je dire, — « maintenant qu'il va mourir ? »

— « Pas un autre si ce n'est que c'est défendu, quoi ? »

— « Mais je vous dis qu'il m'appelle ! » — « Je n'entends pas. »

— « Par la Madone, je jure de revenir ! » — « Non ! »

Qu'auriez-vous fait à ma place ?

L'ALFÉRÈS : Pas autre chose que Votre Seigneurie.

DON BALTHAZAR : Je sais que vous êtes un homme discret et de bon jugement. Vous avez tort seulement de porter la moustache de cette façon qui n'est pas à l'ordonnance.

Celui qui à ma place aurait agi autrement, celui qui par une faiblesse de cœur idiote se serait laissé fléchir, ou qui aurait rusé sournoisement avec le devoir,

Je dis que ce serait un homme sans honneur. Il n'a plus qu'à se faire tuer, la vie n'est plus si agréable pour un vieil homme, quoi ?

L'ALFÉRÈS : Je dis que vous n'êtes pas un vieil homme.

DON BALTHAZAR : Ce qui m'a fait mal surtout, ce ne sont pas ces plaintes et ces prières, il n'y avait pas de cris,

Mais ces mots qu'on vous dit d'une voix basse et mesurée et qui vous percent le cœur.

— Non ! quand on vit que tout était inutile, ce fut ce silence ensuite et cette espèce de sourire.

Vous connaissez cette espèce d'allégement, quand

nous savons qu'il n'y a plus rien à faire, il y a des mères alors qui se mettent à chanter près du corps de leur enfant.

Toutefois je ne me serais pas attendu à cette bouche sur ma main et cette voix qui me remerciait. (*Entre* UN SOLDAT.)

LE SOLDAT : Capitaine, il y a un groupe de cavaliers là-bas qui s'est arrêté près de la grosse pierre. L'un d'eux s'est détaché et se dirige vers nous, agitant un mouchoir.

DON BALTHAZAR : Très bien, faites rallier tout le monde vers le pont.

L'ALFÉRÈS : Même la sentinelle qui garde le ravin ?

DON BALTHAZAR : Aussi. Et qu'on aille me chercher le Chinois.

SCÈNE XIV

DON BALTHAZAR, L'ALFÉRÈS, LE CHINOIS,
UN SERGENT, SOLDATS, SERVITEURS

Le même lieu.

UN SOLDAT, *amenant* LE CHINOIS *avec lui* : Voici l'homme.

DON BALTHAZAR : Bonjour, Monsieur le Chinois, je suis fâché des nouvelles que vous nous apportez de Don Rodrigue !

LE CHINOIS : Il n'y a rien à faire ici de Don Rodrigue !

DON BALTHAZAR : N'étiez-vous pas Monsieur son serviteur ?

LE CHINOIS : Je suis l'homme que la Providence a placé près de lui pour lui donner l'occasion de faire son salut.

DON BALTHAZAR : Comment ?

LE CHINOIS : S'il me procure le saint baptême, ne sera-ce pas une joie immense au Ciel, à qui un Chinois catéchisé

Fait plus d'honneur que quatre-vingt-dix-neuf Espagnols qui persévèrent ?

DON BALTHAZAR : Sans doute.

LE CHINOIS : Un tel mérite qu'il ne dépend que de moi de lui acquérir quand il me plaira

Vaut beaucoup de soin et sédulosité de sa part, je ne lui céderai pas mon âme si facilement et pour une chanson.

De sorte qu'à proprement parler, c'est plutôt lui mon serviteur que moi le sien.

DON BALTHAZAR : Il me semble cependant, mon fils, que vous lui rendez de fort bons services.

Mais il ne s'agit pas de cela pour le moment, et puisque vous parlez de chanson, précisément tout mon désir est de savoir si vous savez chanter.

LE CHINOIS, *éperdu* : Chanter ? comment ! chanter ?

DON BALTHAZAR : Eh bien, oui. (*Il module d'un air engageant.*) Ah ! ah ! ah ! Chanter, quoi ! Je n'ai pas de guitare. Mais vous n'avez qu'à prendre cette assiette et à taper dessus en mesure avec un couteau, ce que voudrez. Quelque chose de joli !

LE CHINOIS *tout tremblant* : Et vous ne voulez pas savoir ce que je faisais la nuit dernière à causer avec cette négresse du diable ?

DON BALTHAZAR : Je n'ai qu'un désir au monde qui est d'entendre ta jolie voix.

LE CHINOIS, *se jetant à genoux* : Seigneur, épargnez-moi ! je vous dirai tout !

DON BALTHAZAR, *à* L'ALFÉRÈS : Il n'y a rien qui effraye plus les gens que les choses qu'ils ne comprennent pas. (*Au* CHINOIS.) Allons !

Un chant qui monte à la bouche
Est comme une goutte de miel
Qui déborde du cœur.

LE CHINOIS : La vérité est que circonvolant autour de ce château dans l'intérêt de Don Rodrigue,

Je suis tombé sur un parti de cavaliers en armes qui m'ont demandé si j'avais entendu parler d'une certaine Dona Musique...

DON BALTHAZAR : Musique, dis-tu ?

LE CHINOIS : Ils m'ont dit que vous la connaissiez.

... D'une certaine Dona Musique qui se serait enfuie avec un sergent italien et qu'ils recherchent.

C'est alors que j'ai eu l'idée de leur indiquer ce château rempli de pirates, pour, à la faveur de l'attaque et du bruit, moi-même

Enlever les personnes que vous gardez.

DON BALTHAZAR : Tu ferais mieux de ne pas parler de Musique et de chanter comme je te le demande ! (*Il tire son épée.*)

LE CHINOIS : Pitié, Seigneur ! (*Entre* UN SERGENT.)

LE SERGENT : Seigneur, il y a à la porte un homme qui sans ôter son chapeau et en termes fort courts demande que nous lui laissions rechercher incontinent Dona Musique que nous gardons en ces lieux.

DON BALTHAZAR : Dis-lui sans ôter ton chapeau et en termes fort courts que nous gardons notre musique pour nous.

LE CHINOIS : Vous voyez que je n'ai pas menti.

DON BALTHAZAR : Dona Musique n'aura jamais été si bien gardée, où elle est, que Dona Prouhèze le sera par moi aujourd'hui.

LE CHINOIS : Je le vois ! vous croyez que nous sommes tous d'accord et que c'est à Dona Prouhèze que nous en voulons. Oh ! oh !

DON BALTHAZAR *chantant* : Oh ! oh !

> J'ai rêvé que j'étais au ciel,
> Et en m'éveillant dans tes bras...

(*Il pique le Chinois qui se lève en criant.*)

Allons je t'en prie, continue ! (*Entrent les serviteurs qui apportent des plateaux couverts de tout ce qu'il faut pour la collation.*)

DON BALTHAZAR : Qu'est-ce que cela ?

LES SERVITEURS : C'est votre collation que nous vous apportons ici comme vous l'avez commandé.

DON BALTHAZAR : Fort bien, nous allons être fort bien ici pour goûter à l'ombre, tandis que ces messieurs pourvoiront à nous fournir spectacle.

L'ALFÉRÈS : Vous serez fort mal. Tous les coups de feu qu'on tirera à travers cette porte seront pour vous.

DON BALTHAZAR : Point, c'est le Chinois qui les empochera. Regarde, Chinois, si tes amis tirent c'est toi qui seras tué.

LE CHINOIS : Je ne crains rien du tout. Tant que je ne suis pas baptisé une balle ne peut pas me faire de mal.

DON BALTHAZAR : En attendant regarde cette table qu'on a recouverte pour nous des plus beaux fruits de la terre et des flots,

Le doux et le salé, ces coquillages bleus comme la nuit, cette belle truite rose sous sa peau d'argent comme une nymphe comestible, cette langouste écarlate,

Ce rayon de miel, ces grappes translucides, ces figues trop sucrées qui s'entrouvrent, ces pêches comme des globes de nectar... (*Entre* UN SOLDAT.)

LE SOLDAT : Capitaine, il y a un groupe d'hommes armés qui se dirigent vers la porte avec une échelle et des haches. Que faut-il faire ?

DON BALTHAZAR : Eh bien, laissez-les s'approcher. J'ai donné mes ordres. (*Sort* LE SOLDAT.)

Où en étais-je ?... ces pêches comme des globes de nectar... (*Apparaît au-dessus de la porte un homme en cape noire et grand chapeau de feutre à plume qui couche en joue* DON BALTHAZAR *avec une escopette.* DON BALTHAZAR *lui lance une pêche qui l'atteint en pleine figure, il dégringole*)... ce jambon tout coupé, ce vin à l'arôme délicieux, dans une étincelante carafe, ce pâté comme un sépulcre de chairs embaumées sous de puissantes épices pour ressusciter dans l'estomac avec une chaleur bienfaisante !

La terre sur cette nappe ne pouvait réunir pour nous rien de plus agréable.

Promenons-y une dernière fois les yeux, car nous ne goûterons plus jamais à tout cela, mon camarade ! (*On frappe violemment à la porte.*)

DON BALTHAZAR : Que voulez-vous ?

VOIX AU DEHORS : Nous demandons Dona Musique !

DON BALTHAZAR : Vous voulez de la musique ? Chante, Chinois !

LE CHINOIS : Je ne sais pas chanter.

DON BALTHAZAR, *le menaçant* : Chante, te dis-je !

LE CHINOIS, *chantant* :

> Celui qui m'entendrait chanter,
> Penserait que je suis joyeux !
> Je suis comme le petit oiseau
> Qui chante lorsqu'il se meurt.

VOIX AU DEHORS : Nous demandons Dona Musique !

DON BALTHAZAR : Pas moyen ! Elle vient de s'embarquer pour la Barbarie. Chante, Chinois, cela les consolera !

LE CHINOIS, *chantant* :

> J'ai monté dans une noisette
> Pour aller en Barbarie-i-i
> Chercher du poil de grenouille
> Parce qu'il n'y en a pas en Espagne

VOIX AU DEHORS : Si vous ne nous ouvrez pas, nous allons tirer.

DON BALTHAZAR : Chante, Chinois !

LE CHINOIS, *chantant* :

> Je suis allé aux champs
> Demander à la violette
> Si pour le mal d'amour
> Il y avait un remède
> Elle m'a répondu...

(*Par une fissure de la porte, on voit passer un canon de mousquet qui se promène à droite et à gauche.*)

LE CHINOIS, *sautant à droite et à gauche pour éviter le mousquet* :

> Elle m'a répondu...
> Elle m'a répondu...

DON BALTHAZAR : Eh bien, qu'est-ce qu'elle a répondu ? (*Apparaît en mer sur le derrière de la scène une barque à voile rouge où se trouvent* MUSIQUE, LA NÉGRESSE, *et* LE SERGENT NAPOLITAIN ; *le mousquet s'est retiré.*)

LA NÉGRESSE, *chantant d'une voix aiguë* :

> Que pour le mal d'amour
> N'y en a jamais eu !

LE CHINOIS, *regardant vers la mer* : Ciel ! Que vois-je ?

DON BALTHAZAR. — Que vois-tu ?

LE CHINOIS : Regardez vous-même !

DON BALTHAZAR, *chantant* :

> Ne me regarde pas ! On regarde
> Que nous nous regardons !

(*Coups de hache sur la porte.*)

UN SOLDAT : Capitaine ! Capitaine ! faut-il tirer ?

DON BALTHAZAR : Pas avant que je l'aie commandé ! Que vois-tu, Chinois ?

LE CHINOIS : Je vois un bateau qui prend la mer. Et dedans, il y a cette négresse de malheur avec son diable jaune ! Mais regardez vous-même !

DON BALTHAZAR : C'est trop fatigant de se retourner.

LE CHINOIS : Seigneur, retirez-vous ! ces gens se préparent à tirer.

DON BALTHAZAR : Non. (*Le canon d'un mousquet passe de nouveau par le trou de la porte dirigé vers Don Balthazar. La barque a disparu.*)

VOIX DE MUSIQUE *au dehors* :

> Une larme de tes yeux,
> Une larme de tes yeux...

DON BALTHAZAR : Ah ! quelle voix charmante ! Je n'en ai jamais entendu de plus belle.

LA VOIX, *soutenue par celles de la* NÉGRESSE *et du* SERGENT *en parties...*

> Et courir sur ton visage
> Et tomber au fond de ton cœur !
> Et tomber au fond de ton cœur !

(*Coups de feu.*)

DON BALTHAZAR *tombe mort, la face au milieu des fruits, tenant la table dans ses bras.*)

LA VOIX, *de plus en plus lointaine :*

> Une larme de tes yeux,
> Une larme de tes yeux...

FIN DE LA PREMIÈRE JOURNÉE

Deuxième journée

Personnages de la deuxième journée

DON GIL.
L'IRRÉPRESSIBLE.
DONA PROUHÈZE.
DONA HONORIA.
DON PÉLAGE.
LE VICE-ROI.
L'ARCHÉOLOGUE.
LE CHAPELAIN.
SAINT JACQUES.
LE ROI.
DON RODRIGUE.
LE CAPITAINE.
DON CAMILLE.
DONA MUSIQUE.
DON GUSMAN.
RUIS PERALDO.
OZORIO.
REMEDIOS.
L'OMBRE DOUBLE.
LA LUNE.
COMMIS.
CAVALIERS.
MAITRE DRAPIER.
SEIGNEURS.

SCÈNE PREMIÈRE

DON GIL, LE MAITRE DRAPIER, CAVALIERS

La boutique d'un tailleur drapier à Cadix. Le comptoir et les rayons sont recouverts et débordent d'étoffes rouges de toutes nuances empilées et déployées. Par la porte on voit un atelier de brodeuses. La pièce est remplie d'employés affairés, de valets venant chercher des paquets, de cavaliers causant ou venant faire des commandes. L'un d'eux fait de l'escrime contre le mur avec l'aune du drapier. Un autre croque des olives. Un troisième se fait couler dans la gorge l'eau d'une jarre. Un cavalier fort gros est au milieu de la pièce en manches de chemise pendant qu'un employé lui prend mesure.

LE COMMIS, *prenant mesure de la bedaine et criant :* Trente-cinq ! (*Eclats de rire de l'assistance.*)

UN MATELOT, *entrant* : Les pavillons sont-ils prêts ?

LE MAITRE DRAPIER : Il y en a deux d'achevés. Vous pouvez les prendre. Quel travail ! Les autres seront prêts dans huit jours. Les brodeuses sont dessus en ce moment.

PREMIER CAVALIER, *au gros homme* : La Flandre vous a profité, Don Gil !

DEUXIÈME CAVALIER : La traversée du Panama vous fera fondre.

DON GIL : Bah ! il faut de la place dans mon ventre que j'y mette toute l'Amérique !

TROISIÈME CAVALIER : Que fait le vent aujourd'hui ?

UN AUTRE : Toujours le même depuis ce siècle et demi que nous sommes ici, en pâture aux usuriers :

Neptune sans relâche d'un inépuisable poumon soufflant sur ce petit bassin où l'Europe se lave les pieds

Et poussant son peuple à flots pressés à travers le guichet d'Hercule.

Mais quelle reprise d'haleine, Messeigneurs, pour nous ingurgiter au moment que le démesuré soufflet se regonfle !

Notre escadre en moins d'un mois, je le jure, va se trouver raflée dans cette poche et havre du monde là-bas tout garni d'îles à l'ancre comme de bouées toutes prêtes,

Ce fumant réchaud de la Mer que Dieu avec des mains dorées a construit entre les deux Amériques.

PREMIER CAVALIER : Et toujours point de nouvelles de notre Achille ?

DEUXIÈME CAVALIER : C'est Achille à Scyros, non point caché entre les genoux d'une femme, mais la pourchassant, à ce qu'on nous dit, l'épée au poing ! Aucune nouvelle de l'homme.

DON GIL : Je jure que je ne pars point sans le Seigneur Rodrigue.

PREMIER CAVALIER : Et moi pareillement.

DON GIL : Dût ma pension ici pendant un an encore coûter plus que l'héritage d'un rabbin !

PREMIER CAVALIER : Rodrigue est un homme juste envers tous.

DEUXIÈME CAVALIER : ... Qui a les yeux ouverts quand il faut.

TROISIÈME CAVALIER : ... Et fermés quand il est nécessaire. Il connaît le soldat, Messieurs !

DON GIL : Il suffit ! c'est mon ami personnel.

QUATRIÈME CAVALIER, *au Maître Drapier* : Point
de ce rouge tirant sur le violet ! Point de ce jus d'ar-
bouses ! Point de ce vin tourné qui me fait mal au
ventre !

Je veux un rouge franc comme celui qui coule dans
les veines d'un gentilhomme.

LE MAITRE DRAPIER : J'ai embauché toutes les
punaises qui broutent l'arbre à scies des Iles Hespé-
rides !

Mes ouvriers du matin jusqu'au soir barbotent
dans une lessive de feu et de massacre ! ils retirent de
leurs cuves des drapeaux tout dégouttants d'une sauce
plus vermeille que la mer qui a englouti Pharaon !

Et cela ne suffit pas ! on me pille, Messieurs ! Tous
ces gentilshommes qui des quatre coins de l'Espagne
viennent prendre les couleurs de notre croisade.

PREMIER CAVALIER : Jusqu'à notre notaire modeste-
ment qui ne trouvant plus de rouge s'est contenté d'un
complet de satin feuille de rose !

DEUXIÈME CAVALIER : Moi, je veux qu'on me fasse
trois gros points noirs sur le dos comme le pou des
lys !

TROISIÈME CAVALIER : Et tout un grand Saint-Sacre-
ment chamarré sur le milieu de là poitrine !

DON GIL : Car c'est nous en rouge qui portons la foi,
la nourriture et le soleil à ces vers humains, à toutes
ces gueules de lézards, à ces simulacres décolorés qui
grouillent dans l'ombre humide ou qui errent sur les
tables désolées de l'altitude.

PREMIER CAVALIER : C'est comme à la Corrida. Il
y a sur notre boule terrestre un côté au soleil et un
côté à l'ombre.

DEUXIÈME CAVALIER : J'achèverai votre pensée : une

partie réelle et une qui ne réussit pas à l'être tout à fait. Oui, c'est bien là l'idée que je rapporte de mes expéditions.

QUATRIÈME CAVALIER, *entre ses dents* : Ecoutez-les, tous ces anciens ramoitis ! L'or qu'on trouve là-bas est vrai.

DEUXIÈME CAVALIER : Je n'en suis pas sûr. Celui qui était dans ma poche a fondu vite.

DON GIL, *componctueux* : Ce ne sont pas des ombres d'âmes que nous allons sauver.

PREMIER CAVALIER : Ni pas des ombres de corps qui travaillent à nos plantations !

DEUXIÈME CAVALIER : Ni pas une ombre de rotin pour chauffer leur ombre de derrière s'ils ne vont pas à la besogne fort !

DON GIL : Il faut bien réveiller tous ces dormants. Tant pis si la peau leur cuit un peu ! est-ce que nous avons ménagé la nôtre ?

La vie vaut tout de même mieux que les limbes !

Voici que nous avons passé la mer ; cette terre qui n'avait pas le droit d'être privée de nous, nous lui avons ouvert les portes du matin.

Il nous a fallu tous les siècles depuis la création du monde pour parvenir jusqu'à eux par des chemins garnis de braise ardente et de verre cassé. C'est bien leur tour de souffrir un petit peu.

Attention, on arrive !

PREMIER CAVALIER : En rouge !

DEUXIÈME CAVALIER : C'est la couleur de Notre-Seigneur sur la croix.

PREMIER CAVALIER : Il y a des gens à qui nous allons porter la croix de toutes les façons.

DEUXIÈME CAVALIER : Ne l'avons-nous pas sur notre dos nous-mêmes, pauvres aventuriers ?

Solidement fixée avec une sangle de cuir parmi le reste du fourniment ?

DON GIL : En rouge ! en rouge ! nous ne partirons qu'en rouge ! C'est un vœu que nous avons fait entre les mains de Frère Lopez.

En rouge ! sous le commandement de Monsieur Don Rodrigue ! Nous attendrons ce qu'il faut. Il y a encore cinq mois avant celui du Précieux Sang.

SCÈNE II

*Déménagement général. La musique imite le bruit
d'un tapis qu'on bat et qui fait une poussière énorme.
Pendant qu'on trimbale le matériel de la scène précédente, apparaît, parmi les machinistes, L'IRRÉPRESSIBLE
qui les dirige et les bouscule à la manière d'un clown
de cirque.*

L'IRRÉPRESSIBLE, *faisant des moulinets avec l'aune
du tailleur et agitant l'étoffe rouge comme un toréa-
dor* : Allons, manants, le public s'impatiente ; plus vite,
je vous prie ; hou ! sus ! prst ! presto ! enlevez-moi ça !
débarrassez le plancher !

— *Manants* est bien théâtre, j'aurais dû attendre
mon costume. Mais je n'ai pas eu la patience de moi-
sir dans cette loge où l'auteur me tient calfeutré.
Vingt fois l'habilleuse a paru à la porte et c'est toujours pour un autre que moi et je reste là à galoper
sur place ma chaise devant la glace !

On se défie de mon ardeur, je mène les choses trop
vite, en deux foulées nous serions au but et le public
serait trop content !

C'est pourquoi l'auteur me tient en réserve, un

en-cas si je puis dire, avec tout un peuple de figurants qui font un grand bruit de pieds dans les greniers de son imagination et dont vous ne verrez jamais la figure.

Mais moi on ne me contient pas si facilement, je fuis comme un gaz par-dessous la porte et je détone au milieu de la pièce !

Attention, ça va marcher ! je m'envole sur mon bidet magique ! (*Il fait le geste de pédaler à toute vitesse sur une bicyclette invisible.*)

Nous ne sommes plus à Cadix, nous sommes dans la Sierra Quelquechose, au milieu d'une de ces belles forêts qui ont fait la célébrité de la Catalogne.

Un pic, c'est là qu'est le château de Don Rodrigue ; Don Rodrigue est ici, fort mal en point, sa blessure le chatouille, je crois bien qu'il va crever... je me trompe, il guérira ou la pièce serait finie, je vous présente la maman de Don Rodrigue. (*Entre* DONA HONORIA.)

L'IRRÉPRESSIBLE, *rugissant* : Restez où vous êtes ! attendez que j'aille vous chercher,

Sacrebleu ! qui vous a dit de venir ? Sortez ! sortez ! (*Sort* DONA HONORIA.)

La maman de Don Rodrigue, Dona Quelquechose... Honoria vous va-t-il ?

— Elle avait bien besoin d'entrer ! j'allais justement vous faire son portrait.

C'est vexant, ce qui m'arrive. C'est pour cela que je n'ai pas pu être peintre. Mes personnages commençaient à exister tout à coup avant que je leur aie fendu l'œil.

Regardez ! je dessine Dona Honoria. (*Il dessine avec un bout de craie sur le dos du Régisseur.*)

Eh bien, je ne lui aurai pas mis ses boucles d'oreilles qu'elle commencera à me tirer la langue et qu'elle se décollera du dos de cet employé comme Marguerite du crâne de Jupiter.

Quand je fais un chien, je n'ai pas achevé le derrière qu'il commence à remuer la queue et qu'il se sauve sur trois pattes sans attendre la tête.

Enfin ! quoi ! vous la verrez bien vous-mêmes, tout à l'heure. (*Il jette la craie au milieu du public.*)

Maintenant ce n'est plus le soleil du matin, il fait tard, il y a un beau clair de lune. (*Il fredonne le commencement de la sonate.*)

Attention, là-haut ! descendez les bandes d'air ! la herse sur résistance, le projecteur d'avant-scène côté jardin !

Maintenant que nous avons l'atmosphère voulue, je vous demande la permission de vous amener Dona Prouhèze. Quel nom ! comme ça lui donne un petit air vraisemblable !

Dona Prouhèze est arrivée ici dans le costume que vous avez vu, il y a quelques jours, le temps que vous voudrez, — car vous savez qu'au théâtre nous manipulons le temps comme un accordéon, à notre plaisir, les heures durent et les jours sont escamotés. Rien de plus facile que de faire marcher plusieurs temps à la fois dans toutes les directions.

A vrai dire je crains que les nerfs de Madame n'aient succombé à tant d'émotions. Ce n'est pas qu'elle soit précisément dérangée, mais elle a reçu un coup, elle est *fixée,* ses idées ne bougent plus.

Et est-ce qu'elle a réussi à voir son amant ? Pas du tout. Rodrigue est à sa mère qui en prend soin, elle prend soin de tous les deux.

Tous deux séparés par d'épais murs parcourent en vain pour essayer de se rejoindre les escaliers du délire.

Je vais les chercher. (*Il sort et rentre avec* DONA PROUHÈZE *dont la main est posée sur son poing, avec l'air d'un magnétiseur qui amène son numéro. Elle a repris ses vêtements de femme.*)

L'IRRÉPRESSIBLE : Parlez, Prouhèze ! que cette foule à votre insu qui nous entoure vous entende ! Parlez et dites-nous ce qui charge votre cœur coupable !

DONA PROUHÈZE : Rodrigue !

L'IRRÉPRESSIBLE : Rodrigue ? Il est à la chasse. Je veux dire que son corps est bien là de l'autre côté de ces carreaux rougeoyants que vous surveillez à travers la cour,

Mais voilà bien des heures qu'en rêve il essaye de sortir de ce taillis inextricable qu'il entend se rompre et se froisser devant lui sous le poids d'une présence invisible :

« Est-ce vous ? » c'est en vain qu'il essaye votre nom à voix basse comme vous le sien tout à l'heure, rien ne répond.

Et tout à l'heure il débouchera dans cette clairière chenue d'arbres morts revêtus d'une mousse immémoriale.

Tout y est étrangement blanc sur le fond noir des sapins jusqu'à ce papillon qui s'est ouvert un moment dans un rayon de jour livide ; il n'y a personne.

DONA PROUHÈZE : Rodrigue !

L'IRRÉPRESSIBLE, *allant à reculons vers la coulisse tout en maintenant les yeux sur* DONA PROUHÈZE : Approchez, maintenant, Honoria ! C'est le moment de vous montrer. (*Entre* DONA HONORIA.)

Que cette personne en peine sente son amour souffrant repris et enveloppé par votre amour maternel.

Et votre cœur de mère qui s'explique avec son cœur d'amante. (*Les deux femmes s'enlacent.*)

L'heure de l'épreuve approche ! Je n'ai qu'à dresser devant vous le cadre d'une fenêtre... (*Il fait signe aux machinistes qui dressent un cadre de fenêtre sur lequel les deux femmes viennent s'accouder un moment.*)

... Et voyez aussitôt quel fatal morceau d'Espagne vient le remplir.

Ces montagnes couvertes d'une rude forêt, plus crasseuse que la laine d'un bison, la nuit lumineuse, les ailes de ce grand moulin à notre droite qui d'un coup à chaque seconde interrompent les rayons de la lune,

Et là-bas, par les chemins couverts, Don Pélage précédé de son valet monte pesamment vers vous. (*Pendant ce temps on a complété l'aménagement de la Scène III.*)

Tout est en ordre, venez. (*Il sort emmenant* DONA PROUHÈZE. DONA HONORIA *reste en scène près de* DON PÉLAGE *qui est déjà entré.*)

SCÈNE III

DONA HONORIA, DON PÉLAGE

Une salle dans le château de X... DON PÉLAGE *et*
DONA HONORIA. *Tous deux debout. On a l'impression
que l'angélus de midi vient de sonner. Ils se signent
et s'assoient. C'est une journée de l'automne commençant. Long silence.* DON PÉLAGE *levant le doigt fait le
signe d'écouter. Silence.*

DONA HONORIA : C'est une cigale attardée. Ce soleil
la trompe. Elle commence avec la foi ardente d'autrefois. Mais bientôt elle s'aperçoit qu'elle est seule. Rien
ne répond. Elle se tait avec cette longue tenue d'archet
que vous avez remarquée, *diminuendo.*

Pour laisser au silence général le temps de se réta-
blir.

DON PÉLAGE : C'est si triste, si sacré, si solennel !
Vous comprenez ce que cette faible voix nous dit,
Dona Honoria,

A vous et à moi et à tous les êtres vivants ?

DONA HONORIA, *comme si elle n'avait pas entendu,
à demi-voix :* Les abeilles bourdonnent tout près du
trou de la ruche. Il y a encore des roses.

DON PÉLAGE : J'ai tâché de ne causer ici aucun mouvement. Il n'y a que vos chevaux à l'écurie qui ne s'entendent pas avec les miens.

DONA HONORIA : Vous n'avez pas eu besoin de parler haut. Tout ce qui vit dans ce château a su incontinent que vous étiez là.

DON PÉLAGE : Dites que j'étais attendu.

DONA HONORIA : Il est vrai. A ce festin de douleurs votre place était marquée. (*Pause.*)

DON PÉLAGE : Comment va-t-elle ?

DONA HONORIA : Cela va mal. Le médecin était bien sombre ce matin.

Ce n'est pas tant ce coup d'épée qu'il a reçu au côté de la poitrine... Ne faites pas attention si ' je pleure, c'est mon fils, vous savez !

... Mais cette espèce d'inflammation affreuse de tout l'intérieur... Voici quinze jours qu'il n'a repris connaissance.

Cette nuit tout sera décidé.

DON PÉLAGE : Mais c'est d'elle que je vous parle.

DONA HONORIA : Et comment voulez-vous que nous allions quand il se meurt ?

DON PÉLAGE : Dois-je comprendre qu'elle vous relève au chevet de ce cavalier ?

DONA HONORIA : Non. Elle ne l'a pas vu. Elle ne l'a pas demandé. Sa chambre est dans la cour juste en face des nôtres.

DON PÉLAGE : Autrefois on eût mis Madame un peu plus bas,

— Une très bonne et forte prison que votre père m'a montrée.

DONA HONORIA : Le devoir est que mon fils vive.

DON PÉLAGE : Est-ce cet amour criminel qui fera son salut ?

DONA HONORIA : Tant qu'elle est là il ne peut pas mourir.

DON PÉLAGE : Peut-être ni guérir.

DONA HONORIA : Je ne sais. C'est son nom, non pas le mien, qu'il ne cesse de grommeler dans son rêve. C'est elle qu'il était en route pour rejoindre. Je n'ai nullement été surprise de la voir arriver.

DON PÉLAGE : Et moi, je n'ai plus qu'à repartir ?

DONA HONORIA : Peut-être que votre arrivée aussi était nécessaire.

DON PÉLAGE : Toutefois il y aurait une circonstance préférable encore, c'est que mon cheval bronchât tout à l'heure sur le chemin qui me menait ici et précipitât le Juge de Sa Majesté dans un de ces ravins qui lui faisaient signe.

DONA HONORIA : Il y a des choses que le hasard n'est pas propre à terminer.

DON PÉLAGE : « Rodrigue ! » eût-elle dit. Cette fois vous l'auriez laissée approcher ? Je la vois qui lui met la main sur le front :

« Vivez ! le vieillard est mort. »

DONA HONORIA : Cette pensée un seul moment n'a pas souillé notre cœur.

DON PÉLAGE : Croyez-vous que je n'aie pas l'âme assez grande pour l'affranchir, s'il eût dépendu de moi sans crime ?

Oui, mais ce que Dieu a joint, l'homme ne peut le séparer. (*Silence.*)

Ce n'est pas l'amour qui fait le mariage mais le consentement.

Ni l'enfant que je n'ai pas eu, ni le bien de la société, mais le consentement en présence de Dieu dans la foi :

Jusqu'à la fin de moi-même, jusqu'à la dernière parcelle de ce consentement que deux êtres sont capables de se donner l'un à l'autre,

Bon gré, mal gré.

Cela qu'elle m'a donné, je ne pourrais le lui rendre, quand je le voudrais.

DONA HONORIA : Elle ne demande rien, elle ne se plaint pas, elle ne m'a rien expliqué, elle se tait, elle est ici avec moi loin de la vue de tous les hommes.

DON PÉLAGE : C'est ma faute. Oui, vous dites naturellement que c'est moi qui ai mal fait

De l'épouser, vieux déjà, elle si jeune, et ne sachant pas à quoi elle consentait.

DONA HONORIA : Je ne pense pas à vous.

DON PÉLAGE : Mais moi, je pense à elle, et chaque parole que je vous dis, il me semble qu'elle l'entend dans le silence où elle est, l'une après l'autre.

Je l'aimais. Quand je l'ai vue, j'ai été comme inondé de soleil, toute mon âme en peu de temps est sortie du brouillard à sa rencontre comme un palais qu'on ne soupçonnait pas.

Et pourquoi n'aurais-je pas attendu que mon palais fût terminé pour que l'amour y entre ?

J'étais plein d'œuvres et de desseins. Tout cela l'attendait. Où aurait-elle trouvé une telle demeure pour l'accueillir ?

Le fronton était mis sur la colonne.

DONA HONORIA : Si beau que soit le toit d'un autre, on aime mieux celui qu'on a aidé soi-même à faire.

DON PÉLAGE : Il y a du sens dans ce que vous dites. Mais ne savais-je pas mieux qu'elle ce qui la rendrait heureuse ? étais-je un tel ignorant de cette vie qu'elle ne connaissait pas ?

Qui connaît le mieux une plante ? elle-même qui a poussé au hasard ou le jardinier qui saura la mettre où il faut ?

Je la voyais si jeune en ce Madrid étranger, sans mère, un père chimérique, au milieu des croqueurs de dots.

Pour l'épouser est-ce l'amour ou l'intelligence qui me faisait faute ?

Et de plus j'ai prié, j'ai reçu conseil.

Vous savez que dès mon enfance je me suis mis sous la protection de la Mère de Dieu, lui livrant les clefs de mon âme et de ma maison.

C'est elle qui m'a instruit « en toutes choses de chercher la paix ».

Et moi, c'est cette paix que je voulais lui donner, à cette jeune créature qui semblait faite pour elle, si seulement elle avait voulu lui ouvrir ses pétales.

L'entraîner un peu avec moi sous cette surface grossière et brutale et meurtrissante des choses, qui n'est pas la vérité.

Qu'importe qu'elle m'aime ? Ce que j'avais dans le cœur il n'était pas de ma dignité de le lui dire, c'est ce monde de la sagesse de Dieu à ma place qui parlerait pour moi.

Qu'importe qu'elle m'aime si je réussis à lui faire du bien, si je réussis à apprendre à un seul être ce que je sais, et à remplir un seul cœur de joie et de connaissance !

DONA HONORIA : Tout cela aboutit à cette créature éperdue qui se sauve de sa prison à quatre pattes comme une bête, à travers le fossé et les broussailles.

DON PÉLAGE : Pourquoi fuit-elle ainsi ? N'était-ce pas le paradis où je l'avais mise au milieu de choses excellentes ?

DONA HONORIA : Le paradis n'est pas fait pour les pécheurs.

DON PÉLAGE : Le fait est que le seul temps où je l'aie vue franchement sourire, ce sont ces durs mois d'Afrique qu'elle a passés avec moi.

DONA HONORIA : Vous ne lui avez pas donné des enfants ?

DON PÉLAGE : Dieu me les a refusés.

DONA HONORIA : Du moins ne pouviez-vous pas lui refuser la souffrance.

DON PÉLAGE : La mienne ne suffisait-elle pas ?

DONA HONORIA : Vous n'êtes pas dans sa peau. Il fallait que quelque chose lui ouvrît son âme et ce corps dans quoi nous étouffons.

Vous me disiez que vous vouliez lui enseigner à entendre, mais comment faire pour entendre sous cette enveloppe qui chaque jour durcit et s'épaissit ?

Cette forêt qui m'entoure, il n'y a que maintenant que j'ai commencé à l'entendre,

Depuis que je veille cet enfant qui meurt ;

Une branche qui tombe, cette cloche de l'autre côté de la montagne que le vent nous apporte une fois par an,

Cet oiseau qui s'envole soudain, comme ils retentissent longuement dans mon cœur !

DON PÉLAGE : Et moi, cette pensée, que je forme en ce moment, croyez-vous qu'elle l'entende ?

DONA HONORIA : Oui, je sais que pour la première fois votre âme a réussi à passer jusqu'à la sienne.

DON PÉLAGE : Quelle pensée peut-elle avoir autre que cette fenêtre en face d'elle qu'elle regarde ?

DONA HONORIA : Vous n'êtes pas absent, elle reste votre captive.

DON PÉLAGE : Est-ce moi qui fais mourir celui qu'elle aime ?

DONA HONORIA : C'est vous qui liez les mains de sa prière. C'est vous qui la retranchez de Dieu et qui lui bouchez la bouche et qui l'enfermez comme une damnée dans une prison d'impuissance et de désespoir.

DON PÉLAGE : Il était grandement temps que j'arrive.

DONA HONORIA : Que voulez-vous faire ?

DON PÉLAGE : Ne savez-vous pas que je suis un juge, obligé de donner à tout litige qu'on lui adresse une solution ?

DONA HONORIA : Seigneur, ne nous faites pas de mal !

DON PÉLAGE : Sentez-vous que je veuille lui faire du mal ?

DONA HONORIA : C'est de votre *bien* que j'ai peur.

DON PÉLAGE : Croyez-moi, le meilleur ami du coupable, ce n'est aucun de vos consolateurs, ni ses complices, ni le confesseur lui-même,

C'est le Juge seul qui a pouvoir de lui apporter quittance et libération.

DONA HONORIA : Avec pas d'autres moyens que la mort, la mutilation, l'esclavage, l'exil ?

DON PÉLAGE : De tout cela un peu. Ce n'est pas avec du miel et des caresses qu'on guérit une âme blessée. Mêlés à tous ces moyens, j'en connais de plus forts et de plus subtils.

DONA HONORIA : Ce sont ceux-là que vous êtes venu nous apporter ?

DON PÉLAGE : Ne suis-je point son mari ? n'ai-je point mission de l'assister ? l'abandonnerai-je dans son agonie ?

Je sais ce qui convient à cette âme généreuse.

Tout ce que vous me disiez tout à l'heure je voulais vous le faire dire et je l'ai bien compris.

Ce ne sont point des fleurs et des fruits qu'elle attendait de moi, c'est un fardeau.

DONA HONORIA : Que lui apportez-vous ?

DON PÉLAGE : A la place d'une tentation une tentation plus grande.

Menez-moi à sa chambre. (*Hésitation de* DONA HONORIA.) Menez-moi à sa chambre.

SCÈNE IV

*Une autre pièce dans le château de X... (En réalité,
il n'y a pas de changement de scène.)* DONA HONORIA
est sortie. DON PÉLAGE *est passé derrière un rideau, puis
est revenu se placer debout au fond de la scène. Les
machinistes sont venus apporter sur le devant de la
scène un métier à tapisserie où se trouve tendue une
chasuble, une partie roulée, une partie visible montrant la tête du Crucifix.* DONA PROUHÈZE *est entrée par
le côté de la scène et travaille à la tapisserie tournant
le dos à* DON PÉLAGE.

DON PÉLAGE : Quoi de plus naturel ? ce malentendu
lamentable,

Cette attaque stupide de l'auberge où mon pauvre
Balthazar, en vous défendant, car il croyait vous
défendre,

A trouvé le trépas... (*Elle tressaille et semble vouloir
parler, mais ne dit rien et retombe dans son apa-
thie.*)

Je vous loue de vous être échappée.

Appelons providentielle également la rencontre de

ces secourables cavaliers qui vous ont permis de fuir
jusqu'à cette sûre demeure,

Où sous l'aile de notre respectée parente, Dona Honoria... — oui, elle est un peu notre alliée par les anciens
souverains de Léon d'où je descends, vous vous en
êtes souvenue à propos.

DONA PROUHÈZE, *à voix basse*. — Je vous attendais.

DON PÉLAGE. : Il y a cela.

— De plus, à la pensée de cette Afrique de nouveau
où jadis vous avez goûté avec moi...

Comment s'étonner que votre cœur ait défailli ?
(*Court mouvement de* PROUHÈZE.)

La guerre continuelle et sans espoir, l'Islam, comme
une entreprise dans un pays maudit contre des peuples
fascinés, l'eau par mesure ;

Sous nous la trahison, sur nous la calomnie, avec
nous la disgrâce de ceux qui demandent toujours de
l'argent, le moyen pour tout qui manque ;

Jalousie de la Cour, haine du peuple à qui nous coû-
tons cher, ennui du Roi,

Tout cela, vous et moi, nous l'avons savouré goutte
à goutte.

DONA PROUHÈZE : Je me souviens de ce bateau avec
mille peines que nous avons réussi à faire entrer pendant le siège.

DON PÉLAGE : ... Et qui au lieu de farine ou de douros ne nous apportait que des réprimandes. J'étais un
voleur qu'on somme de se justifier.

DONA PROUHÈZE : Le lendemain les tribus attaquées
par derrière, grâce à ce marabout que nous avions
gagné, se dispersaient. J'ai chargé à côté de vous, l'épée
nue.

DON PÉLAGE : De tout cela vous aviez assez.

DONA PROUHÈZE : Pourquoi me dire cette chose que
vous savez injuste ?

DON PÉLAGE : Cependant je vais retourner seul là-bas.

DONA PROUHÈZE : Y a-t-il telle urgence que vous partiez ?

DON PÉLAGE : Les nouvelles qui nous avaient rappelés d'Espagne ne sont pas meilleures. Je n'ai déjà perdu que trop mon temps.

Et l'honneur me commande de poursuivre jusqu'à la mort une œuvre à laquelle je ne crois plus.

DONA PROUHÈZE : Quoi, vous ne croyez plus à l'Afrique ?

DON PÉLAGE : J'ai vu la vérité tout à coup. L'Afrique aussi fait partie de ces choses auxquelles je ne crois plus. (*Silence.*)

DONA PROUHÈZE : Pourtant, moins perfide que d'autres, elle ne vous avait pas déçu. Vous saviez quels rivages vous abordiez.

DON PÉLAGE : Oui, je l'ai aimée. J'ai désiré sa face sans espoir. C'est pour elle, dès que le Roi l'a permis, que j'ai quitté mon cheval de Juge errant.

Comme mes aïeux regardaient Grenade... (*plus bas*) comme mes aïeux regardaient Grenade... (*Il se tait longuement et pense.*)

Comme mes aïeux regardaient Grenade, c'est ainsi que je regarde les remparts de fer de cette autre Arabie fermée et vide que les Légions de Satan essayent de nous interdire, comme si les damnés seuls étaient capables d'habiter la flamme !

Là, dans la plus grande lumière que cette chair puisse tolérer, proclamer qu'il y a un autre Dieu qu'Allah et que Mahomet n'est pas son prophète !

La croisade n'a pas cessé pour moi. Dieu n'a pas fait l'homme pour vivre seul,

A défaut de cette femme, il ne faut pas lâcher cet ennemi qu'il m'a donné. Il ne faut pas que le Maure et l'Espagnol oublient qu'ils ont été faits l'un pour l'autre ;

Pas que l'étreinte cesse de ces deux cœurs qui dans une lutte farouche ont battu si longtemps l'un contre l'autre.

Le vent ! (*Silence. Coup de vent qui fait battre la fenêtre. A demi-voix, levant le doigt.*)

Mais j'entends le vent d'automne à grand bruit qui balaye la terre et la mer.

Il se tait tout à coup. Et alors, oui ? ce faible grillon qui essaye de reprendre sa chanson des jours d'été...

On sent bien que ce ne sera pas pour longtemps.

DONA PROUHÈZE : Vous ne croyez plus à votre vocation ?

DON PÉLAGE : J'ai été l'ouvrier d'un rêve.

DONA PROUHÈZE : Il n'y a que la femme qui ne soit pas un rêve ? Toujours ça ! Qu'est-ce que la femme, faible créature ? ce n'est pas à cause d'une femme que la vie perd son goût.

Ah ! si j'étais un homme, ce n'est pas une femme qui me ferait renoncer à l'Afrique ! Voilà une chose qui résiste ! Il y en a pour toute la vie !

DON PÉLAGE : Est-ce que vous espérez la vaincre ?

DONA PROUHÈZE : C'est de ne rien espérer qui est beau ! c'est de savoir qu'on en a pour toujours !

Rien que tenir son ennemi à la gorge, ce n'est pas assez ? Il est arrêté ! Et non seulement il nous oblige à donner tout ce qu'il y a de force en nous,

Mais nous sentons que lui-même en a assez pour en demander trois ou quatre fois plus. Toujours quelque chose de nouveau à attendre.

DON PÉLAGE : A quoi bon tout ce labeur inutile ? m'a dit le Seigneur Chancelier.

L'Espagne est pauvre. Tout cet argent que vous me faites répandre sur un sable stérile,

Il fleurirait ici même en routes, en canaux, en troupes d'enfants joyeux.

DONA PROUHÈZE : Ainsi parlent les protestants dont

l'affaire est de se nourrir et de s'enrichir et qui veulent tout de suite leur récompense.

Mais vous m'avez appris à penser : malheur à celui qui se regarde lui-même !

DON PÉLAGE : Qu'est-ce donc qu'il faut regarder ?

DONA PROUHÈZE : Dites-le vous-même.

DON PÉLAGE : Cet ennemi que Dieu m'a donné.

DONA PROUHÈZE : Telle est votre part sur la terre.

DON PÉLAGE : Ce n'est pas mon ennemi que je regarde en ce moment. (*Silence.*)

DONA PROUHÈZE, *se retournant lentement vers lui* : Regardez-moi donc. Pourquoi vos yeux aussi ne seraient-ils pas faits pour voir des choses impossibles ?

Est-ce bien toujours moi ? Regardez ! Il n'y a pas un mouvement de mon corps qui ne vous dise que je ne suis plus à vous.

DON PÉLAGE : Vous êtes à moi tant que vous êtes capable de me rendre service.

DONA PROUHÈZE : Quel service ? Quand celui-ci même (*Elle élève la main vers la fenêtre*)

Je le vois mourir sous mes yeux !

DON PÉLAGE : Estimez-vous que ce serait un service de l'empêcher de mourir ?

DONA PROUHÈZE : Je ne veux pas qu'il meure !

DON PÉLAGE : Quelle alternative avez-vous à proposer ? Quel genre de bonheur seriez-vous capable de lui apporter s'il vivait ?

DONA PROUHÈZE : Je n'apporte qu'une seule parole...

DON PÉLAGE : Quelle parole ?

DONA PROUHÈZE : ... Telle qu'elle l'empêchera d'en entendre désormais toute autre.

DON PÉLAGE : La mort n'en fera-t-elle pas autant ?

DONA PROUHÈZE : Mon âme, s'il la possédait, je sais qu'elle l'empêcherait de mourir. Car quand est-ce que je cesserai d'avoir besoin de lui ?

DON PÉLAGE : Ton âme, pour qu'il la possède, il faudrait que tu fusses capable de la donner.

DONA PROUHÈZE : Si je me donne, est-ce autrement que tout entière ?

DON PÉLAGE : Non pas entière.

DONA PROUHÈZE, *lentement* : Non pas entière, non pas entière !

Ah ! parole trop vraie ! dure et véridique parole !

DON PÉLAGE : Vous ne pouvez donner à un autre ce que vous avez remis une fois pour toutes

A Dieu de qui j'ai reçu mandat en ce qui concerne votre personne.

DONA PROUHÈZE, *à voix basse* : Dieu..., Dieu..., une fois pour toutes..., une fois pour toutes...

DON PÉLAGE : Ce que vous lui remettrez, ce n'est plus vous-même,

Ce n'est plus l'enfant de Dieu, ce n'est plus la créature de Dieu.

A la place du salut vous ne pouvez lui donner que le plaisir.

Ce n'est plus vous-même, c'est cette chose à la place qui est l'œuvre de vous-même, cette idole de chair vivante.

Vous ne lui suffirez pas. Vous ne pouvez lui donner que des choses limitées.

DONA PROUHÈZE : Le désir que j'ai de lui ne l'est pas.

DON PÉLAGE : Vous-même, que lui demandez-vous ? et qu'êtes-vous capable de lui donner en retour ?

DONA PROUHÈZE : Rien qui puisse lui suffire, afin qu'il ne cesse pas de me désirer !

DON PÉLAGE : C'est le désir des damnés.

DONA PROUHÈZE : Un tel désir m'a-t-il été donné pour le mal ? Une chose si fondamentale, comment peut-elle être mauvaise ?

DON PÉLAGE : Ce qui ne fait aucun bien ne peut être que mauvais.

DONA PROUHÈZE : Il est vrai que je n'ai été faite que pour sa perte ?

DON PÉLAGE : Non, Prouhèze. Pourquoi ne seriez-vous pas capable de lui faire du bien ?

DONA PROUHÈZE : Quel bien ?

DON PÉLAGE : Ce qui est bien, c'est cela qui lui fera du bien.

DONA PROUHÈZE : Il vaut mieux faire du mal que d'être inutile
Dans ce jardin où vous m'avez enfermée.

DON PÉLAGE : C'est vrai.
Il n'y a qu'un certain château, que je connais, où il fait bon d'être enfermée.

DONA PROUHÈZE : Quel château ?

DON PÉLAGE : Un château que le Roi vous a donné à tenir jusqu'à la mort.
C'est cela que je suis venu vous annoncer, Prouhèze, un devoir à la mesure de votre âme :
Il faut plutôt mourir que d'en rendre les clefs.

DONA PROUHÈZE : Mourir, dites-vous, Seigneur ?

DON PÉLAGE : Je savais avec ce mot que je trouverais l'oreille de votre cœur. — Mais vivre sera plus dur.

DONA PROUHÈZE : C'est à moi que le Roi donne ce château ?

DON PÉLAGE : C'est moi qui vous le donne en son nom.

DONA PROUHÈZE : Quel est-il ?

DON PÉLAGE : C'est Mogador en Afrique.

DONA PROUHÈZE : Cette place que Don Camille a conquise et qu'il tient actuellement ?

DON PÉLAGE : Oui, je me méfie de cet officier. Vous aurez à prendre sa place et le ferez votre lieutenant.

DONA PROUHÈZE : Vous ne viendrez pas avec moi ?

DON PÉLAGE : Je ne puis. Il me faut garder les places du Nord.

DONA PROUHÈZE : Que me donnerez-vous pour m'aider dans ma tâche ?

DON PÉLAGE : Pas un homme et pas un sou.

DONA PROUHÈZE : Savez-vous ces choses que Don Camille m'a dites et que j'ai écoutées, la veille de son départ ?

DON PÉLAGE : Je puis les imaginer.

DONA PROUHÈZE : Combien de temps devrai-je garder votre château ?

DON PÉLAGE : Tout le temps qu'il faudra.

DONA PROUHÈZE : Avez-vous une telle confiance en moi ?

DON PÉLAGE : Oui.

DONA PROUHÈZE : Je suis une femme. C'est moi qui devrai garder cette place perdue entre la mer et le sable ?

Et cela aux côtés d'un traître qui n'a désir que de vous outrager ?

DON PÉLAGE : Je n'ai personne d'autre.

DONA PROUHÈZE : Je ne puis accepter cette tâche.

DON PÉLAGE : Je sais que vous l'avez déjà acceptée.

DONA PROUHÈZE : Laissez-moi le temps de réfléchir.

DON PÉLAGE : Les chevaux sont prêts. Debout ! Allez mettre un autre costume.

SCÈNE V

La Campagne romaine. Sur la Voie Appienne. Un groupe de gentilshommes parmi lesquels le VICE-ROI DE NAPLES. *Ils sont assis sur les débris dispersés d'un temple dont seules restent debout quelques colonnes. On distingue parmi l'herbe haute des bas-reliefs et des inscriptions. C'est le coucher du soleil, tout l'air est rempli d'une lumière dorée. Dans le lointain on voit la basilique de Saint-Pierre qui est en construction, tout entourée d'échafaudages. Chevaux et bagages çà et là entre les mains des valets.*

PREMIER SEIGNEUR : Cependant Monsieur le Chancelier de France avec sa troupe s'en revient tout petit-patapant le long de la Voie Nomentane.

DEUXIÈME SEIGNEUR : ... Ayant fait juste vers le Nord la longueur du chemin que nous-mêmes avons mesurée vers le Sud.

LE VICE-ROI : Je lui ai dit de penser à nous la dernière fois qu'il verrait Saint-Pierre, nos regards y rejoindront les siens.

PREMIER SEIGNEUR : Il n'a pas besoin de Saint-Pierre pour se souvenir toujours de Votre Altesse.

LE VICE-ROI : Pensez-vous que j'aie eu le meilleur sur lui ? Bah ! c'est un de ces petits traités qui laissent les deux parties chaudes et mécontentes,

Comme il faut en refaire un tous les quarante-six mois parmi les ferraillements de nos gendarmeries

Afin de remettre un peu d'ordre au travers de nos héritages entremêlés.

PREMIER SEIGNEUR : L'héritage du Téméraire !

DEUXIÈME SEIGNEUR : N'y avons-nous pas ajouté quelques petits morceaux ?

LE VICE-ROI : Les tailleurs qui nous les ont arrangés se disputent. J'ai de mauvaises nouvelles des Indes.

PREMIER SEIGNEUR : Hélas ! Que ne pouvait-on envoyer là-bas Votre Altesse ? au lieu de cet insaisissable Rodrigue que le Roi s'obstine à pourchasser.

LE VICE-ROI : Ma place est ici, au pied de cette colonne dans la mer qui soutient toute l'Europe et qui est le milieu de tout.

Ni l'Islam ne réussira à l'ébranler, ni le mouvement des peuples furieux du Nord à s'arracher cette Italie où toutes les routes à travers la couronne des Alpes aboutissent et qui réunit en un seul manche tous les fils et toutes les fibres.

Celui-là qui est le plus fort en Europe, c'est lui qui a le plus besoin de l'Italie et de qui l'Italie a besoin.

DEUXIÈME SEIGNEUR : Une fois de plus, grâce à Votre Altesse, la paix va revenir à Rome,

Le Français en grondant a retiré son opposition, et pendant que sur les marches du Vatican les ambassadeurs fourrés de la Russie se croisent avec ceux des Indes et du Japon,

Les légats du nouveau Pontife s'apprêtent à partir pour Trente.

PREMIER SEIGNEUR : Et bientôt le dôme nouveau de Saint-Pierre comme une grande meule de blé trônera au-dessus de l'Europe indivisible.

L'ARCHÉOLOGUE : Rome est bien où elle est. Quant à moi je suis heureux de revoir Naples.

Et ce peuple sonore qu'Apollon et Neptune ne cessent de brasser et de remuer comme un richard qui fouille à deux mains dans un sac de pistoles.

DEUXIÈME SEIGNEUR : Mais votre affaire, Monsieur le Savant, n'est-elle pas plus avec les morts qu'avec ceux qui vivent ?

L'ARCHÉOLOGUE : Appelez-vous morts ces vivants de marbre et de métal que j'ai fait sortir des laves, plus que vivants, immortels !

Nos titres à l'image de Dieu confiés depuis des siècles aux archives d'un volcan, ces superbes Idées dont nous ne sommes que la spongieuse traduction !

Ah ! ce sont ces morts-là qui m'ont appris à regarder les vivants marcher !

LE VICE-ROI : Il est vrai. Dans cette éruption humaine de Naples aussi notre ami a su découvrir quelques statues.

L'ARCHÉOLOGUE : La plus belle, ah ! quel regret pour moi, Monseigneur, que vous n'ayez pas voulu la garder pour vous !

LE CHAPELAIN : Je me boucherai les oreilles !

LE VICE-ROI : Une splendide femelle, je ne puis le nier.

L'ARCHÉOLOGUE : Fille de pêcheur, direz-vous ? Moi, je l'appelle une fille de la mer, digne d'un dieu et d'un roi !

LE VICE-ROI : C'est pourquoi j'en ai fait cadeau à mon ami Pierre-Paul Rubens.

DEUXIÈME SEIGNEUR : C'est elle que nous avons vue partir sur ce bateau chargé de statues, de tableaux et de curiosités de toutes sortes que vous envoyiez au Duc d'Albe ?

LE VICE-ROI : Précisément. Accompagnée de sa mère, comme une plante avec ses racines.

DEUXIÈME SEIGNEUR : Tant de belles choses pour le Nord ! Autant verser du vin dans de la bière ! Ce que j'aime, moi, je voudrais tout garder.

LE VICE-ROI : Et qu'aurais-je tiré de cette belle jeune fille ? un peu de plaisir égoïste, une petite joie d'amateur. La beauté est faite pour autre chose que le plaisir.

DEUXIÈME SEIGNEUR : Pierre-Paul Rubens n'a d'yeux que pour ses grosses blondes nacrées.

LE VICE-ROI : Messieurs, me prenez-vous pour un sot ? Notre ami Rubens est trop fier. Ce n'est pas comme un modèle que je lui envoie cette fille du soleil, c'est comme un défi !

Il y a autre chose à faire d'une belle œuvre que de la copier, c'est de rivaliser avec elle. Ce n'est pas ses résultats qu'elle nous enseigne, ce sont ses moyens. Elle nous verse la joie, l'attendrissement et la colère ! Elle met au cœur de l'artiste une fureur sacrée !

Ainsi je ne veux pas laisser ce prince des peintres tranquille au milieu de ses lys et de ses roses. Voici cette Italie vivante entre ses sœurs de marbre que je lui envoie pour le terrasser.

PREMIER SEIGNEUR : J'aimerais mieux envoyer de la poudre et des canons au Duc d'Albe. Ce n'est pas Rubens qui conservera la Flandre au Roi d'Espagne.

LE VICE-ROI : C'est Rubens qui conservera la Flandre à la Chrétienté contre l'hérésie ! Ce qui est beau réunit, ce qui est beau vient de Dieu, je ne puis l'appeler autrement que catholique.

N'est-ce point là de bonne théologie, Monsieur le Chapelain ?

LE CHAPELAIN : Monseigneur, vous êtes théologien

comme ce gentilhomme à barbe grise, qui nous parlait
tout à l'heure,

Est un archéologue parmi les filles de Naples.

LE VICE-ROI : Qu'ont voulu ces tristes réformateurs
sinon faire la part de Dieu, réduisant la chimie du
salut entre Dieu et l'homme à ce mouvement de foi...

LE CHAPELAIN : Dites plutôt conscience ou illusion
de la foi.

LE VICE-ROI : ... à cette transaction personnelle et
clandestine dans un étroit cabinet,

Blasphémant que les œuvres ne servent pas, celles
de Dieu sans doute pas plus que celles de l'homme.

Séparant le croyant de son corps sécularisé,

Séparant du ciel la terre désormais mercenaire, laïci-
sée, asservie, limitée à la fabrication de l'utile !

Et l'Eglise ne se défend pas seulement par ses doc-
teurs, par ses saints, par ses martyrs, par le glorieux
Ignace, par l'épée de ses enfants fidèles,

Elle en appelle à l'univers ! Attaquée par les brigands dans un coin, l'Eglise catholique se défend avec
l'univers !

Ce monde est devenu trop court pour elle. Elle en a
fait sortir un autre du sein des Eaux. D'un bout à
l'autre de la création, tout ce qu'il y a d'enfants de
Dieu, elle les a cités en témoignage ; toutes les races et
tous les temps !

Elle a fait sortir du sol les antiques pierres, et sur
les Sept Collines, sur le soubassement des Cinq Empires, voici qu'elle élève pour toujours le dôme de la
foi nouvelle.

LE CHAPELAIN : Je n'aurais jamais cru que Rubens
fût un prédicateur de l'Evangile.

LE VICE-ROI : Et qui donc mieux que Rubens a glo-
rifié la Chair et le Sang ; cette chair et ce sang mêmes
qu'un Dieu a désiré revêtir et qui sont l'instrument de
notre rédemption ?

On dit que les pierres mêmes crieront ! Est-ce au corps humain seulement que vous refuserez son langage ?

C'est Rubens qui change l'eau insipide et fuyante en un vin éternel et généreux.

Est-ce que toute cette beauté sera inutile ? venue de Dieu, est-ce qu'elle n'est pas faite pour y revenir ? Il faut le poète et le peintre pour l'offrir à Dieu, pour réunir un mot à l'autre mot et de tout ensemble faire action de grâces et reconnaissance et prière soustraite au temps.

Comme le sens a besoin de mots, ainsi les mots ont besoin de notre voix.

C'est avec son œuvre tout entière que nous prierons Dieu ! rien de ce qu'il a fait n'est vain, rien qui soit étranger à notre salut. C'est elle, sans en oublier aucune part, que nous élèverons dans nos mains connaissantes et humbles.

Car le protestant prie seul, mais le catholique prie dans la communion de l'Eglise. (*Cloches de Rome au loin.*)

PREMIER SEIGNEUR, *au Chapelain* : Es-tu convaincu, hérétique ?

LE CHAPELAIN : J'entends les cloches de Rome qui m'empêchent de répondre, et parmi elles celles de mon couvent de Sainte-Sabine qui me dit *Adieu* et *Alleluia* !

LE VICE-ROI, *au Deuxième Seigneur* : Et toi, Lucio, me crois-tu ?

DEUXIÈME SEIGNEUR, *le regardant avec tendresse* : Tout ce que vous dites est vrai.

TROISIÈME SEIGNEUR : Nous sommes fiers de notre Capitaine.

LE VICE-ROI : Ce n'est pas parce que vous m'aimez que j'ai raison.

PREMIER SEIGNEUR : C'est parce que vous dites la vérité que nous vous aimons.

Et c'est en vous aimant que nous avons appris à nous apercevoir les uns des autres.

DEUXIÈME SEIGNEUR : Et à former cette bande de petits frères à vos côtés.

LE VICE-ROI : Comment voulez-vous que je prenne femme, ayant autour de moi de tels amis ?

L'ARCHÉOLOGUE : Pour toutes choses vous n'avez que des louanges, mais cela me fâche de voir que vous n'usez d'aucune et vous passez de tout si facilement.

LE VICE-ROI : Si j'en usais, je serais forcé de la détruire et alors vous et moi serions bien avancés !

Je ne suis pas fait pour détruire ; tout ce que je touche, je voudrais le rendre immortel ! un trésor inépuisable !

Mais venez ! je n'ai besoin que de vous ! la joie de ces yeux d'hommes qui me disent qu'ils sont contents que j'existe !

A cheval ! Il nous faut faire l'étape avant la nuit.

SCÈNE VI

La nuit. La scène est occupée dans toute sa hauteur par une figure, gigantesque et toute parsemée de feux de SAINT JACQUES *(Santiago), avec les coquilles de pèlerin et le bâton diagonal. (On sait que le nom de Saint Jacques a été parfois donné à la constellation d'Orion qui visite tour à tour l'un et l'autre hémisphère.)*

SAINT JACQUES : Pèlerin de l'Occident, longtemps la mer plus profonde que mon bâton m'a arrêté sùr ce donjon à quatre pans de terre massive,

Sur cette rose Atlantique qui à l'extrémité du continent primitif ferme le vase intérieur de l'Europe et chaque soir, suprême vestale, se baigne dans le sang du soleil immolé.

Et c'est là, sur ce môle à demi englouti, que j'ai dormi quatorze siècles avec le Christ,

Jusqu'au jour où je me suis remis en marche au-devant de la caravelle de Colomb.

C'est moi qui le tirais avec un fil de lumière pendant qu'un vent mystérieux soufflait jour et nuit dans ses voiles,

Jusqu'à ce que dans le flot noir il vît les longues

tresses rubigineuses de ces nymphes cachées que le matelot appelle *raisin-des-tropiques*.

Et maintenant au ciel, sans jamais sortir de l'Espagne, je monte ma garde circulaire,

Soit que le pâtre sur le plateau de Castille me vérifie dans la Bible de la Nuit entre la Vierge et le Dragon,

Soit que la vigie me retrouve derrière Ténérife déjà enfoncé dans la mer jusqu'aux épaules.

Moi, phare entre les deux mondes, ceux que l'abîme sépare n'ont qu'à me regarder pour se trouver ensemble.

Je tiens trop de place dans le ciel pour qu'aucun œil puisse se méprendre,

Et cependant aussi nulle que le cœur qui bat, que la pensée dans les ténèbres qui reparaît et disparaît.

Au sein de la Grande Eau à mes pieds où se reflètent mes coquilles et dont le sommeil sans heures se sent heurter à la fois à l'Afrique et à l'Amérique,

Je vois les sillons que font deux âmes qui se fuient à la fois et se poursuivent :

L'un des bateaux file en droite ligne vers le Maroc ;

L'autre au rebours de courants inconnus et de remous adverses ne réussit qu'avec peine à maintenir sa direction.

Un homme, une femme, tous deux me regardent et pleurent.

Je ne vous ferai point défaut.

Les heureux et les assouvis ne me regardent pas. C'est la douleur qui fait dans le monde ce grand trou au travers duquel est planté mon sémaphore.

Quand la terre ne sert qu'à vous séparer, c'est au ciel que vous retrouverez vos racines.

Tous les murs qui séparent vos cœurs n'empêchent pas que vous existiez en un même temps.

Vous me retrouvez comme un point de repère. En

moi vos deux mouvements s'unissent au mien qui est éternel.

Quand je disparaîtrai à vos yeux, c'est pour aller de l'autre côté du monde pour vous en rapporter les nouvelles, et bientôt je suis de nouveau avec vous pour tout l'hiver.

Car bien que j'aie l'air immobile, je n'échappe pas un moment à cette extase circulaire en quoi je suis abîmé.

Levez vers moi les yeux, mes enfants, vers moi, le Grand Apôtre du Firmament, qui existe dans cet état de transport.

SCÈNE VII

LE ROI, DON PÉLAGE

Une salle dans le Palais de l'Escurial.

LE ROI : Señor, votre proposition que vous m'avez fait à grand-peine accepter a cessé de me plaire.

Je ne puis laisser ainsi une femme à la tête d'une bande de brigands sur ce château à moitié submergé entre le sable et la mer, entre la trahison et l'Islam.

DON PÉLAGE : L'alternative est d'envoyer des troupes et de l'argent.

LE ROI : Je n'ai point de troupes et d'argent pour l'Afrique.

DON PÉLAGE : Alors que Votre Majesté se résigne à perdre Mogador.

LE ROI : J'aime mieux perdre Mogador que l'âme d'une de mes filles.

DON PÉLAGE : Vive Dieu ! l'âme de Dona Prouhèze ne sera pas perdue ! Elle est en sûreté. A jamais l'âme de Dona Prouhèze ne sera pas perdue !

LE ROI : Qu'est-ce que Mogador après tout ?

DON PÉLAGE : Une grande chose pour moi et pour tant de vos ancêtres qui l'ont convoitée,

LE ROI : Un coin de terre calcinée !

DON PÉLAGE : Juste ce qu'il faut pour que les chrétiens y fassent leur purgatoire.

LE ROI : Entre l'Amérique et ça je ne puis pas hésiter.

DON PÉLAGE : Vous avez vu Don Rodrigue ?

LE ROI : Je l'ai vu.

DON PÉLAGE : Prêt enfin à partir pour l'Amérique ?

LE ROI : Il est prêt si je donne l'ordre à Dona Prouhèze de revenir.

DON PÉLAGE : Le conseil suffit. Laissez à Dona Prouhèze le mérite de décider.

LE ROI : Je le veux. Et ce sera Rodrigue lui-même en route pour son Gouvernement qui sera chargé de porter ma lettre et celle que vous y joindrez.

DON PÉLAGE : Pourquoi Rodrigue ?

LE ROI : Craignez-vous pour la vertu de votre femme ?

DON PÉLAGE : Pourquoi cette torture inutile ?

LE ROI : Pourquoi inutile ? pourquoi essayerais-je de la lui épargner ?

Je veux qu'il revoie le visage de la femme qu'il aime une fois encore en cette vie ! qu'il la regarde et qu'il s'en soûle et qu'il l'emporte avec lui !

Qu'ils se regardent une bonne fois face à face !

Qu'il la sache qui l'aime, et qu'il l'ait à sa seule volonté et qu'il s'en sépare par sa propre et pure volonté,

Pour toujours et ne plus la revoir jamais !

DON PÉLAGE : Si Vous le plongez en enfer, ne craignez-Vous pas qu'il y reste ?

LE ROI : Tant pis ! Lui-même l'a voulu, je ne vois aucun moyen de l'épargner.

Je veux lui fourrer d'un seul coup dans le cœur tant de combustible qu'il en ait pour toute la vie !

Au-dessus de ce monde là-bas qui est en proie à l'autre, d'un monde à l'état de bouillonnement et de chaos, au milieu de cet énorme tas de matière toute croulante et incertaine,

Il me faut une âme absolument incapable d'être étouffée, il me faut un tel feu qu'il consume en un instant toutes les tentations comme de la paille,

Nettoyé pour toujours de la cupidité et de la luxure.

Je me plais à ce cœur qui brûle et à cet esprit dévorant, à ce grief éternel qui ne laisse à l'esprit point de repos.

Oui, s'il n'y avait pas eu cet amour, il m'aurait fallu y suppléer moi-même par quelque grande injustice.

DON PÉLAGE : Un autre que moi pourrait Vous dire : mais quoi, s'il succombe ?

LE ROI : S'il succombe, eh bien ! décidément, ce n'était pas l'homme qu'il me fallait et j'en trouverai un autre.

DON PÉLAGE : Pour tant de travail et de souffrance, quelle sera la récompense que Vous lui réservez ?

LE ROI : Mon fils, ce sera la seule qu'il attende et qui soit digne de lui : l'ingratitude.

DON PÉLAGE : Que Rodrigue parte donc et comme Votre Majesté m'y invite j'oserai joindre ma lettre à la sienne.

LE ROI : Pardonnez-moi cette épreuve à laquelle je suis forcé de mettre Dona Prouhèze.

DON PÉLAGE : Sire, je ne crains rien pour elle.

LE ROI : Du moins vous allez revoir votre épouse.

DON PÉLAGE : Je ne reverrai plus Dona Prouhèze en cette vie.

LE ROI : Quoi ! Pensez-vous qu'elle n'obéisse pas à ce conseil que Nous-Même et vous avec moi lui donnons et que Rodrigue lui porte ?

DON PÉLAGE : Oui, je le pense.

LE ROI : Cet exil a-t-il pour elle tant de charmes ?

DON PÉLAGE : Un exil du moins qui l'éloigne de moi.

LE ROI : Mais Rodrigue s'en va de son côté.

DON PÉLAGE : Tant pis ! elle a trouvé son destin et son destin l'a trouvée ;

Qui l'a une fois connue ne s'en sépare pas aisément,

Cette adjonction à notre vœu secret des ailes de la Destinée.

SCÈNE VIII

DON RODRIGUE, LE CAPITAINE

La nuit. Le bateau de DON RODRIGUE, *immobile en pleine mer. L'un de ses mâts est coupé par le milieu.*

DON RODRIGUE : Il vaut mieux conduire dans le sable un char attelé de vaches déferrées, il vaut mieux pousser un troupeau d'ânes à travers les éboulements d'une montagne démolie,

Que d'être le passager de cette baille à merde et d'avoir besoin, pour avancer la longueur de son ombre, de la conspiration des quatre points cardinaux !

Faire dix lieues par jour avec mes propres jambes,

Que de marcher ainsi par zigzag, essai, stratagème, inspiration,

Et de se mettre enfin à cuire sur place tout à coup en attendant le réveil d'un Ange assoupi !

LE CAPITAINE : Monseigneur, on voit que vous n'êtes pas marin.

Pour nous autres le plaisir, ce n'est pas de filer bêtement vent arrière,

C'est de lutter au plus fin contre les souffles adverses, par le moyen de cette voile auxiliaire du gouvernail,

Jusqu'à ce que finalement ils nous mènent malgré eux où nous voulons.

C'est pour cela qu'on dit de notre père Ulysse qu'il était le plus rusé des mortels.

DON RODRIGUE : Vous appelez ça fin, de sempiternellement offrir un bord, puis l'autre bord ?

Tout cela pour empocher de temps en temps une espèce de molle flatuosité qui nous fait couvrir deux encablures !

Et chaque nuit, bâbord, tribord.

Ce feu rouge pour nous narguer qui marque l'entrée du royaume de Don Camille !

LE CAPITAINE : De votre ami Don Camille à qui vous apportez de si bonnes nouvelles.

DON RODRIGUE : Je tiens à m'acquitter envers lui. C'est moi qui lui rends son commandement, mais c'est à ce digne seigneur que je dois la vie.

LE CAPITAINE : Comment cela, s'il vous plaît ?

DON RODRIGUE : Ni les prières de ma mère n'auraient suffit à me ramener. Déjà je touchais le sombre bord.

C'est le nom de Don Camille tout à coup qui m'a traversé comme une pointe. (*Déclamant.*) « Et m'a rendu d'un coup la souffrance et la vie. »

LE CAPITAINE, *frappant dans ses mains* : Je vous comprends ! Le nom de son rival, cela vaut mieux qu'un moxa sur la plante des pieds.

La même chose quasi m'est arrivée il y a dix ans à Valence avec une certaine Dolorès que me disputait un marchand de viande salée.

DON RODRIGUE : C'est cela, camarade, tu m'as compris parfaitement ; raconte-moi encore ton histoire avec le marchand de porc salé. Cela me fait du bien de causer et de m'avilir avec toi.

Monsieur Camille pour *rival*, comme tu dis, et pour rival heureux, selon apparence.

Et pour confrères toutes les victimes mal salées qu'a

pu faire la scélératesse d'une tripière, me voilà tout
frétillant dans la saumure générale !

Comme ce qui m'arrive est simple ! tu me vois
rafraîchi, allégé et raisonnable.

Vraiment tu n'aurais pas agi autrement et je suis
sûr que tu me donnes raison. L'important est qu'ils
ne soient pas ensemble. Quand on n'a pas su se faire
aimer par ses propres qualités, il n'y a plus qu'à
appeler les gendarmes.

J'ai un ordre du roi qui lui enjoint de revenir. Oui,
je la ramènerai avec moi sur ce bateau.

Et ensuite j'ai promis de partir pour toujours. Mais
je serai seul avec elle sur ce bateau.

Elle s'est donnée à ce Camille, pourquoi ne se don-
nerait-elle pas à moi ?

Je me moque de son âme ! C'est son corps qu'il
me faut, pas autre chose que son corps, la scélérate
complicité de son corps !

En jouir et m'en débarrasser ! Je n'en serai pas débarrassé autrement.

Ensuite la rejeter. Elle se traînera à mes pieds et moi
je la foulerai sous mes bottes.

Que dis-tu de l'infâme mari qui l'a livrée ainsi à ce
Camille ?

LE CAPITAINE : On pense qu'il n'a pas trouvé d'autre
personne mieux qu'elle qui le gardât contre ce demi-
Maure.

DON RODRIGUE : Ah ! c'est un grand politique ! Sa
femme l'assure contre Don Camille et Don Camille
l'assure contre moi. Lui-même est parti pour les Présides.

J'ai déjoué ses calculs.

LE CAPITAINE : Laissez donc là tout ce vieux monde
qui ne veut pas de vous, l'Europe, l'Afrique, alors
qu'un autre vous appelle.

DON RODRIGUE : Non, non, je ne la laisserai point

ainsi, tout s'expliquera. Il suffira que je la voie une minute, je ne puis croire qu'elle aime ce fils de chien ! Ah ! je sais que c'est moi qu'elle aime et qu'elle fuit ! Que je puisse lui parler et je sais que tout sera expliqué en une seconde et il n'y aura pas besoin d'explication !

LE CAPITAINE : Pourtant, si elle avait voulu, il ne tenait qu'à elle l'autre jour de se laisser capturer.

DON RODRIGUE : Dis-tu que tu lui as vu lever le bras ?

LE CAPITAINE . Vous l'avez vue comme moi, nos bateaux gagnant contre le vent sur des courses opposées n'étaient pas à plus d'une encablure.

DON RODRIGUE : C'était elle ! Oui, je lui ai vu lever le bras. Je la regardais et elle me regardait.

LE CAPITAINE : Aussitôt une flamme rouge, pan ! et ce boulet qui nous fauche notre grand mât.

DON RODRIGUE : Feu ! Feu ! Tirez ! tirez ! tirez ! Pourquoi ne m'avez vous pas obéi !

Il fallait l'envoyer par le fond ! Il fallait lui lâcher toute votre bordée comme je vous le commandais.

LE CAPITAINE : J'avais assez à faire d'empêcher notre propre bateau de couler. Ce n'est pas une plaisanterie que de recevoir son grand mât par le travers.

DON RODRIGUE : Et pendant que vous vous dépêtriez, elle nous échappait. Le lendemain le vent avait changé.

Et depuis trois jours nous nous promenons ainsi sous le balcon de Don Camille. Tous deux sont là qui nous regardent en riant !

LE CAPITAINE : Bah ! les courants ont repris et demain même peut-être avec un peu de chance nous mouillerons sous Mogador.

DON RODRIGUE : Vous dites que les courants ont repris ?

LE CAPITAINE : Oui, et vous pouvez voir dans le ciel que les étoiles ne clignent plus de la même façon.

N'avez-vous point remarqué au coucher du soleil ces longs filaments pareils à une poignée de verges ?

C'est le vent du Sud peu à peu qui vient à bout de l'exhalaison de l'Afrique.

Demain vous entendrez nos voiles tirer et travailler parmi la grande immigration de la mer et la volonté de Dieu soufflera sur nous.

De quoi sans doute est le signe avant-coureur cette vieille épave que nous avons repêchée aujourd'hui même.

DON RODRIGUE : Une épave ? où est-elle ?

LE CAPITAINE, *levant le falot* : Ici. C'est le tableau d'arrière d'une barque qui a péri.

DON RODRIGUE : Je ne puis pas lire.

LE CAPITAINE, *approchant et épelant* : ... T-I-A... Tiago.

DON RODRIGUE : Santiago ?

LE CAPITAINE : Santiago. Vous paraissez étonné.

DON RODRIGUE : C'est le nom d'un bateau qui allait au Brésil et sur lequel mon frère, un père jésuite, s'était embarqué. (*Il ôte son chapeau.*)

SCÈNE IX

DON CAMILLE, DONA PROUHÈZE

L'intérieur d'une batterie dans la forteresse de Mogador.

DON CAMILLE : J'ai achevé de vous montrer ma petite installation. Ceci est une batterie que j'ai construite et qui commande la barre. Armée de quelques bons gros pères que je me suis permis d'emprunter à un bâtiment de Monsieur le Roi,

Malheureusement perdu à la côte. Il s'était mépris sur la signification de mes feux

Par un hasard funeste changés depuis deux jours sans qu'il en fût averti.

DONA PROUHÈZE : Je vous ai écouté avec intérêt. J'aime mon nouveau ménage. Mais je dois dire que j'ai déjà tout vu.

DON CAMILLE : Et qui s'est permis de vous montrer la maison avant moi ?

DONA PROUHÈZE : Votre lieutenant, Don Sébastien, sur mon ordre.

DON CAMILLE : Fort bien. Excellente discipline que de s'adresser au lieutenant par-dessus la tête du capitaine.

DONA PROUHÈZE : De par le Roi il n'y a céans d'autre capitaine et gouverneur que moi.

DON CAMILLE : Cela me chatouille de vous entendre parler ainsi, Monsieur le Gouverneur,

Quand je pense que vous êtes dans le creux de ma main.

DONA PROUHÈZE : M'y suis-je pas mise moi-même ? Ai-je montré que j'avais peur de vous ? ai-je amené avec moi un seul mousquet, un seul homme d'armes ? rien que ma camériste.

DON CAMILLE : C'est vrai, vous avez été fidèle à notre rendez-vous.

DONA PROUHÈZE : Don Pélage et Sa Majesté ont bien montré que pour venir à bout de Don Camille il n'y avait besoin que d'une femme.

DON CAMILLE : Toutefois je refermerai ma main quand je voudrai.

DONA PROUHÈZE : Vous ne voudrez pas avant que je ne veuille.

DON CAMILLE : Je puis vous rembarquer sur votre petit bateau.

DONA PROUHÈZE : Et montrer que vous avez peur de moi ?

Vous déclarer contre votre souverain ? Montrer vos cartes et vous priver de tout atout dans les petits trafics et négociations que je connais ?

Me livrer à Don Rodrigue là-bas en mer qui m'attend ?

DON CAMILLE : Je puis vous mettre en prison.

DONA PROUHÈZE : Vous ne pouvez pas.

DON CAMILLE, *violemment* : N'êtes-vous pas en mon pouvoir ?

DONA PROUHÈZE : C'est vous qui êtes dans le mien.

DON CAMILLE : Quelle est cette plaisanterie !

DONA PROUHÈZE : Je dis qu'il ne tient qu'à moi de

vous faire passer la nuit au fond de votre plus profonde citerne.

DON CAMILLE : Vous avez acquis ce pouvoir en deux
jours ?

DONA PROUHÈZE : Deux jours sont beaucoup pour
une femme au milieu de tous ces hommes simples.

DON CAMILLE : Je vous livrerai à eux.

DONA PROUHÈZE : Chacun d'eux me défend contre
tous les autres.

DON CAMILLE : J'ai des amis hors de cette forteresse.

DONA PROUHÈZE : En me livrant c'est vous que vous
livreriez.

DON CAMILLE : Où est ma citerne ?

DONA PROUHÈZE : Patientez. J'ai besoin de vous pour
l'instant. Et cela m'amuse de faire de vous ce que
je veux.

DON CAMILLE, *regardant par une ouverture* : Cela
m'amuse aussi. Et pour compléter mon bonheur, je
n'ai qu'à regarder le fidèle Rodrigue qui monte sa
faction au milieu de la mer.

DONA PROUHÈZE, *regardant aussi :* Comme son bateau
paraît petit ! Un tout petit point blanc.

DON CAMILLE, *la tirant en arrière :* Venez. On ne
peut regarder longtemps sans danger ce gouffre de feu.

DONA PROUHÈZE : Un tout petit point blanc !

SCÈNE X

Une forêt vierge en Sicile. Une grotte haute et pro-
fonde par-devant laquelle tombe une épaisse brassée
de lianes vertes à fleurs roses. Un ruisseau s'en
échappe à travers les pierres. Bruit innombrable d'eaux
courantes. Un éclatant clair de lune. A travers les
feuilles étincelantes, on devine au loin la mer. Comme
ces indications sont impossibles à réaliser, elles seront
avantageusement remplacées par DONA MUSIQUE *qui en*
donnera connaissance au public.

DONA MUSIQUE, *qui est censée revenir du ruisseau*
avec un seau plein : Voilà l'eau ! Vous avez mis toute
une brassée de bois vert sur le feu, vous allez complètement le tuer ! Sans parler de la fumée noire que ça
fait, on la verra à dix lieues par ce clair de lune !

Moi, je ne fais jamais qu'un tout petit feu. Vous
n'avez pas envie qu'on vous retrouve, je suppose ?
(*Elle arrange le feu et met une marmite dessus.*)

LE VICE-ROI : Il n'y a pas besoin de feu du tout.

DONA MUSIQUE : Nous ne pouvons pas rester ainsi
tous les deux dans la nuit comme des bêtes.

Et vous verrez la tisane que je sais faire avec cer-

taines herbes que je connais et les fleurs de citron-
nier.

LE VICE-ROI : C'est de tisane que vous vivez ?

DONA MUSIQUE : Moi ? je ne manque de rien.

LE VICE-ROI : Qui donc vous approvisionne ?

DONA MUSIQUE : Il y a là-bas sur cette espèce de
pointe dans la mer où cette espèce de forêt finit,

Une espèce de toit ou de chapelle à moitié fondue,
comme celles dont se servaient jadis les païens, je
suppose, avec des colonnes par-devant,

Et dedans, une vieille statue de pierre sans tête, si
indécente que j'ose à peine regarder.

C'est là que les gens du pays apportent toute espèce
de nourriture en manière d'offrande... vous comprenez, mon petit Roi ?... il ne faut pas me regarder de
cette façon...

Des fruits, du pain, des gâteaux, du miel, des œufs,
et je ne sais quoi encore, jusqu'à des morceaux de
chèvre rôtie

Et tout cela, je le prends sans me gêner.

LE VICE-ROI : Personne ne vous empêche ?

DONA MUSIQUE : Ils ont bien trop peur ! Aucun d'eux
ne voudrait entrer maintenant dans cette forêt pour
un empire.

C'est la bonne femme sans tête qui boustife la
boustifaille, vous comprenez ? Quoi de plus naturel ?
Elle a un rude appétit !

LE VICE-ROI : J'enverrai un missionnaire à ces
pauvres gens.

DONA MUSIQUE : Et des gendarmes pour me fourrer
en prison ?

LE VICE-ROI : Qu'est-ce que c'est que de pénétrer
ainsi sur mes terres sans papiers ?

DONA MUSIQUE : Ce n'est pas ma faute ! C'est le
bateau qui n'a plus voulu avancer.

Je vous l'ai déjà raconté ! il n'y avait pas un souffle

d'air et le bateau est allé tout à coup par le fond comme s'il était arrivé où il voulait.

Quelque chose sans doute s'est ouvert, je n'ai eu que le temps de sauter à l'eau —

Il n'y avait que moi qui savais nager, — avec la marmite et ces autres objets utiles.

Mon pauvre sergent a flotté un petit peu, pas longtemps, de quoi me dire adieu avec la main.

Heureusement que la terre n'était pas loin et le courant me poussait. (*Son d'une trompe au loin.*)

LE VICE-ROI : Encore ces imbéciles qui me cherchent ! C'est mon cheval sans doute qui leur aura parlé de moi.

Quelle bonne idée j'ai eue tout à coup de les quitter tous ! Je ne savais pas ce que je trouverais au bout de ce petit chemin engageant. (*Encore la trompe.*)

DONA MUSIQUE : Silence, Monsieur le Roi !... C'est cela, prenez ma main et pensez si fort à moi que personne ne saura plus vous retrouver.

LE VICE-ROI : Comment vous permettez-vous de savoir que je suis le Roi, ou le Vice-Roi à sa place ?

DONA MUSIQUE : N'aviez-vous pas envoyé vos serviteurs pour me chercher ? ce sergent qui était votre sergent ? Et moi, puisque j'étais arrivée, je n'avais plus qu'à vous attendre

Ici. Pourquoi vous étonner que je vous aie reconnu aussitôt ?

LE VICE-ROI : Tout cela est vrai. Je l'avais oublié. A force de l'avoir oublié, je m'aperçois que je n'ai jamais cessé de le savoir.

DONA MUSIQUE : Avez-vous oublié aussi cette tache sur mon épaule en forme de colombe, — je vous la montrerai une autre fois, — à quoi vous deviez me reconnaître ?

LE VICE-ROI : Je n'ai jamais pensé à autre chose.

DONA MUSIQUE : C'est un mensonge que vous dites.

Je sens tout ce qui se passe dans votre esprit, oui, je remue avec lui,

Et je sais que mon visage ne fait qu'y paraître un moment comme une vague petite lune au creux d'une mer agitée.

Tenez, précisément, maintenant, à quoi pensez-vous ? Feu ! répondez-moi sans réfléchir.

LE VICE-ROI : Je pense à ce feu qui brûle, à ce ruisseau intarissable qui fuit,

Se répondant plus loin et encore plus loin, avec trois ou quatre voix, à lui-même.

Ce ne serait pas difficile de savoir ce qu'il raconte, de mettre des mots sur ce long récit. Ah ! que d'amers souvenirs !

DONA MUSIQUE, *lui serrant la main* : Où sont-ils, ces amers souvenirs ?

LE VICE-ROI : J'essaye en vain de me les rappeler, c'est comme le ruisseau, je ne sais plus s'ils sont en avant ou en arrière.

DONA MUSIQUE : Et qui donc vous empêche de vous les rappeler, Monsieur le Roi ?

LE VICE-ROI : Cette petite main dans la mienne.

DONA MUSIQUE : Ce n'est pas vrai, car à l'instant je sens de nouveau quelqu'un qui plonge et qui s'échappe. Où êtes-vous ? et à quoi pensez-vous ?

LE VICE-ROI : A ce vent qui souffle,

A tous ces solliciteurs qui m'assiègent, la justice à rendre contre des femmes qui pleurent,

Tout le mal que j'ai fait sans le vouloir ou le voulant à moitié.

DONA MUSIQUE : A quoi encore ?

LE VICE-ROI : A cette expédition qu'on m'a dit de préparer contre les Turcs.

DONA MUSIQUE : A quoi encore ?

LE VICE-ROI : Les Français, les pirates, le Pape à

Rome, ces galons qu'on n'a jamais pu me trouver pour mon habit de cérémonie,

Ces mesures de bienfaisance pour la famine en Calabre qui ont si mal tourné, les usuriers à qui j'ai dû emprunter, mes ennemis à Madrid.

DONA MUSIQUE : Et tout cela, est-ce que cela vous fait de la peine à présent ?

LE VICE-ROI : Aucune. Du bruit seulement.

DONA MUSIQUE : Cela vous empêche-t-il de faire attention à autre chose ?

LE VICE-ROI : En effet il y a autre chose...

DONA MUSIQUE : Quelle chose ?

LE VICE-ROI : Autre chose au-dessous par moments que je voudrais entendre.

DONA MUSIQUE : Quand je vous ordonne de faire silence, qu'est-ce qui arrive ? alors vous entendez.

Je ne parle pas du vent, ni de la mer, ni de ce ruisseau qui fuit. Qu'est-ce que vous entendez ?

LE VICE-ROI : Une faible musique.

DONA MUSIQUE : Chante un peu cette musique, mon cœur, pour voir si je la reconnaîtrai !

LE VICE-ROI : Je ne puis quand je voudrais.

DONA MUSIQUE : Et moi, veux-tu que je chante ?

J'ai pu sauver ma guitare, mais elle n'a plus de cordes.

LE VICE-ROI : Il n'y a pas besoin de cordes.

DONA MUSIQUE : Alors regarde-moi un peu pour que je sache à quel endroit je dois prendre. (*Avec un faible cri.*) Ah !

LE VICE-ROI : Vous ai-je fait mal ?

DONA MUSIQUE : Mon cœur s'arrête !

LE VICE-ROI : C'est défendu de regarder où tu es ?

DONA MUSIQUE : Fais-moi le même mal encore !

LE VICE-ROI : Quel est ce visage effrayé que je vois dans la lumière de la lune ?

DONA MUSIQUE : C'est mon âme qui essaie de se défendre et qui fuit en poussant des cris entrecoupés !

LE VICE-ROI : Est-ce là tout ce chant où tu te disais prête ?

DONA MUSIQUE : Mon chant est celui que je fais naître.

LE VICE-ROI : Ce n'est pas un chant, c'est une tempête qui prend avec elle et le ciel et les eaux et les bois et toute la terre !

DONA MUSIQUE : De tout cela est-ce que la musique est absente ?

LE VICE-ROI : Regarde-moi avant que je ne réponde.

DONA MUSIQUE : Je suis absente !

LE VICE-ROI : La divine musique est en moi.

DONA MUSIQUE : Promets qu'elle ne cessera plus !

LE VICE-ROI : Que puis-je promettre ? ce n'est pas moi qui chante, ce sont mes oreilles tout à coup qui se sont ouvertes !

Et qui sait si demain je ne serai pas redevenu sourd ?

DONA MUSIQUE : Il est vrai. Pauvre Musique !

Demain ce ne sera plus la forêt et le clair de lune. Demain ce sera ce terrible procès à juger, ce solliciteur à remplir, ces méchants à Madrid qui te calomnient,

Ces troupes à réunir, cet argent à rendre, cet habit qui ne va pas.

LE VICE-ROI : Ecoute, Musique, je suis en train de comprendre quelque chose.

Sais-tu ?

Oui, si je n'étais pas sourd, même ces choses que tu dis,

Cela serait capable de s'arranger avec cette poussée divine de paroles composées que j'entends un moment et puis un autre moment, par intervalles ;

Non point paroles, mais leur pulpe délicieuse !

C'est cet ordre ineffable qui est la vérité, c'est ce flot tout-puissant contre quoi rien ne saurait prévaloir,

Et je sais que tous ces grincements affreux, tout ce désordre discordant, c'est ma faute parce que je n'ai point l'oreille docile.

DONA MUSIQUE : Et si j'existe avec toi, quoi, est-ce que tu seras jamais assez sourd pour ne point m'ouïr ?

LE VICE-ROI : Tu chantais sous une pierre en Espagne et déjà je t'écoutais du fond de mon jardin de Palerme.

Oui, c'est toi que j'écoutais et non pas une autre,

Pas ce jeu d'eau, pas cet oiseau qu'on entend quand il s'est tu !

DONA MUSIQUE : Dis-moi cela encore ! Ce vaste concert qui te donne tant de joie, dis que c'est tout de même moi qui le commence.

C'est moi au fond de ton cœur cette note unique, si pure, si touchante.

LE VICE-ROI : Toi.

DONA MUSIQUE : Dis que tu y seras toujours attentif. Ne mets pas entre toi et moi quelque chose. N'empêche pas que j'existe.

LE VICE-ROI : Dis plutôt, comment faisais-tu pour exister avant que je ne t'aie connue ?

DONA MUSIQUE : Peut-être que tu me connaissais déjà sans le savoir.

LE VICE-ROI : Non, je sais que ce n'est pas pour moi que tu existes, pas plus que cet oiseau que je surprends, le cœur battant, dans la nuit,

Pour moi et non pas pour moi.

DONA MUSIQUE : Sans toi, l'oiseau serait mort, la tête sous l'aile, dans sa cage.

LE VICE-ROI : Penses-tu que c'est moi seul qui étais capable de t'entendre et de t'absorber ?

DONA MUSIQUE : Sans toi je n'aurais pas commencé à chanter.

LE VICE-ROI : Est-ce vrai que j'ai donné le bonheur à quelqu'un ?

DONA MUSIQUE : Ce bonheur qui te fait tant aimer,
Ma voix quand elle te parle, cette joie, ô mon ami,
que je suis confuse de te donner.

LE VICE-ROI : Et crois-tu que la joie soit une chose qu'on donne et qu'on retrouve telle quelle ?

Celle que tu me donnes, c'est sur le visage des autres que tu la verras.

A toi seule, Musique, mon exigence et ma sévérité. Oui, je ne veux cesser de t'apprendre ta place qui est toute petite.

DONA MUSIQUE : Fais le fier comme si tu savais tout ! cette place que j'ai trouvée pour moi au-dessous de ton cœur, tu la connais ?

C'est la mienne et si tu m'y pouvais découvrir, je ne m'y sentirais pas aussi bien.

LE VICE-ROI : Tu m'expliqueras cela tout à l'heure. Viens, nous ne sommes pas bien ainsi. Cédons à ce conseil de la nuit et de toute la terre. Viens avec moi sur ce lit profond de roseaux et de fougères que tu as préparé.

DONA MUSIQUE : Si vous essayez de m'embrasser, alors vous n'entendrez plus la musique !

LE VICE-ROI : Je ne veux que dormir près de toi en te donnant la main,
Ecoutant la forêt, la mer, l'eau qui fuit, et l'autre qui revient toujours,
Cette joie sacrée, cette tristesse immense, mélangée à ce bonheur ineffable
Plus tard quand Dieu nous aura unis, d'autres mystères nous sont réservés.

SCÈNE XI

DON CAMILLE, DON RODRIGUE

Dans la forteresse de Mogador. Une salle étroite et voûtée éclairée par une fenêtre qu'on ne voit pas. Dans le fond un grand rideau d'étoffe noire, comme ceux qui voilent la grille au parloir des couvents de recluses. Au plafond est suspendue une poulie avec un bout de corde. Tas de ferrailles rouillées dans un coin. DON RODRIGUE *se tient debout immobile au milieu de la pièce, regardant le carré d'étoffe noire. L'ombre de* DON CAMILLE *derrière lui vient se dessiner sur le mur à côté de la sienne.*

DON CAMILLE : Je dis, qui vous empêche de tirer ce rideau et d'en avoir le cœur net ?

DON RODRIGUE : Don Camille, je suis heureux enfin de vous avoir trouvé. Je vous croyais caché au fond de quelque trou.

DON CAMILLE : J'ai cru discret de ne pas me montrer tout d'abord et de vous laisser librement usage de ces lieux.

Ordre que toutes les portes s'ouvrent et que nulle présence inutile vous importune.

Rien ne s'est montré que cet officier noir à qui vous avez remis votre lettre. Je suppose que vous attendez la réponse avec quelque impatience.

Vos pas n'ont rencontré partout que le silence et le vide.

C'est comme dans cette belle histoire persane que vous connaissez : « Le Château-du-Roi-de-pierre ».

Rien que parfois cette imperceptible odeur féminine peut-être, le souffle léger d'une robe.

Et il a fallu que ce soit ici où vous aboutissiez, précisément où je voulais vous conduire, ce petit cabinet de torture, ce boudoir réservé à de pressants tête-à-tête, ce qu'on appelle une conversation serrée.

Derrière ce rideau que vous regardez, se tenait le Juge, le spectateur inconnu curieux de surveiller à la fois la victime et le bon fonctionnaire chargé de travailler icelle...

Qu'y a-t-il ? vous n'êtes pas pressé de me voir.

DON RODRIGUE : Je regarde mon ombre sur le mur.

DON CAMILLE, *mêlant son ombre à celle de* DON RODRIGUE : Permettez-moi de m'y associer.

Voyez, nous ne formons plus à nous deux qu'un seul personnage avec plusieurs têtes et trois bras.

Où que vous alliez désormais, vous ne pourrez plus empêcher que mon souvenir ne soit allié à votre réflexion.

DON RODRIGUE : Vous êtes habitué aux mélanges.

Mon ombre ajoutée à celle d'un chien Maure ne fait que d'en accroître la noirceur.

DON CAMILLE : Quand votre ombre gentille aura passé, fantôme désormais d'une autre rive,

Celle du Maure habitera encore ce château,

Familière d'une autre, couvrant, protégeant de sa noirceur une autre ;

Oui, elle n'aura qu'à s'écarter quelque peu pour en découvrir une autre.

DON RODRIGUE : Je me demande pourquoi je ne ferais point de vous une ombre tout à fait.

DON CAMILLE : Soit, je n'ai point d'armes. Vous n'avez qu'à me tuer si vous jugez qu'il n'y a pas d'autre moyen de venir à bout de moi.

Toutefois je vous demanderai au préalable de prendre connaissance de ce pli que Madame a bien voulu me charger de vous remettre.

DON RODRIGUE : C'est elle qui vous l'a remis pour moi ?

DON CAMILLE : Elle-même à moi-même pour vous-même. Son Excellence était à sa table de toilette (vous savez que mes hautes fonctions auprès de Son Excellence me donnent accès à tout moment chez Son Excellence).

Mon collègue (je veux dire la femme de chambre) s'empressait dans un coin à la guimpe de Son Excellence.

J'ai lu vos lettres et c'est à moi qu'on a confié la réponse,

Requis de vous la remettre sans retard en mains propres. (*Il lui remet une lettre.*)

DON RODRIGUE : Mais ce pli n'est autre que celui-là même que j'avais mission de lui faire tenir.

DON CAMILLE : Il me semble qu'au dos il y a quelque chose d'écrit.

DON RODRIGUE, *lisant* : « Je reste. Partez. » *Il répète à mi-voix.*) « Je reste. Partez. »

DON CAMILLE : C'est clair. Elle reste et vous n'avez qu'à partir.

DON RODRIGUE : Veuillez dire à Dona Prouhèze que je désire l'entretenir sur-le-champ.

DON CAMILLE : Pour me donner ainsi des ordres il faut que vous me croyiez plus noir de peau que je ne suis. Et ce camarade tout à l'heure, à la demande d'audience que vous aviez formulée ne vous a-t-il pas apporté un refus qui est fait pour vous suffire ?

Qui sait d'ailleurs ? cette pièce n'est pas si écartée que votre voix peut-être n'aille directement aux oreilles de Son Excellence.

DON RODRIGUE : Désobéira-t-elle à ces ordres que le Roi même m'a chargé de lui porter ?

DON CAMILLE : Non pas ordre, si j'ai bien lu, conseil.

DON RODRIGUE : A celui-là même qu'avec le Roi, son époux de par Dieu lui donne ?

DON CAMILLE : Elle choisit de rester ici.

DON RODRIGUE, *criant* : Prouhèze, m'entendez-vous ? (*Silence.*)

DON RODRIGUE, *criant de nouveau* : Prouhèze, Prouhèze, m'entendez-vous ? (*Silence.*)

DON CAMILLE : Peut-être n'est-elle pas là après tout. Impossible de le savoir. (*Pause.*)

Singulière mission que celle dont vous vous êtes fait charger. (*Pause.*)

Vous ne répondez rien, mais votre ombre sur le mur est là qui me dit qu'elle est de mon avis.

Vous l'aimez et tout ce que vous avez à offrir, c'est cette lettre du barbon, lui offrant de revenir. Comme c'est tentant !

Quant à vous (oui, j'ai lu votre lettre aussi, on me l'a donnée avec le reste du paquet),

Vous proposez de disparaître pour toujours ; eh bien ! vous n'avez qu'à commencer sur-le-champ. (*Pause.*)

Ce qu'on attendait, c'est toute une flotte empanachée foudroyant notre petit Mogador, et nous, répondant de notre mieux.

C'est vous-même, une plume rouge à votre chapeau, à la tête de cinquante bonshommes pique au poing, donnant l'assaut.

Don Camille navré et occis, et Madame qu'on emporte palpitante. Que faire contre la violence ?

Au lieu de cela vous voulez faire travailler sa petite tête. Il n'y a rien qu'une femme déteste comme de décider seule quelque chose.

« Allons, Madame, dites-moi s'il est bien vrai que vous m'aimez, et puis revenez à Monsieur votre mari pour l'amour de moi ! N'admirez-vous pas la magnifique immolation que je suis prêt à faire

De vous ? » (*Pause.*)

Votre ombre ne bouge pas. Elle est là, affichée sur ce triste mur,

Où, plus d'une fois, une autre ombre plus solitaire encore

S'est balancée doucement, — au bout d'une corde, — à la lueur d'un petit feu de braise qui s'éteint. (*Pause.*)

Moi, même avec ce bateau éclopé, j'aurais essayé de faire quelque chose. Même estropié comme vous l'êtes, je dis votre bateau,

Par la main d'une femme.

Je m'empresse de vous dire que j'ai pris mes précautions. (*Pause. Marchant sur Don Rodrigue et élevant la voix.*)

Vous n'en avez pas assez ? vous voulez en entendre encore plus ?

Je pense que du moins ceci vous prouvera que vous vous êtes leurrés tous les deux.

Elle ne vous aime pas, dites-vous,

Elle ne vous aime pas et je vous en vois tout étonné, mais est-ce que vous l'aimiez ? il ne tenait qu'à vous de la prendre.

Vous vouliez satisfaire à la fois votre âme et votre chair, votre conscience et votre penchant, votre amour, comme vous dites, et votre ambition.

Car il y a tout de même cette Amérique au fond de

vous, plus ancienne que ce visage de femme qui vous travaille et à quoi ce serait tellement dommage de renoncer. Comme je vous comprends !

Vous vouliez sournoisement vous placer dans un tel état de tentation qu'il n'y aurait presque plus eu de faute à y céder ! Rien qu'une petite faute rafraîchissante !

Et d'ailleurs si grande magnanimité mérite bien quelque compensation.

Quoi de plus vertueux que d'obéir au Roi ? De rendre une dame à son époux et de la dérober à un ruffian ? et tout cela en se sacrifiant soi-même !

L'amour, l'honneur, la vanité, l'intérêt, l'ambition, la jalousie, la paillardise, le Roi, le mari, Pierre, Paul, Jacques, et le diable,

Tout le monde aurait eu sa part, tout cela était satisfait d'un seul coup.

DON RODRIGUE, *à mi-voix* : Toutes ces choses il était bon et salutaire que je les entende.

DON CAMILLE : Ai-je dit la vérité ?

DON RODRIGUE : Il n'y manque que l'essentiel.

DON CAMILLE : Répondez-moi donc. On vous écoute. Par ma foi, il me semble avoir vu remuer ce rideau !

DON RODRIGUE : Où qu'elle soit je sais qu'elle ne peut pas s'empêcher d'entendre les mots que je lui dis,

Et moi, je sais qu'elle est là au son que fait mon âme en lui parlant,

Comme un aveugle en chantant sait qu'il est devant un mur ou des buissons ou le vide.

DON CAMILLE : Je suis sûr que la vertu à la voix de Votre Seigneurie empruntera des accents irrésistibles.

DON RODRIGUE : Pour un saint ou pour un homme de l'espèce que vous décriviez,

Tout est simple. L'esprit parle, le désir parle, c'est bien. En avant ! il n'y a plus qu'à lui obéir aussitôt.

DON CAMILLE : Il n'y a pas d'autre moyen de conquérir le salut dans l'autre monde et les femmes dans celui-ci.

DON RODRIGUE : Le choix est fait et je ne demande pas mieux que de vous laisser les femmes.

DON CAMILLE : Que faites-vous donc ici ?

DON RODRIGUE : Il ne dépend pas d'un homme sain que la peste s'attaque à lui, ou la colique, ou la lèpre, ou toute autre maladie dévorante.

DON CAMILLE : C'est à ces aimables accidents que vous comparez notre Prouhèze ? (*Pause.*)

DON RODRIGUE : Je n'aime pas vous entendre dire ce nom.

DON CAMILLE : Pardonnez-moi, je vous prie !

DON RODRIGUE : Mon âme est atteinte.

DON CAMILLE : On essaye céans de la guérir.

DON RODRIGUE : Elle est comme ce grain de blé que l'épi seul guérit.

DON CAMILLE : L'épi, il vous attend dans cet autre monde là-bas que le Roi vous livre.

DON RODRIGUE : Mais d'abord j'attendais d'elle cette chose qu'elle seule peut me donner.

DON CAMILLE : Quelle chose ?

DON RODRIGUE : Comment la connaîtrai-je autrement qu'en la recevant ?

DON CAMILLE : Cette chose mystérieuse, pourquoi ne pas dire qu'elle ne fait qu'un avec son corps ?

DON RODRIGUE : Il est vrai. Comment comprendre ? Le bien que désire mon âme est mêlé à ce corps interdit.

DON CAMILLE : Parlez ! vous n'avez qu'un mot à dire,

Deux fois déjà vous l'avez appelée. Je sens qu'elle n'attend que votre troisième appel : « Prouhèze, viens ! » ; elle est là, vous n'avez que son nom à prononcer.

Et elle sera devant vous aussitôt.

DON RODRIGUE : Bientôt quand j'aurai pris la mer, c'est alors que je l'appellerai.

DON CAMILLE : Ne dites pas que c'est elle qui vous chasse.

DON RODRIGUE : Est-ce moi qui ai écrit sur la pierre cette grande Loi qui nous sépare ?

DON CAMILLE : L'amour se rit des lois.

DON RODRIGUE : Cela ne les empêche pas d'exister. Quand je fermerais les yeux cela ne détruit pas le soleil.

DON CAMILLE : L'amour se suffit à lui-même !

DON RODRIGUE : Et moi, je pense que rien ne suffit à l'amour ! Ah ! j'ai trouvé une chose si grande ! C'est l'amour qui doit me donner les clefs du monde et non pas me les retirer !

DON CAMILLE : N'est-ce pas une chose risible de vous voir demander à la fois et d'un seul coup

L'assouvissement du corps et celui de l'âme ?

DON RODRIGUE : Est-ce ma faute si en moi les deux natures sont rejointes si fortement qu'elles ne font qu'un ?

DON CAMILLE : Que peut cette pauvre femme ?

DON RODRIGUE : Tout ce que j'avais, ah ! — et le poids est tellement lourd qu'il me semble que c'est le monde entier —

Je le lui ai apporté ici avec moi. N'a-t-elle rien à me donner en échange ?

DON CAMILLE : Que peut-elle vous donner en échange ?

DON RODRIGUE : Si je le savais, je ne le lui demanderais pas.

DON CAMILLE : Eh bien, il n'y a pas d'autre réponse pour vous que ce refus et cet ordre de partir.

DON RODRIGUE : Je l'accepte.

DON CAMILLE : Moi, je reste.

DON RODRIGUE, *à demi-voix* : « Je reste. » (*Il regarde le papier.*)

Oui, ce sont bien les deux mots qu'elle m'a donné à lire sur ce papier.

C'est écrit. Il n'y a pas à douter. Oui, c'est exactement vous qu'elle a choisi.

DON CAMILLE : Je la comprends mieux que vous, il y a de la femme en moi, je saurai mieux que vous m'arranger avec elle quoi que vous en pensiez.

Elle peut me faire du bien et à vous elle ne peut que faire du mal.

DON RODRIGUE : Déjà elle vous a dépossédé de votre commandement.

DON CAMILLE : Je lui ai cédé ma place. Oui, c'est déjà une chose de moi que je lui ai donnée et qu'elle a prise.

DON RODRIGUE : Le reste viendra peu à peu.

DON CAMILLE : Je l'ai appelée, elle est venue. Mais je ne vous le cacherai pas, le bien qu'elle peut me faire me paraît plus redoutable que le mal.

DON RODRIGUE : Renvoyez-la donc.

DON CAMILLE : Votre Seigneurie veut se moquer, mais que vous me croyiez ou non, oui je l'aurais déjà renvoyée si j'avais pu.

DON RODRIGUE : Je puis vous prêter main-forte.

DON CAMILLE : La raison et le hasard, l'ambition et l'aventure, je ne voulais point d'autres maîtres.

La voici qui intervient contre moi comme la destinée, sur laquelle je n'ai aucune prise.

DON RODRIGUE : Telle jadis Hélène.

DON CAMILLE : A peine vous parti, à peine votre voile disparue,

Vous pensez sans doute qu'elle tombera dans mes bras ?

DON RODRIGUE : Je ne dis pas aussitôt. Mais comptez sur le temps et sur cet enfer qui vous entoure,

Elle ne vivra pas longtemps impunément toute seule sur le bord de votre désir...

Je vous demanderai, Monsieur, de me conduire à cette chambre que vous m'avez réservée.

DON CAMILLE : Mes services déjà s'occupent à réparer votre bateau.

SCÈNE XII

DON GUSMAN, RUIS PERALDO,
OZORIO, REMEDIOS,
Porteurs indiens.

Une clairière dans une forêt vierge en Amérique, au bord d'une rivière encombrée d'îles et de troncs d'arbres. Un campement de bandeirantes parmi des taillis de cannes jaunes à raies vertes.

DON GUSMAN : Et vous dites que sur un de ces blocs vous avez reconnu le dessin de la Sainte Croix ?

RUIS PERALDO : Non pas sur l'un seulement, mais sur bien d'autres encore, une croix aux branches égales tout entourée de volutes qui ressemblent à des serpents.

DON GUSMAN : Ainsi sur le tombeau de ce peuple mort et dont le nom même a péri il y a la croix ! ils tendent du fond de leur tombeau la croix à ces vivants qui du bout du monde se sont mis en marche pour les retrouver.

RUIS PERALDO : Il n'y a pas seulement la croix, il y a ces monstres ou bouteilles que je vous ai décrits,

Ces géants pareils aux Chérubins précipités de l'Ecriture qui à travers les lianes, tout mangés par les arbres maudits, tournent vers les quatre points de l'horizon leurs faces éthiopiennes.

L'un d'eux plus haut que les autres et tout blanchi par la fiente des perroquets était tout enveloppé, quand je l'ai vu, des replis d'un énorme serpent.

DON GUSMAN : Ces paroles redoublent mon désir ! Je veux, l'épée au poing, me mesurer avec ces portiers de l'Enfer !

RUIS PERALDO : Quant à moi, je fuis, j'ai mon compte, j'ai senti la corruption de ce lieu empesté qui me saississait aux entrailles.

Que Dieu me pardonne pour avoir pénétré en ce lieu qui à tous les yeux humains était fait pour rester caché, cimetière exécrable !

Je n'ai plus qu'une pensée qui est de retrouver la mer avant de mourir, que j'entende le bruit du ressac sur le sable blanc !

Tous mes compagnons sont morts, il ne me reste plus que ces Indiens affamés.

DON GUSMAN : Ozorio, donne-leur quelques poignées de maïs.

OZORIO : Et nous-mêmes, Seigneur Capitaine, avec quoi achèverons-nous le voyage ?

DON GUSMAN : Tu peux revenir, si tu le veux, avec le Seigneur Peraldo.

OZORIO : Et retrouver à Santarem les créanciers qui m'attendent et se préparent à me jeter dans la fosse-aux-poux !

Non, j'irai jusqu'au bout qui est à l'extrémité ! je mettrai la main sur ces sacrées émeraudes !

Ces croix dont parlait le Senhor à l'instant, je les ai reconnues, ce sont bien celles dont le sergent Castro m'a parlé, je sais ce qu'elles veulent dire, tout cela est marqué sur mon papier.

DON GUSMAN : Et toi, Remedios ?

REMEDIOS : Si je reviens à Santarem ma femme numéro un m'y guette. Votre Excellence sait fort bien que mon cas est d'être pendu et peut-être brûlé.

DON GUSMAN : En avant par la grâce de Dieu !

RUIS PERALDO : Vous-même, Senhor Gusman, ce ne sont pas les émeraudes qui vous attirent en lieu détestable, ni le bourreau en arrière qui vous barre la route.

DON GUSMAN : Je veux rendre à l'humanité ce peuple deux fois mort, je veux élever la Croix sur leur tombe, je veux chasser le Diable de son repaire empesté, qu'il n'y ait pas un endroit au monde où il soit sûr !

Colomb a découvert les vivants, et moi je veux posséder tous ces peuples que la mort a soustraits au Roi d'Espagne.

Je veux apaiser avec la Vraie Croix les anciens maîtres. Qui était notre conquête, je veux que cet ancien monde devienne notre héritage !

OZORIO : En avant !

RUIS PERALDO : Adieu ! Ni pour vous, ni pour moi, il n'y a aucune chance de retour.

L'OMBRE disparaît et l'écran n'est plus occupé pendant toute la durée de cette scène que par une palme de plus en plus indistincte et qui remue faiblement.

SCÈNE XIV

LA LUNE

LA LUNE : L'Ombre Double s'est disjointe sur le mur qui au fond de cette prison correspond à ma présence en haut du ciel,

Et à la place de ce rameau unique qui s'en détachait, de ce bras nu d'une femme avec la main au bout qui remuait lentement et faiblement,

Il n'y a plus que cette palme que le vent de la mer par reprises après de longs suspens fait remuer et qui tremble,

Libre et cependant captive, réelle sans poids.

Pauvre plante ! N'en a-t-elle pas eu assez tout le jour à se défendre contre le soleil ?

Il était temps que j'arrive. C'est bon ! Ah ! qu'il est doux de dormir avec moi !

Je suis là de toutes parts en elle, hors d'elle, mais la créature que j'aime, comme elle sait que ma lumière n'est propre qu'à son obscurité !

SCÈNE XIII

L'OMBRE DOUBLE

L'OMBRE DOUBLE d'un homme avec une femme, debout, que l'on voit projetée sur un écran au fond de la scène.

Je porte accusation contre cet homme et cette femme qui dans le pays des Ombres ont fait de moi une ombre sans maître.

Car de toutes ces effigies qui défilent sur la paroi qu'illumine le soleil du jour ou celui de la nuit,

Il n'en est pas une qui ne connaisse son auteur et ne retrace fidèlement son contour.

Mais moi, de qui dira-t-on que je suis l'ombre ? non pas de cet homme ou de cette femme séparés,

Mais de tous les deux à la fois qui l'un dans l'autre en moi se sont submergés

En cet être nouveau fait de noirceur informe.

Car comme ce support et racine de moi-même, le long de ce mur violemment frappé par la lune,

Comme cet homme passait sur le chemin de garde, se rendant à la demeure qu'on lui avait assignée,

L'autre partie de moi-même et son étroit vêtement, Cette femme, tout à coup commença à le précéder sans qu'il s'en aperçût.

Elle n'a plus rien à faire, elle n'est pas sans cesse
occupée à remplacer ce que la vie lui ôte,

Elle cède, elle veut bien, c'est moi qui suis là pour
la soutenir, elle sait, elle croit, elle est close,

Elle est pleine, elle flotte, elle dort.

Toutes les créatures à la fois, tous les êtres bons
et mauvais sont engloutis dans la miséricorde d'Adonaï !

Ignoreraient-elles cette lumière qui n'est pas faite
pour les yeux du corps ?

Une lumière non pas pour être vue mais pour être
bue, pour que l'âme vivante y boive, toute âme à
boive, pour que son repos pour qu'elle y baigne et boive.

Quel silence ! à peine un faible cri par instants, cet
l'heure de son repos pour qu'elle y baigne et boive.
oiseau impuissant à se réveiller.

L'heure de la Mer de lait est à nous ; si l'on me
voit si blanche, c'est parce que c'est moi Minuit, le
Lac de Lait, les Eaux.

Je touche ceux qui pleurent avec des mains ineffables.

Sœur, pourquoi pleures-tu ? n'est-ce point ta nuit
nuptiale aujourd'hui ? regarde le ciel et la terre illuminés ! et où donc pensais-tu la passer avec Rodrigue
autre part que sur la croix ?

Voyez-la, vous qui m'écoutez, non pas telle que
sur cet écran elle interrompait ma lumière avec son
corps,

Ni selon l'épreuve morte que par moments je pourrais tirer de son âme sur cette surface magique,

Il ne s'agit pas de son corps ! mais ce battement
sacré par lequel les âmes l'une dans l'autre se connaissent sans intermédiaire, comme le père avec la mère
dans la seconde de la conception : c'est ce que je sers à
manifester.

Je la dessine avec mes eaux où elle baigne.

Cette crise, cette sortie désespérée tout à coup,

et la reconnaissance de lui avec
compte que le choc et la soudure aussitôt
âmes et de leurs corps sans une parole et que moi
existence sur le mur.

Maintenant je porte accusation contre cet homme et
cette femme par qui j'ai existé une seconde seule pour
ne plus finir et par qui j'ai été imprimée sur la page de
l'éternité !

Car ce qui a existé une fois fait partie pour toujours
des archives indestructibles.

Et maintenant pourquoi ont-ils inscrit sur le mur,
à leurs risques et périls, ce signe que Dieu leur avait
défendu ?

Et pourquoi m'ayant créée, m'ont-ils ainsi cruellement séparée, moi qui ne suis qu'un ? pourquoi ont-ils
porté aux extrémités de ce monde mes deux moitiés
palpitantes,

Comme si en moi par un côté d'eux-mêmes ils
n'avaient pas cessé de connaître leurs limites ?

Comme si ce n'était pas moi seule qui existe et ce
mot un instant hors de la terre lisible parmi ce battement d'ailes éperdues.

Et tout à coup ce relâchement affreux, cet abîme, ce vide où elle était qu'elle me laisse !

Regardez-la à genoux, cette douleur de femme ensevelie dans la lumière ! Cela n'aurait pas commencé si je ne l'avais baisée dans le milieu du cœur.

Cela a commencé par ces grandes larmes, pareilles aux nausées de l'agonie, qui naissent au-dessous de la pensée, au fond de l'être profondément entaillé,

L'âme qui veut vomir et que le fer pénètre !

Et peut-être qu'elle aurait expiré à ce premier assaut entre mes bras, si pendant l'arrêt de son cœur

(Cependant qu'un grand morceau de mer brille là-bas et qu'une petite voile blanche cingle vers cet Etang de la Mort),

Je ne lui avais présenté ce mot : « Jamais !

« Jamais, Prouhèze ! »

« Jamais ! » crie-t-elle, « c'est là du moins lui et moi une chose que nous pouvons partager, c'est « jamais » qu'il a appris de ma bouche dans ce baiser tout à l'heure en qui nous avons été faits un seul !

« Jamais ! c'est là du moins une espèce d'éternité avec nous qui peut tout de suite commencer.

« Jamais je ne pourrai plus cesser d'être sans lui et jamais il ne pourra plus cesser d'être sans moi.

« Il y a quelqu'un pour toujours de la part de Dieu qui lui interdit la présence de mon corps

« Parce qu'il l'aurait trop aimé. Ah ! je veux lui donner beaucoup plus !

« Que tiendrait-il si je le lui donnais ? comme si ce que je lis dans ses yeux qu'il me demande pouvait avoir une fin !

« Ah ! j'ai de quoi lui fournir ce qu'il me demande !

« Oui, ce n'est pas assez de lui manquer, je veux le trahir,

« C'est cela qu'il a appris de moi dans ce baiser où nos âmes se sont jointes.

« Pourquoi lui refuserais-je ce que son cœur désire ? pourquoi manquerait-il quelque chose à cette mort du moins que je puis lui donner, puisqu'il n'attend point de moi la joie ? Est-ce qu'il m'a épargnée ? pourquoi épargnerais-je ce qu'il y a en lui de plus profond ? pourquoi lui refuserais-je ce coup que je vois dans ses yeux qu'il attend et que je lis déjà au fond de ses yeux sans espoir ?

« Oui, je sais qu'il ne m'épousera que sur la croix et nos âmes l'une à l'autre dans la mort et dans la nuit hors de tout motif humain !

« Si je ne puis être son paradis, du moins je puis être sa croix ! Pour que son âme avec son corps y soit écartelée je vaux bien ces deux morceaux de bois qui se traversent !

« Puisque je ne puis lui donner le ciel, du moins je puis l'arracher à la terre. Moi seule puis lui fournir une insuffisance à la mesure de son désir !

« Moi seule étais capable de le priver de lui-même.

« Il n'y a pas une région de son âme et pas une fibre de son corps dont je ne sente qu'elle est faite pour être fixée à moi, il n'y a rien dans son corps et dans cette âme qui a fait son corps que je ne sois capable de tenir avec moi pour toujours dans le sommeil de la douleur,

« Comme Adam, quand il dormit, la première femme.

« Quand je le tiendrai ainsi par tous les bouts de son corps et par toute la texture de sa chair et de sa personne par le moyen de ces clous en moi profondément enfoncés,

« Quand il n'y aura plus aucun moyen de s'échapper, quand il sera fixé à moi pour toujours dans cet impossible hymen, quand il n'y aura plus moyen de s'arracher à ce cric de ma chair puissante et à ce vide impitoyable, quand je lui aurai prouvé son néant avec

le mien, quand il n'y aura plus dans son néant de
secret que le mien ne soit capable de vérifier,

« C'est alors que je le donnerai à Dieu découvert
et déchiré pour qu'il le remplisse dans un coup de
tonnerre, c'est alors que j'aurai un époux et que je
tiendrai un dieu entre mes bras !

« Mon Dieu, je verrai sa joie ! je le verrai avec Vous
et c'est moi qui en serai la cause !

« Il a demandé Dieu à une femme et elle était
capable de le lui donner, car il n'y a rien au ciel et
sur la terre que l'amour ne soit capable de donner ! »

Telles sont les choses dans son délire qu'elle dit et
elle ne s'aperçoit pas qu'elles sont déjà passées et qu'elle-
même pour toujours en un moment

Passe en ce lieu où elles sont passées, —

Il n'y a plus que la paix,

L'heure est minuit, — et que cette coupe de délices
est pleine jusqu'aux bords que Dieu présente à toutes
ses créatures.

Elle parle et je lui baise le cœur !

Et quant à ce navigateur dont tant de fois l'ouvrage
confus de l'ouragan n'a pu retenir l'ardente navette
empressée à mettre un fil entre les deux mondes,

Il dort les voiles repliées, il roule au fond de mon
gisement le plus perdu,

Le sommeil sans bords d'Adam et de Noé.

Car comme Adam dormait quand la femme lui fut
enlevée du cœur, n'est-il pas juste que de nouveau il

Dorme en ce jour de ses noces où elle lui est ren-
due et succombe à la plénitude ?

Pourquoi être ailleurs désormais ?

Non point sommeil, ce qu'il dort est la prélibation
d'un autre système.

Lorsque sa coupe est pleine, — et ne l'ai-je point
remplie ? — ne serait-il pas ivre ? Il n'en faut pas une
seconde, elle a suffi !

On ne peut mourir sans toucher au-delà de la vie.

Et lorsque son âme s'est séparée de lui dans ce baiser, lorsque sans corps elle en rejoignait une autre, qui pouvait dire qu'il restait vivant ?

A quelle époque et comment la chose s'est-elle passée, il ne sait plus ; en avant et derrière, le passé et l'avenir ont été également détruits. Tout ce qui pouvait être donné, c'est fait. Un des côtés par où l'être est limité a disparu. En un lieu où il n'y avait plus de retour.

Rodrigue, et cependant entends-tu, cette voix qui te dit : *Rodrigue ?*

Le connais-tu à présent que l'homme et la femme ne pouvaient s'aimer ailleurs que dans le paradis ?

« Ce paradis que Dieu ne m'a pas ouvert et que tes bras pour moi ont refait un court moment, ah ! femme, tu ne me le donnes que pour me communiquer que j'en suis exclu.

« Chacun de tes baisers me donne un paradis dont je sais qu'il m'est interdit.

« Où tu es il y a l'impuissance désormais pour moi d'échapper à ce paradis de torture, à cette patrie de toutes parts, à chaque coup, qui me pénètre et dont je suis forclos.

« O femme, tu l'as découverte, cette place que tu ne pouvais en moi atteindre que les yeux fermés ! la voilà donc au fond de moi, cette blessure que tu ne pouvais me faire que les yeux fermés !

« C'est toi qui m'ouvres le paradis et c'est toi qui m'empêches d'y rester. Comment serais-je avec tout quand tu me refuses d'être autre part qu'avec toi ?

« Chaque pulsation de ton cœur avec moi me rend le supplice, cette impuissance à échapper au paradis dont tu fais que je suis exclu.

« Ah ! c'est en cette blessure que je te retrouve ! C'est par elle que je me nourris de toi comme la lampe fait de l'huile,

« De cette huile dont brûlera éternellement cette lampe qui ne réussit pas à en faire de la lumière. »

Il parle et je lui baise le cœur.

FIN DE LA DEUXIÈME JOURNÉE

Troisième journée

Personnages de la troisième journée

SAINT NICOLAS.
DONA MUSIQUE.
SAINT BONIFACE.
SAINT DENYS D'ATHÈNES.
SAINT ADLIBITUM.
ACOLYTES.
DON LÉOPOLD AUGUSTE.
DON FERNAND.
LE VICE-ROI.
ALMAGRO.
SOLDATS.
LA LOGEUSE.
DON RAMIRE.
DONA ISABEL.
DON CAMILLE.
LA SERVANTE.
DONA PROUHÈZE.
L'ANGE GARDIEN.
LE SECRÉTAIRE (Don Rodilard).
LE CAPITAINE.
OFFICIERS.

SCÈNE PREMIÈRE

L'église de Saint-Nicolas de la Mala Strana à Prague
en Bohême, quelque temps après la bataille de la Mon-
tagne-Blanche. Le soleil d'un soir d'hiver entre par la
verrière au-dessus de la porte qu'encadrent les faisceaux
mêlés d'anges et de guirlandes de tuyaux d'orgues,
pareils aux fuseaux prismatiques de la Grotte de Fin-
gal. DONA MUSIQUE *dans un grand manteau de fourrure*
prie au milieu de l'église. Le chœur très sombre où
brûle une lampe et sur lequel s'ouvrent des loges vides
est orné de quatre piédestaux encore inhabités mais
destinés à recevoir les Evêques illustres qui vont se
présenter à l'instant [1].

Entre d'abord SAINT NICOLAS *précédé par les trois*
petits enfants.

SAINT NICOLAS : C'est demain le jour de ma fête.

— Et déjà par le commandement de Dieu, sur la
campagne piétinée par la guerre, sur les châteaux, sur
les églises et monastères en ruine, sur les villages effon-
drés,

---

1. Rien n'empêche qu'il y ait un peu de musique indistincte pendant cette scène. Supposons l'organiste qui arrange
son instrument, d'une manière pas trop désagréable.

Les Anges pour le passage de l'Evêque violet ont déroulé une grande nappe de neige.

Tout ne fait plus qu'un là-dessous, les catholiques et les tristes protestants, tout est réuni, tout est resserré, les fleuves mêmes se sont arrêtés de séparer et d'emporter, on ne bouge plus.

Il fait trop froid dehors pour les gens de guerre, les seigneurs se chauffent à leur cheminée que remplissent les meubles en bottes des sacristies et les saints sciés ; les théologiens discutent dans les auberges,

Et les pauvres gens, comme un oiseau transi entre trois feuilles de houx,

Recommencent tout doucement à espérer et à vivre « Ce n'est mie pour toujours » peut-être.

Réveillez-vous, bonnes gens ! ce n'est pas moi sur qui il faut compter pour pleurer dans votre soupe ! Regardez ce petit soleil piquant !

Je ne m'entends qu'avec les petits garçons et ma journée n'est pas perdue quand j'ai mis dans leur cœur un peu de joie rude, un bon coup de rire grossier !

Je ressuscite les morfondus en leur frottant le museau avec de la neige.

Et comme le soleil d'hiver d'un seul coup remplit cent mille chaumières,

Si du bout de mon gant je gratte le givre de vos carreaux, en une seconde ce sera Saint Nicolas partout en Allemagne ! (*Il prend place sur son piédestal.*)

DONA MUSIQUE, *avec un grand soupir* : O mon Dieu, qu'il fait bon ici et que je suis contente avec vous ! on ne peut plus être ailleurs.

Il n'y a pas besoin de rien dire, il n'y a qu'à vous apporter ma lourde personne et à rester en silence à vos pieds.

Ce secret qu'il y a dans mon cœur, il n'y a que vous qui le connaissiez. Il n'y a que vous avec moi qui compreniez ce que c'est que donner la vie. Il n'y a que vous avec moi qui partagiez ce secret de ma maternité :

Une âme qui en fait une autre, un corps qui nourrit un autre corps en lui de sa substance.

Mon enfant est en moi et nous sommes ensemble avec vous.

Et nous prions tous à la fois pour ce pauvre peuple effaré et blessé et effacé qui m'entoure, afin qu'il se laisse panser et comprenne les conseils de l'hiver et de la neige et de la nuit.

Choses que je n'aurais pas entendues autrefois, avant qu'il y eût cet enfant en moi, alors que ma joie était au dehors.

Que la colère et la peur, la douleur, et la vengeance,

Cèdent aux mains enveloppantes de la neige et de la nuit.

— Ah ! je revois ces têtes sanglantes entre lesquelles j'ai dû passer et qui furent plantées de chaque côté du Pont Charles par l'ordre de mon mari !

(*Entre* SAINT BONIFACE, *précédé par un Frison trapu à la tête énorme comme d'un bœuf, il y a deux petites cornes qui poussent parmi ses cheveux roux tout bouclés.*)

SAINT BONIFACE : Et quel autre moyen y avait-il d'empêcher ce sot peuple de se donner à mes Saxons ? Fallait-il laisser le Moine-Noir s'installer au cœur de l'Europe pour y empoisonner les sources ? Qu'il demeure avec les feux follets au milieu de ses marécages et de ses tourbières !

Gloire à Dieu ! ce que Poitiers fut contre Mahomet, la Montagne-Blanche le fut contre les hérétiques !

Honneur à tous ces bons capitaines recrutés de tous les coins de la Chrétienté qui ont maintenu à Prague l'image de la Vierge Immaculée !

Leur tâche est faite, et moi, Saint Boniface, je reste avec la mienne qui est lourde. Ah ! ce n'est pas peu

de chose d'être apôtre des Saxons et l'évêque de ce
troupeau intérieur et enfermé, de ce peuple bouché et
qui fermente !

Dieu ne les a pas faits pour être ses bras, ou sa rame
sur la mer, ou cette aile à ses épaules,

Mais pour être foulés et comprimés sous ses pieds,
pour être de toutes parts pressés et gênés et empêchés,
mélangés à des peuples disparates et à des croyances
irréductibles, pour être éternellement en travail, la
matière éternellement à la recherche de sa forme, la
poussée éternellement mécontente de l'équilibre, et
comme ils aiment ce qu'on peut mettre dans son
ventre !

Entre ces deux grands fleuves, l'un qui va comme
sans le voir vers la mer et l'autre qui s'en retourne vers
l'origine et l'Asie,

Il y avait une masse hésitante et spongieuse, sans
forme, sans appel du dehors, sans vocation, sans destin
que ce brassage et que cette lente et sourde dilatation,

Un peuple habitué à ne pas voir autour de lui à
ses désirs opposées ces frontières que nature a faites
mais seulement la différence d'autres hommes et ces
langues qui ne se mêlent pas à la sienne.

Il faudra pour le connaître regarder son cœur car il
n'a point reçu de visage.

C'est moi qui ai apporté le Christ aux Saxons, et ce
que j'ai fait, c'est Luther qui l'a achevé en le défaisant.

Car d'aucun Saint il n'est écrit qu'il était nécessaire,
mais de Luther il fallait qu'il fût.

Et d'ailleurs comment auraient-ils vu longtemps le
Christ dans le brouillard ? et comment la chair touchée
n'importe où guiderait-elle comme font les yeux ?

Aux uns la vérité et pour les autres le remords et
l'inquiétude, et le mécontentement et le désir.

Je veux qu'il y ait un peuple plus rapproché de la
matière, et plus rabattu sur elle, et plus mélangé à

elle, et plus fait qu'aucun autre pour la pénétrer et pour en être pénétré,

Un peuple hors de tous les cadres secs et de toutes les nations rigides, qui soit à l'égard de toute chose à l'état de désir, une grande réserve au centre de l'Europe, semi-fluide, une négation confirmatrice, une poussée qui bourre et remplisse tout et qui maintienne tout ensemble, un homme intérieur et enveloppé en qui la parole de Dieu ne devienne pas aussitôt action, mais cuisson, fermentation profonde.

C'est pourquoi à ce moment où l'Europe conquiert la terre, et pour que son cœur suffise à tout ce corps nouveau, Dieu a mis cette contradiction au milieu d'elle. (*Il prend place sur son piédestal.*)

DONA MUSIQUE : L'ombre s'accroît, la lampe brûle, et j'entends autour de moi le gémissement de tous ces peuples qui cherchent arrangement entre eux dans la nuit.

Il fallait la nuit pour que cette lampe apparaisse, il fallait tout ce bouleversement autour de moi, ce monde autour de Prague où il n'y a plus rien à regarder,

Pour que, fermant les yeux, je trouve en moi mon enfant, cette simple petite vie qui commence !

Par la volonté de mon époux et par sa puissante épée l'avalanche de l'Europe qui s'effondre

A été arrêtée à moitié route, elle s'est divisée autour de cette mince colonne où se dresse l'image de Marie, et l'hiver étend son manteau sur les morceaux enchevêtrés de cette Chrétienté en débâcle !

Mon Roi est venu, il est là qui a obligé tout ce chaos à s'arrêter.

Il faudra bon gré mal gré que ces gens acceptent la tyrannie, comme ils disent, mais moi qui l'ai connue avant eux, je sais qu'elle est bonne, et c'est entre ses bras que cette vie nouvelle en moi prend origine.

Maintenant que le pouvoir en eux de faire le mal

est restreint, c'est alors que le bien captif est délivré.

Au lieu de tout ce mal qu'ils essayaient de se faire à grand labeur, mon Dieu, quelle surprise ce sera pour eux, toute cette joie qu'on n'avait qu'à leur demander pour qu'ils la donnent !

Voyez ce que les yeux d'une femme obtiennent ou rien que cette voix qui chante !

Mon Dieu, vous m'avez donné ce pouvoir que tous ceux qui me regardent aient envie de chanter ; c'est comme si je leur communiquais la mesure tout bas.

Je leur donne rendez-vous sur un lac d'or !

Quand on ne peut faire un pas sans trouver de toutes parts des barrières et des coupures, quand on ne peut plus se servir de la parole que pour se disputer, alors pourquoi ne pas s'apercevoir qu'à travers le chaos il y a une mer invisible à notre disposition ?

Celui qui ne sait plus parler, qu'il chante !

Il suffit qu'une petite âme ait la simplicité de commencer et voici que toutes sans qu'elles le veuillent se mettent à l'écouter et répondent, elles sont d'accord.

Par-dessus les frontières nous établirons cette république enchantée où les âmes se rendent visite sur ces nacelles qu'une seule larme suffit à lester.

Ce n'est pas nous qui faisons la musique, elle est là, rien n'y échappe, il n'y a qu'à s'adapter, il n'y a qu'à nous y enfoncer jusque par-dessus les oreilles.

Plutôt que de nous opposer aux choses il n'y a qu'à nous embarquer adroitement sur leur mouvement bienheureux !

Le Roi, mon maître, a apporté à ce pays l'immobilité et la paix, mais il a apporté aussi avec lui son épouse bien-aimée, et c'est ici sans visage que je veux m'arrêter toujours, moi, la Musique, lourde du fruit que je porte.

(*Entre* SAINT DENYS D'ATHÈNES *précédé d'un Ange pareil à ceux du Bernin qui porte une grande palme verte sur l'épaule.*)

ces Anges les uns par-dessus les autres que j'ai décrits,

SAINT DENYS D'ATHÈNES : Oui, qu'il fait bon dans cette église solitaire

— Vide de toute assistance autre que l'invisible officiellement suggérée par ces loges à droite et à gauche au-dessus de nous,

— Ecouter ce petit être qui prie de tout son cœur, les mains jointes et les pieds de son esprit déchaussés.

On ne voit que la lampe, un point de feu sur une goutte d'huile, mais pour elle la cavité de ce lieu est aussi redoutable

Que si, l'obscure fumée de ce monde entrouverte, elle

Envisageait le buisson ardent, ou le propitiatoire dans le tonnerre, ou l'Agneau sur son livre scellé.

Il fait bon l'entendre qui dit merci à Dieu, au milieu de ce monde à moitié chemin de la dissolution qui, pour un moment de mauvaise humeur, se résigne à la paix ; il lui semble qu'il n'y a qu'à laisser parler son cœur pour convier tous les êtres à ce cercle bienheureux !

Mais l'homme sait bien qu'il n'a pas été fait pour être heureux.

Il n'y a pas d'ordre au monde qui soit capable de l'emprisonner, il n'y a pas de roi que toutes ses puissances acceptent, il n'y a pas de mécanique adaptée à sa manière de bouger.

Cependant que l'Occident concerte quelqu'une de ses belles géométries, quelque loi, quelque système, quelque parlement, un roi si lourd qu'aucune pierre de l'édifice ne puisse lui échapper,

Tout à coup l'humanité est devenue distraite, à travers les saisons recommençantes elle a perçu la flûte neuve,

Elle ressent que la mélodie de ce monde qui jamais ne revient en arrière a changé, que la mesure n'est plus ça, un mot d'ordre différent lui est communiqué chez

Car il n'y a d'ordre qu'au ciel, il n'y a de musique
sinon là que celle de ce monde empêche d'entendre,

Il n'y a rien sur la terre qui soit fait pour le bonheur
de l'homme, et tout l'acharnement de tes Saxons, ô
Boniface, ne suffira pas à le trouver, cette tenace exploitation de la matière qui pour mieux la pénétrer se fait
informe comme elle.

Et c'est pourquoi existe pour tout savoir la mer des
Slaves, cet abîme sans aucun plan où l'Europe a ses
racines et qui toujours lui fournira son approvisionne-
ment de douleurs si elle en venait à manquer,

C'est là, loin de l'Océan qui ne parvient jusqu'à elle
que par de minces sondes, que par d'étroits guichets
fermés de serrures et de cadenas compliqués

Entrechoque ses flots une humanité qui n'a pas plus
de rivages que le purgatoire,

Dans le froid, dans la nuit, dans le vent, dans la
neige et la boue qui empêtrent les âmes et les pieds,
dans l'absence de toute direction autre que ce fleuve
rétrograde vers une Caspienne morte et de tout autre
but au-dessus de soi visible.

Ainsi à quoi est consacrée la plus grande partie de
l'humanité, sinon à constater autour d'elle son incompa-
tibilité avec tout ? et c'est là ce qui fait son tourment et
sa gloire.

Il n'y a rien à voir. Elle n'échappe à la torture que
pour subir l'ennui. Elle n'a qu'à regarder autour d'elle
pour avérer que rien de ce qui est présent ne lui suffit.

A l'orient de tout voilà le véritable niveau humain !
navigateur des cieux, voilà l'horizon de lourd mercure
qu'il me fallait trouver pour y construire par-dessus
mes observations.

Voilà pourquoi à la voix de Saint Paul j'ai quitté
Athènes, oh ! quel dégoût j'avais de toutes ces académies et de Madame Sainte Minerve, déesse des professeurs !

Je ne suis pas allé vers l'Est. J'ai compris que pour sauver l'Europe, pour fondre en un seul corps ce grand vaisseau qui battant les flots de ses ailes informes essaye de s'arracher à la terre, pour échapper à cette masse de boue, pour trouver la direction,

C'est la proue qu'il fallait, c'est à la pointe qu'il fallait me placer là où il n'y avait plus devant moi que les étoiles, c'est le monde entier qu'il fallait mettre derrière mon dos.

Et pour guider les hommes à travers les flots et la nuit quelle meilleure lanterne y avait-il que celle que fait à mon poing ma tête coupée ? (*Il prend place sur le piédestal.*)

DONA MUSIQUE : Mon Dieu, qui êtes aujourd'hui !

Mon Dieu, qui serez demain, je vous donne mon enfant, ô mon Dieu, il frappe en moi et je sais qu'il existe.

Qu'importe le présent quand déjà mon enfant en moi est tout formé ?

C'est en lui que je me multiplie comme un grain de froment qui nourrira des peuples entiers, c'est en lui que je me réunis et que je tends les mains de toutes parts à ces peuples qui ne sont pas encore,

Qu'ils sentent ma chair avec leur chair et dans leur âme mon âme qui ne fait aucun reproche à Dieu mais qui dit violemment Alleluia et merci !

Qu'importe le désordre, et la douleur d'aujourd'hui puisqu'elle est le commencement d'autre chose, puisque

Demain existe, puisque la vie continue, cette démolition avec nous des immenses réserves de la création,

Puisque la main de Dieu n'a pas cessé son mouvement qui écrit avec nous sur l'éternité en lignes courtes ou longues,

Jusqu'aux virgules, jusqu'au point le plus imperceptible,

Ce livre qui n'aura son sens que quand il sera fini.

C'est ainsi que par l'art du poète une image aux
dernières lignes vient réveiller l'idée qui sommeillait
aux premières, revivifier maintes figures à moitié faites
qui attendaient l'appel.

De tous ces mouvements épars je sais bien qu'il se
prépare un accord, puisque déjà ils sont assez unis pour
discorder.

Mon Dieu, faites que cet enfant en moi que je vais
planter en ce centre de l'Europe soit un créateur de
musique et que sa joie à toutes les âmes qui l'écoutent
serve de rendez-vous.

(*Entre* SAINT ADLIBITUM *précédé d'une sorte de Nymphe aux cheveux verts entremêlés de roseaux et tenant
une rame dorée.*)

SAINT ADLIBITUM : L'Europe dort sous la neige, ah !
elle a bien gagné ce petit moment de repos.

Mais bientôt voici que de nouveau ses forces rede-
viennent disponibles et que dans un recommencement
inépuisable elle ressent de toutes parts l'intérêt inépuisable de la mer.

J'aime cette région des sources où chaque goutte
d'eau qui tombe hésite entre les pentes qui lui sont
offertes, mais il en est une que je préfère.

Tous les fleuves vont vers la mer qui est semblable
au chaos, mais le Danube coule vers le Paradis.

C'est en vain qu'on nous dit qu'il n'y a plus de ce
côté que le désert, des empilements de montagnes si
hauts qu'on voit bien que ce n'est plus la mesure
humaine.

Sans doute il fallait que le Jardin primitif soit effacé,
comme une ville condamnée dont on retourne le sol
et dont on encombre les abords avec des pierres, comme
un cœur ravagé par la pénitence.

L'Espace du moins est resté libre et vacant, le Vent
de Dieu y souffle et jamais rien d'humain n'a pu s'y
établir.

C'est là qu'est la Patrie, ah ! de t'avoir quittée quelle est notre infortune ! c'est de là chaque année que revient le soleil et le printemps !

C'est là que fleurit la rose ! c'est là que tend mon cœur avec des délices inexprimables, c'est de ce côté qu'il écoute avec d'immenses désirs quand chantent le rossignol et le coucou !

Ah ! c'est là que je voudrais vivre ! c'est là que va mon cœur ! (*Il se dirige vers le piédestal.*)

SCÈNE II

DON FERNAND, DON LÉOPOLD AUGUSTE

En mer. 10° lat. N. × 30° long. O. Le fond de la scène est formé par une carte bleue et quadrillée de lignes indiquant les longitudes et les latitudes. DON FERNAND, DON LÉOPOLD AUGUSTE.

Tous les deux en vêtements noirs, petits mantelets, petites fraises et grands chapeaux pointus. Ils sont accoudés à la rambarde et regardent la mer.

DON FERNAND : La mer est toute parsemée de petites îles dont chacune est décorée d'un plumet blanc,

DON LÉOPOLD AUGUSTE : Nous sommes tombés, paraît-il, au milieu d'une migration de baleines. Baleines, m'a dit le commandant, est le terme vulgaire dont on désigne ces animaux, — *cetus magna.*

Leur tête qui est comme une montagne creuse toute remplie de sperme liquide montre dans le coin de la mâchoire un petit œil pas plus gros qu'un bouton de gilet et le pertuis de l'oreille est si étroit qu'on n'y fourrerait pas un crayon.

Vous trouvez ça convenable ? C'est simplement révoltant ! j'appelle ça de la bouffonnerie ! Et penser que la nature est toute remplie de ces choses absurdes, révoltantes, exagérées !

Nul bon sens ! nul sentiment de la proportion, de la mesure et de l'honnêteté ! On ne sait où mettre les yeux.

DON FERNAND : Et tenez ! en voici une qui s'est mise tout debout comme une tour et qui d'un tour de queue pivote pour embrasser l'horizon. Ce n'est pas plus difficile que ça !

Les jardins de Thétis sont tout remplis de cloches, bouillons, fontaines jaillissantes et fantaisies hydrauliques.

Comme ceux d'Aranjuez pendant les quinze jours par an où la pluie permet à l'imagination de l'architecte de fonctionner !

Dieu me pardonne ! je vois un de ces monstres qui s'est mis sur le flanc et un baleineau qui s'est accroché à son pis,

Comme une île qui se consacrerait à l'exploitation d'une montagne !

DON LÉOPOLD AUGUSTE : Révoltant ! dégoûtant ! scandaleux ! Là, là, sous mes yeux un poisson qui tette !

DON FERNAND : C'est un grand mérite à Votre Magnificence que de vous exposer à toutes ces rencontres incongrues,

Quittant cette chaire sublime à Salamanque d'où vous faisiez la loi à tout un peuple d'étudiants.

DON LÉOPOLD AUGUSTE : C'est l'amour de la grammaire, Monsieur, qui m'a comme ravi et transporté !

Mais peut-on aimer trop la grammaire ? dit Quintilien.

DON FERNAND : Quintilien dit ça ?

DON LÉOPOLD AUGUSTE : Chère grammaire, belle grammaire, délicieuse grammaire, fille, épouse, mère, maîtresse et gagne-pain des professeurs !

Tous les jours je te trouve des charmes nouveaux ! Il n'y a rien dont je ne sois capable pour toi !

La volonté de tous les écolâtres d'Espagne m'a porté ! Le scandale était trop grand ! Je me suis jeté aux pieds du Roi.

Qu'est-ce qui se passe là-bas ? qu'est-ce qui arrive au castillan ? Tous ces soldats à la brigande lâchés tout nus dans ce détestable Nouveau-Monde,

Est-ce qu'ils vont nous faire une langue à leur usage et commodité sans l'aveu de ceux qui ont reçu patente et privilège de fournir à tout jamais les moyens d'expression ?

Une langue sans professeurs, c'est comme une justice sans juges, comme un contrat sans notaire ! Une licence épouvantable !

On m'a donné à lire leurs copies, je veux dire leurs mémoires, dépêches, relations comme ils disent. Je n'arrêtais pas de marquer des fautes !

Les plus nobles mots de notre idiome employés à des usages autant nouveaux que grossiers !

Ces vocables qu'on ne trouve dans aucun lexique, est-ce du toupi ? de l'aztèque ? de l'argot de banquier ou de militaire ?

Et qui s'exhibent partout sans pudeur comme des Caraïbes emplumés au milieu de notre jury d'agrégation !

Et cette manière de joindre les idées ! la syntaxe pour les réunir a combiné maint noble détour qui leur permet peu à peu de se rapprocher et de faire connaissance.

Mais ces méchants poussent tout droit devant eux et quand ils ne peuvent plus passer, ils sautent !

Vous trouvez que c'est permis ?

Le noble jardin de notre langage est en train de devenir un parc à brebis, un champ de foire, on le piétine dans tous les sens.

Ils disent que c'est plus commode. Commode ! Commode ! ils n'ont que ce mot-là à la bouche, ils verront le zéro que je vais leur flanquer pour leur commode !

DON FERNAND : Voilà ce que c'est pour un pays que de sortir de ses traditions !

DON LÉOPOLD AUGUSTE : La tradition, vous avez dit le mot.

Comme on voit que vous avez fréquenté les livres de notre solide Pedro, comme nous l'appelons, le rempart de Salamanque, le professeur Pedro de las Vegas, plus compact que le mortier !

La tradition, tout est là ! dit ce sage Galicien. Nous vivons sur un héritage. Quelque chose dure avec nous que nous devons continuer.

Or quelle est la tradition de l'Espagne, je vous prie ? Elle se résume en deux noms, le Cid Campeador et Saint Isidore le Laboureur, la guerre et l'agriculture.

Dehors les Infidèles et dedans notre petit champ de pois secs.

Qu'est-ce que nous allions faire sur la mer ? qu'est-ce que nous sommes allés trafiquer sur ces terres aux noms épouvantables que les anciens n'ont pas connus et où nos hidalgos n'ont fait que gagner les sobriquets de racleurs de cuirs et de mâcheurs de cachous ?

Est-ce un bon et authentique Castillan qui nous a ainsi pris par la main pour nous mener au delà de la mer vers notre Couchant ?

C'est un Génois, un métèque, un aventurier, un fou, un romantique, un illuminé plein de prophètes, un menteur, un intrigant, un spéculateur, un ignorant qui ne savait pas regarder une carte, bâtard d'un Turc et d'une Juive !

Et cet autre, qui non content de découvrir une autre terre s'est mis en tête de nous apporter un autre Océan, comme si un seul déjà ne suffisait pas à nos pauvres mariniers,

7

Quel est son nom, je vous prie ? *Magalianhiche !*
Magellanus quidam.

Un Portugais renégat, sans nul doute pour nous éga-
rer soudoyé par le souverain de ce peuple perfide.

Tout cela pour ôter le respect de ses supérieurs au
vulgaire grossier en ne laissant ignorer à personne que
la terre est ronde et que moi,

Le Roi d'Espagne, les dames, les professeurs de
Salamanque, nous cheminons la tête en bas comme
mouches au plafond !

DON FERNAND : Encore si l'audace de ces malfaiteurs
s'arrêtait là ! Mais n'avez-vous pas ouï parler récem-
ment des idées de ce prestolet esclavon ou tartare, un
certain Bernique ou Bornique, chanoine de Thorn...

DON LÉOPOLD AUGUSTE : Arrêtez ! Ne serait-ce pas
plutôt Tours en France ou Turonibus dont Saint Mar-
tin fut évêque et où la maison Mame fabrique des
paroissiens ?

DON FERNAND : Non, il s'agit de Thorn en Suisse
où les gens parlent polonais.

DON LÉOPOLD AUGUSTE : C'est la même chose pour
moi. Ce sont toujours ces régions barbares d'Outre-
Pyrénées dont un bon Espagnol rougirait de savoir
même le nom.

La France, l'Allemagne, la Pologne ce sont toujours
ces brumes d'outre-monts qui de temps en temps viennent offusquer notre clair génie espagnol.

Que dit Borniche ? Parlez sans peur, gentilhomme, je
suis prêt à tout. Allez, je vous donne audience.

DON FERNAND : Il dit — j'ose à peine répéter une
idée si ridicule, —

La Terre, — il dit que ce n'est pas le Soleil qui
tourne autour de la Terre, mais la Terre... (*Il rit modes-
tement derrière son gant.*)

DON LÉOPOLD AUGUSTE : Achevez, la Terre qui tourne
autour du Soleil. Il n'y a qu'à prendre le contrepied

de ce que pensent tous les braves gens, ce n'est pas plus difficile que ça !

C'est ainsi qu'on s'acquiert pas cher un triste renom d'originalité.

Heureusement que de temps en temps on pousse la farce trop loin. Pour voir que c'est bien le Soleil qui tourne autour de la Terre, il suffit tout de même d'ouvrir les yeux. Il n'y a pas besoin de calculs, il suffit de notre gros bon sens espagnol !

DON FERNAND : Je hais ces fabricateurs de théories. Ce sont des choses qu'on n'aurait pas permises autrefois.

DON LÉOPOLD AUGUSTE : Vous l'avez dit, cavalier ! Il devrait y avoir des lois pour protéger les connaissances acquises.

Prenez un de nos bons élèves par exemple, modeste, diligent, qui dès ses classes de grammaire a commencé à tenir son petit cahier d'expressions,

Qui pendant vingt années suspendu aux lèvres de ses professeurs a fini par se composer une espèce de petit pécule intellectuel : est-ce qu'il ne lui appartient pas comme si c'était une maison ou de l'argent ?

Et au moment qu'il se prépare à jouir en paix des fruits de son travail, où il va monter en chaire à son tour,

Voilà un Borniche ou un Christoufle quelconque, un amateur, un ignorant, un tisserand qui fait le marin, un chanoine frotté de mathématiques, qui vient foutre tout en l'air,

Et qui vous dit que la terre est ronde, que ce qui ne bouge pas bouge et que ce qui bouge est ce qui ne bouge pas, que votre science n'est que paille et que vous n'avez qu'à retourner à l'école !

Et alors toutes les années que j'ai passées à apprendre le système de Ptolémée, à quoi est-ce qu'elles m'ont servi, s'il vous plaît ?

Je dis que ces gens sont des malfaiteurs, des brigands, des ennemis de l'Etat, de véritables voleurs !

DON FERNAND : Peut-être des fous simplement.

DON LÉOPOLD AUGUSTE : S'ils sont fous, qu'on les enferme! s'ils sont sincères, qu'on les fusille ! Voilà mon opinion.

DON FERNAND : J'ai toujours entendu mon feu père me recommander de craindre les nouveautés.

« Et d'abord », ajoutait-il aussitôt, « il n'y a rien de nouveau, qu'est-ce qu'il peut y avoir de nouveau ? »

Je serais encore plus fort de cet avis si je n'y sentais je ne sais quoi de malpropre et qui ne s'ajuste pas.

DON LÉOPOLD AUGUSTE : C'est que vous allez trop loin et que vous n'avez pas bien lu le solide Pedro.

Non, non, que diable, on ne peut pas rester éternellement confit dans la même confiture !

« J'aime les choses nouvelles », dit le vertueux Pedro. « Je ne suis pas un pédant. Je ne suis pas un rétrograde.

« Qu'on me donne du nouveau. Je l'aime. Je le réclame. Il me faut du nouveau à tout prix. »

DON FERNAND : Vous me faites peur !

DON LÉOPOLD AUGUSTE : « Mais quel nouveau ? » ajoute-t-il. « Du nouveau, mais qui soit la suite légitime de notre passé. Du nouvau et non pas de l'étranger. Du nouveau qui soit le développement de notre site naturel.

« Du nouveau encore un coup, mais qui soit exactement semblable à l'ancien ! »

DON FERNAND : O sublime Guipuzcoan ! ô parole vraiment dorée ! je veux l'inscrire sur mes tablettes.

« Du nouveau encore un coup, mais qui soit exactement semblable à l'ancien. »

Heureuse opposition de termes qui se contrepèsent ! Condiment de notre sagesse castillane ! Fruit d'un sol

profondément pénétré de la culture classique ! Grappe
de nos petits coteaux modérés !

DON LÉOPOLD AUGUSTE : Voilà ce que c'est qu'un
esprit imprégné des moelleuses disciplines de notre
Université !

Je veux des hommes comme lui, résolument arrêtés
à ses frontières naturelles, aux frontières de notre Espagne dieudonnée !

Vous dirai-je toute ma pensée ? L'Espagne se suffit
à elle-même, l'Espagne n'a rien à attendre du dehors.

Qu'ajouter à nos vertus espagnoles ? à notre pur
génie espagnol ? à la beauté de nos femmes, aux pro-
ductions de notre sol, au charme de notre commerce ?

Hélas ! si nos compatriotes seulement se connais-
saient, s'ils se faisaient justice, s'ils se rendaient compte
des bienfaits qu'ils ont reçus du ciel !

Mais ils ont un grand, un impardonnable défaut,

Ce damnable penchant à toujours se rabaisser et à
dire du mal d'eux-mêmes !

DON FERNAND : Que de fois n'ai-je pas gémi de ce
funeste don de la critique. Elle n'épargne même pas
mon illustre parent, le Vice-Roi des Indes, que je vais
présentement rejoindre.

DON LÉOPOLD AUGUSTE : Je ne savais pas que Don
Rodrigue fût votre parent.

DON FERNAND : Il n'est pas, si vous voulez, mon
parent, mais mon allié plutôt,

Un allié, si je peux dire, par le sang. (*Il rit modeste-
ment.*)

Nul n'ignore qu'en effet il fit jadis au fiancé de
ma sœur, cavalier plein de promesses, Don Luis,
un trou,

Je veux dire l'honneur d'un excellent coup de pointe,
au cours d'une bagarre obscure qui lui-même au Styx
faillit le faire boire beaucoup.

Plus tard Dona Isabel épousa Don Ramire que la

faveur du Vice-Roi promptement éleva aux premières places,

A tel point que d'en faire son autre, si je peux dire, Ego.

DON LÉOPOLD AUGUSTE : Ce n'est pas un moyen sûr de lui succéder.

DON FERNAND : Il ne pense pas à lui succéder. Nous ne pensons pas encore à lui succéder.

Mais il peut lui faire entendre de sages conseils. Il a le devoir de s'affirmer.

J'apporte l'air de Madrid. Le Vice-Roi n'est pas aimé à Madrid. Il y a si longtemps qu'il est parti ? Il est devenu cet homme d'outre-monde dont personne n'a entendu la voix ni regardé la figure,

DON LÉOPOLD AUGUSTE : Cette idée de relier les deux mers par un canal, je vous prie, qu'en disent les ingénieurs et les financiers ?

DON FERNAND : Ce n'est pas tout à fait aussi ridicule. Il s'agit seulement, si j'ai compris, d'une espèce de chemin

Par lequel au moyen de câbles et de je ne sais quelles manigances hydrauliques

On ferait passer les navires, assujettis sur des espèces de chars, d'un hémisphère à l'autre.

DON LÉOPOLD AUGUSTE : Et voilà où va l'argent de l'Espagne dont nous aurions tant besoin pour l'Enseignement supérieur !

Des navires ou des chars cavalcadant par-dessus les montagnes, fort bien !

C'est dans l'ordre ! c'est dans l'ordre ! Quand un tisserand fait le marin, un Vice-Roi peut bien faire l'ingénieur.

DON FERNAND : Comme vous dites, c'est autant d'argent de moins pour Madrid. Les remises des Indes ont faibli.

Et les plaintes de rapine et de violence que nous

recevons de tous les coins de l'Amérique ! Ces exactions épouvantables ! Tous ces peuples qu'on ramasse à la manière de Pharaon pour les jeter dans la tranchée de la Culebra !

DON LÉOPOLD AUGUSTE : Cela fait frémir.

DON FERNAND : Tout cela au lieu de marcher dans la voie sûre de ses prédécesseurs. Un enfant comprendrait qu'on ne peut rien faire de nouveau sans mettre contre soi ce qui existe.

DON LÉOPOLD AUGUSTE, *avec emphase : Nemo impune contra orbem !*

DON FERNAND : Toutefois il a pour lui le Roi qui l'aime et qui ne le renverra jamais. Une erreur trop longue ne peut plus s'avouer.

DON LÉOPOLD AUGUSTE : Je sens que vous voulez ajouter quelque chose.

DON FERNAND : Que diriez-vous si notre Vice-Roi se donnait à lui-même congé ?

DON LÉOPOLD AUGUSTE : Lui-même à lui-même ?

DON FERNAND : Lui-même de lui-même à lui-même. (*Il sort un papier de sa poche.*)

DON LÉOPOLD AUGUSTE : Qu'est-ce que c'est que ce papier ?

DON FERNAND : N'avez-vous jamais ouï parler de la fameuse *lettre à Rodrigue* ?

DON LÉOPOLD AUGUSTE : Si fait. Mais j'ai toujours cru que c'était une espèce de proverbe ou paradigme pour les écoliers,
Comme l'épée de Damoclès et la Maison que Pierre a bâtie.

DON FERNAND : La voici. Vous pouvez lire l'adresse.

DON LÉOPOLD AUGUSTE : Mais elle est cachetée.

DON FERNAND : Si on l'ouvrait, elle perdrait toute sa puissance.

DON LÉOPOLD AUGUSTE : Qui vous l'a procurée ?

DON FERNAND : Un moine qui la tenait d'un client le matin pendu.

Son histoire est singulière depuis le jour qu'à Mogador la personne que vous savez

L'a remise à un certain galérien fugitif qui un mois plus tard à Palos

Ayant perdu jusqu'à sa chemise, eut l'idée de la fournir comme enjeu,

Pour, l'argent de toute la compagnie raflé, périr deux heures après d'un coup de couteau.

Et depuis dix ans la lettre passe ainsi de main à l'autre,

De Barcelone à Macao, d'Anvers à Naples,

Apportant à celui qui comme ressource dernière l'abat sur la table,

Le succès, du trépas incontinent suivi.

Il n'est que temps de la faire enfin parvenir à son destinataire.

DON LÉOPOLD AUGUSTE : Mais que savez-vous de l'effet qu'elle fera ?

DON FERNAND : Eh bien ! je risque ma chance.

DON LÉOPOLD AUGUSTE : Cette lettre qui peut décider de son départ,

Croyez-vous que le Vice-Roi la recevra de vos mains sans soupçon ?

DON FERNAND : Eh, c'est là ce qui me gratte un peu !

DON LÉOPOLD AUGUSTE : Donnez-la-moi. Si le Vice-Roi part, tant mieux.

S'il reste, ce sera pour moi une bonne introduction dans l'esprit de Son Altesse.

DON FERNAND : Il fera de vous son directeur de l'Enseignement. L'ancien vient juste de crever.

DON LÉOPOLD AUGUSTE : Je sens en moi l'étoffe d'un véritable Empereur de l'Instruction publique.

DON FERNAND : Vous pouvez compter sur moi pour vous soutenir. En ce qui me concerne,

— Vous savez que j'ai composé quelques petits ouvrages dont je me suis permis de porter dans votre chambre la pile, —

Quand il y aura une place à l'Académie, puis-je espérer d'y occuper un pupitre à l'ombre de Votre Magnificence ?

DON LÉOPOLD AUGUSTE : Parlons de Don Ramire.

SCÈNE III

LE VICE-ROI, ALMAGRO

En mer au large de l'Orénoque. Le pont du vaisseau-amiral. Au loin une terre couverte de riches plantations d'où s'élèvent des colonnes de fumée, un fort avec la factorerie qu'il domine et toute une série de villages, qui brûlent. Un ciel bas et chargé de pluie. On voit sur la mer plusieurs bateaux à l'ancre ou déjà appareillant pour partir. Des chaloupes surchargées leur amènent toute la population des villages razziés.

LE VICE-ROI : Almagro, vous serez pendu.

ALMAGRO : Je demande d'abord à être jugé, et ensuite, si l'on me reconnaît coupable,
Décollé comme il convient à un homme noble.

LE VICE-ROI : Pendu, comme il convient à un traître.

ALMAGRO : Je ne suis pas un traître. J'ai défendu contre vous le bien du Roi, cette terre que j'ai faite et qui lui appartient.

LE VICE-ROI : Le bien du Roi est l'obéissance de ses fils.

ALMAGRO : Ce n'est pas avec l'obéissance que j'ai fait cette nouvelle Carthage !

Ce n'est pas votre argent que j'avais dans la poche pour commencer, mais le mien, celui de mes amis !

Et celui que j'ai été chercher loyalement l'épée au poing et qui m'appartenait dans la poche de mes ennemis.

Quand j'ai débarqué le premier sur ces rivages au milieu des moustiques et des caïmans, ce n'était pas pour vous faire plaisir.

Ce besoin furieux à travers le chaud, la faim, la maladie, le supplice des insectes, ce n'était pas un autre qui me l'avait donné. C'était mon idée que je poursuivais.

Quand je creusais les canaux, quand je tapais sur les pilotis, quand je construisais des ponts, des chantiers et des moulins, quand je remontais les fleuves, quand je traversais les forêts, — oui, ces jours où j'allais tout seul en avant, comme un maniaque, comme un idiot, sans pain, sans eau, tout le monde mort derrière moi,

Quand je faisais des traités avec les sauvages, quand je déchargeais sur mes plantations les cargaisons de noirs que j'avais été écumer sur la mer, quand je divisais la terre entre mes fils,

Ce n'était pas un autre qui m'avait donné des ordres sur un papier, c'est le secret entre moi et Dieu, c'était ce besoin sacré qu'il avait mis dans mon cœur.

LE VICE-ROI : Alors explique-moi un peu, Almagro. Qui te poussait ? Toutes ces choses que tu as faites, quel avantage et quel bien espérais-tu en retirer ?

ALMAGRO : Je ne sais. Je n'y ai jamais réfléchi. C'est comme l'instinct qui vous jette sur une femme.

Non pas poussé, plutôt c'était quelque chose en avant qui me tirait.

Il me fallait posséder cette terre, entrer dedans. C'était le commencement indispensable de quelque chose.

LE VICE-ROI, *montrant la terre* : Regarde. Elle est détruite.

ALMAGRO, *la contemplant longuement* : Elle est détruite.

LE VICE-ROI : La vase comblera tes canaux. Les bêtes ravageront tes plantations. La brousse repoussera vite. C'est fini.

En deux ans, de l'œuvre et du nom d'Almagro il ne restera plus trace.

ALMAGRO : C'est déjà triste de voir une chose vieille qui s'écroule,

Mais quelle joie avez-vous de détruire cette créature nouvelle et qui commençait ?

LE VICE-ROI : C'est vrai, j'ai de la joie de voir ce feu qui dévore ton œuvre. Elle aurait été plus mince encore que j'aurais été la rechercher. Oui, j'ai de la joie de détruire cette œuvre qui s'était permis d'exister sans moi.

ALMAGRO : Vous ne m'avez jamais compris.

LE VICE-ROI : Et qui donc aurait été mieux capable de te comprendre ? Qui t'a plus regardé depuis dix ans et avec de meilleurs yeux ? J'ai essayé quelque chose de ce genre une fois en Floride.

Je me faisais instruire de toi. Oui, je t'ai même aidé parfois sans que tu le saches.

Je connais ton courage, ton jugement, ton profond sérieux, ta justice pour les Indiens et les nègres,

— Ton damnable orgueil, ta haine pour moi, ton injustice pour moi, oui, c'était peut-être cela en toi que j'aimais le plus.

ALMAGRO : Vous aviez toute l'Amérique pour vous, ne pouviez-vous me laisser ce coin de l'Orénoque ?

LE VICE-ROI : L'Orénoque aussi est à moi et il s'est trouvé tout à coup que j'en ai eu besoin.

Il me fallait absolument des travailleurs, Almagro, je n'avais pas le choix.

ALMAGRO : Pour le chemin chimérique entre les deux Mers ?

LE VICE-ROI : Ne juge pas ce que tu ne peux comprendre.

Tu n'avais qu'un domaine à créer et j'ai à faire un monde.

ALMAGRO : Et moi, je crois que vous étiez jaloux du pauvre Almagro.

LE VICE-ROI : Il est vrai.

Et tu me disais tout à l'heure que je ne t'avais pas compris !

Si je n'avais pas compris ton œuvre, comment en aurais-je été jaloux ?

ALMAGRO : Comment comprendre ce qu'on n'aime pas ?

LE VICE-ROI : Et comment aurais-je aimé cette œuvre stupide qui était là pour nous interdire la seule chose que je désirais ?

ALMAGRO : Quelle est cette chose ? (*Silence.*)

LE VICE-ROI : Ton amitié Almagro.

ALMAGRO : L'amitié d'un homme que vous allez pendre ?

LE VICE-ROI : Mon fils, as-tu pu prendre au sérieux cette plaisanterie ?

Eh quoi ! tuer mon Almagro ? Rretrancher mon bras droit ! détruire un tel rival quand je ne veux cesser chaque jour de triompher de lui,

Lui faisant à mon côté une part presque semblable à la mienne !

ALMAGRO : Je ne veux pas vous servir.

LE VICE-ROI : Le malheur est que je n'ai pas d'autre choix sinon que tu me serves.

ALMAGRO : Je n'ai jamais su ce que c'est que de servir un autre.

LE VICE-ROI : Tu verras comme c'est intéressant de l'apprendre.

ALMAGRO : J'aime mieux être pendu.

LE VICE-ROI : Est-ce ainsi que tu apprécies l'honneur que je t'ai fait de m'occuper de toi ?

ALMAGRO : Je ne vous demandais que de me laisser tranquille où j'étais.

LE VICE-ROI : Pourquoi parler ainsi quand chacune de tes actions n'avait pour but que de me défier et de me provoquer ?

ALMAGRO : Certainement j'aurais fait plus que vous si j'avais eu les mêmes chances.

LE VICE-ROI : Et tu veux que je laisse un homme pareil sur les rives de cette Orénoque ?

ALMAGRO : S'il ne vous faut que ma haine, je suis à vous.

LE VICE-ROI : La haine peut te mener loin, Almagro. Combien de gens sont morts à mon service, regrettant le jour où ils ont commencé à me détester !

ALMAGRO : Vous êtes un homme injuste et cruel.

LE VICE-ROI : Si je n'étais injuste et cruel, tu ne m'aimerais pas autant.

ALMAGRO : Ah ! que n'ai-je une arme à la main pour vous faire payer cette dérision !

LE VICE-ROI : Je ne demande qu'à te donner cette arme.

Regardez ce mauvais enfant qui voudrait me mordre parce que j'ai donné un coup de pied dans ses soldats de plomb,

Quand il devrait me remercier que je sois allé le rechercher au bord de sa sale Orénoque.

Almagro, tu t'es trompé de cent ans. Dans cent ans il sera temps de prendre la charrue, maintenant c'est avec le glaive que nous devons labourer.

Laisserai-je mon lion plus longtemps brouter l'herbe comme une bête à cornes ?

Là où mon Amérique finit, là où, se dirigeant vers

le Pôle, elle s'effile comme une aiguille toute parcourue de tremblements magnétiques,

Là est la part que je t'ai réservée. Ceins la cuirasse, Almagro ! boucle l'épée sur ta cuisse ! Est-ce qu'il s'agit de cultiver tandis qu'il y a devant toi cet Empire tout en or qui t'attend et dans la nuit antarctique ces défenses monstrueuses à escalader ?

Là où le monde s'arrête, c'est là que toi-même tu t'arrêteras.

C'est à toi qu'il est réservé de fermer les portes de l'Inconnu et dans la tempête et le tremblement de terre de poser le mot FIN à l'aventure de Colomb.

Au-dessous de la ligne que je te montrerai sur la carte, prends tout et tâche de le garder si tu peux.

A Panama il y a tout un parti de jeunes furieux et de vieux désespérés qui t'attend. Je les ai choisis pour toi.

Quand tu en auras fait tuer la moitité, avec l'autre tu entreras dans le temple maudit du démon,

Tu fouleras sous tes pieds les os secs des peuples perdus, tu arracheras ses plaques d'or à la statue de Vitzliputzli.

Et ne crains pas que jamais les adversaires te manquent. Dans le brouillard, dans la forêt, dans le repli des montagnes affreuses, je t'en ai ménagé de tels qu'ils suffiront.

Je ne veux pas que tu meures dans un lit, mais navré de quelque bon coup, seul, au sommet du monde, sur quelque cime inhumaine, sous le ciel noir plein d'étoiles, sur le grand Plateau d'où tous les fleuves descendent, au centre de l'épouvantable Plateau que jour et nuit ravage le Vent planétaire !

Et nul jamais ne saura où le corps d'Almagro est couché.

ALMAGRO : C'est toute l'Inde au Sud de Lima que vous m'offrez ?

LE VICE-ROI : Elle est là qui ne fait que t'attendre.

ALMAGRO : J'accepte. Tant pis pour vous.

LE VICE-ROI : Prends ce bout de mon Amérique. Attrape-la par la queue. Je fais attention à toi.

Pour toi, si tu ne veux pas m'aimer, travaille à me haïr davantage. Je ferai que tu n'en manques pas de sujets.

SCÈNE IV

TROIS SENTINELLES

Le chemin de ronde sur les remparts de Mogador. Entre les créneaux la mer illuminée par le clair de lune.

PREMIER SOLDAT : Ecoute ! ça recommence !

DEUXIÈME SOLDAT : Je n'entends rien.

TROISIÈME SOLDAT : Y a pas de danger que nous entendions encore quelque chose. Bon Dieu ! j'en ai plein la malle. Oh là là ! mais quel cri qu'il a poussé !

DEUXIÈME SOLDAT : Un cri comme ça, c'est quand on touche la fibre.

PREMIER SOLDAT : Quelle fibre ?

DEUXIÈME SOLDAT : Ct'affaire que cherchent les bourreaux. Chez les uns, elle est ici, chez les autres pas. La fibre, quoi.

TROISIÈME SOLDAT : Maintenant c'est fini pour Don Sébastien. I s'en fout.

PREMIER SOLDAT : *De profundis.*

DEUXIÈME SOLDAT : Saint Jacques qu'il avait toujours sur lui dans sa poche lui fera passer la douane.

TROISIÈME SOLDAT : Pauvre Don Sébastien !

PREMIER SOLDAT : Dis pas les noms.

TROISIÈME SOLDAT : C'est vrai qu'i nous avait salement trahis.

DEUXIÈME SOLDAT : Quoi faire autre chose ? Du moment où c'te foutue chienne de Prouhèze...

PREMIER SOLDAT : Dis pas les noms.

DEUXIÈME SOLDAT : ... du moment où notre vieille épousait notre vieux, i n'avait plus qu'à se sauver. Et où c'est qu'i se serait sauvé autre part que chez les Turcs ?

TROISIÈME SOLDAT : J'en ferais sacré bien autant si je pouvais.

PREMIER SOLDAT : Parle pas si fort ! Tu sais que notre vieux se promène souvent la nuit. Il a beau se mettre en blanc avec un manteau noir, on le voit tout de même. Il a ses deux yeux qui brillent comme ceux d'un chat.

TROISIÈME SOLDAT : Espère un peu que je l'attrape dans un bon coin ! Que je sois petit poisson si je ne lui flanque pas un coup de fusil !

DEUXIÈME SOLDAT, *sautant sur son fusil* : Qui va là ?

SCÈNE V

LA LOGEUSE, DON LÉOPOLD AUGUSTE

Mais il est bien clair que nous ne pouvions refuser plus longtemps à l'imagination de nos spectateurs, là-haut, tout près des cintres, cette rangée de fenêtres dans un plâtras agréablement rose ou bleu d'une maison de Gênes transportée pour les besoins de la couleur locale à Panama. Chacune est décorée d'une ficelle où pendent des piments et des aulx. Au milieu un petit balcon.

L'apparence corporelle de DON LÉOPOLD AUGUSTE *est réduite à son pourpoint rattaché par des aiguillettes au haut-de-chausses. Cela ne l'empêche pas, tout gonflé d'air et suspendu au bout d'une canne à pêche, d'exécuter dans la bonne brise de l'après-midi une espèce de danse personnelle autant majestueuse que gaillarde.*

LA LOGEUSE, *tapant sur Don Léopold Auguste avec une canne* : Pan ! pan ! pan !

DON LÉOPOLD AUGUSTE, *émettant un petit jet de poussière à chaque coup* : Pouf ! pouf ! pouf !

LA LOGEUSE, *tapant et retapant* : Pan ! pan ! Je n'aurais jamais cru qu'il tienne autant de poussière dans un savant. Pan ! attrape ça, mon vieux Philippe Auguste !

Ce n'est pas de chance tout de même ! A peine arrivé

depuis deux jours à Panama et couic ! le temps d'enlever son chapeau pour se torcher la tête,

Un trait de l'archer Apollon, comme disait Monsieur le Greffier de la Justice de paix,

Vous l'a couché tout noir sur le pavé. Encore un à qui la lettre à Rodrigue n'a pas porté la chance ! Alors pourquoi tiens-tu tellement à la garder ? Donne-la-moi, Léopold ! laisse-la tomber !

Tu ne veux pas ? Je t'en prie ! (*Elle tape.*) Je t'en supplie ! (*Elle tape.*) Il me faut absolument cette lettre pour que la pièce continue et qu'elle ne reste pas bêtement suspendue entre ciel et terre.

Tu vois bien là-dessous ce monsieur et cette dame tristement qui nous attendent.

Je soumets humblement ma requête à la bienveillante attention de Votre Magnificence. (*Elle tape.*)

Vous direz que je n'aurais qu'à mettre la main dans Philippe Auguste pour prendre la lettre.

Mais je n'ose pas, cela me porterait malheur.

J'aime mieux qu'il s'en défasse naturellement et de lui-même, comme prunier de sa prune. (*Elle tape.*)

Pan, pan et pan ! Pan, pan et pan ! Pan, pan et pan !

DON LÉOPOLD AUGUSTE, *agité, mais toujours important* : Pouf ! pouf ! pouf ! pouf ! pouf ! pouf ! (*La lettre tombe.*)

LA LOGEUSE : Ça y est ! Encore un petit coup pour finir ! Pan ! pan !

DON LÉOPOLD AUGUSTE : Pouf !

La toile du fond avec LA LOGEUSE *d'abord et* DON LÉOPOLD AUGUSTE *ensuite est entraînée vers les cintres. On voit apparaître les cimes d'une vague verdouillade tropicale. Puis montent en commençant par les chapeaux auxquels succèdent les figures et les corps, enfin les images peintes dans la toile de*

SCÈNE VI

DON RAMIRE, DONA ISABEL

Assis sur un banc, tous deux en noir et absolument de l'époque, pareils à des figures de tarots. Leurs visages au-dessus des corps peints passent à travers des trous.

DON RAMIRE, *d'une voix caverneuse*. — Le Vice-Roi ne m'aime plus.

DONA ISABEL : Eh quoi ! c'est au moment qu'il vient de vous donner le gouvernement du Mexique,

Un royaume dix fois plus grand et plus beau que l'Espagne, avec ses mines et ses plantations et le pétrole, et cette ouverture au Nord sur l'Infini,

Que je vous entends vous plaindre : le Vice-Roi ne m'aime plus ?

DON RAMIRE : S'il m'aimait, il ne m'éloignerait pas ainsi de sa personne.

DONA ISABEL : N'est-ce pas vous-même qui avez demandé le Mexique ?

DON RAMIRE : Je vous l'ai laissé demander.

DONA ISABEL : Pourquoi me l'avez-vous laissé demander ?

DON RAMIRE : Je vous l'ai laissé demander pour voir.

DONA ISABEL : Pour voir quoi ?

DON RAMIRE : Le crédit dont vous jouissiez dans l'esprit de Son Altesse.

DONA ISABEL : Accusez bien plutôt votre disposition jalouse et tourmentée,

Cette mélancolie qui vous fait taquiner et provoquer la chose même que vous redoutez le plus.

DON RAMIRE : Vous lui plaisez plus que moi.

DONA ISABEL : L'ai-je voulu ? Et croyez-vous que j'aie une raison si forte de l'aimer quand c'est à lui que je dois d'être votre femme ?

DON RAMIRE : Il est vrai. Laissez-moi méditer sur ce texte un petit moment.

DONA ISABEL : Il ne m'aime pas.

DON RAMIRE : Nous voyons cependant qu'à toute heure vous avez accès près de lui.

DONA ISABEL : Ses chiens de même. Que de fois suis-je entrée et sortie sans qu'il s'en aperçût ! Il n'y a que quand je chante qu'il m'écoute.

DON RAMIRE : Vous n'avez eu qu'à lui parler de votre santé qui exigeait le climat de l'altitude, et le lendemain il me faisait proposer le Mexique.

DONA ISABEL : Oui, c'est bien là son étrange indifférence ! Penser que la veille même il m'avait montré tant de confiance et d'abandon ! Un Rodrigue presque caressant ! Et puis je n'ai eu qu'à dire un seul mot !

Il est vrai, je n'aurais pas cru qu'il me congédierait si aisément.

DON RAMIRE : Ce n'est pas à vous qu'il en veut. C'est moi qui l'ai offensé.

DONA ISABEL : Toujours cette anxiété maladive !

DON RAMIRE : Ah ! je ne puis supporter l'idée de son mépris !

DONA ISABEL : Combien de fois vous ai-je entendu l'accuser et le maudire !

DON RAMIRE : Un regard, un sourire de lui me faisaient tout oublier.

DONA ISABEL : Croyez-vous qu'il ait aucun souci de
vous ou de moi ?

DON RAMIRE : Je sais seulement que la vie sans lui
est une chose impossible !

Quand il arrête sur moi son œil profond, quand je
vois qu'il me voit, il y a quelque chose en moi qui se
met au port d'armes.

Dieu lui a donné sur moi une espèce de droit et
d'autorité en sorte que ce qu'il demande a cessé de
m'appartenir.

DONA ISABEL : Que deviez-vous donc faire ?

DON RAMIRE : C'est cette place de Directeur des
Travaux du Chemin Royal que j'aurais dû demander.
C'est cela qui touche à son cœur.

DONA ISABEL : Que ne vous l'a-t-il proposée ?

DON RAMIRE : C'était à moi de proposer. Il m'attendait.

DONA ISABEL : Eh quoi ! cette place où l'on est sûr
de mourir en quelques mois, il fallait que vous la sol-
licitiez comme une faveur ?

DON RAMIRE : Ah ! je lui reproche d'avoir pris trop
au sérieux ce moment de faiblesse !

DONA ISABEL : Quelle faiblesse ?

DON RAMIRE : Un moment, un seul moment de faiblesse ! Ah ! je me reproche de vous avoir laissée lui
demander le Mexique !

Pourquoi se montre-t-il si soudain et inexorable ?
Déjà il aura donné cette place de Panama à un autre.

Pourquoi me méprise-t-il ainsi ? qu'ai-je fait pour
qu'il m'ait cru incapable de donner ma vie pour
lui ?

DONA ISABEL : Devais-je mourir également ?

DON RAMIRE : Vous n'aviez qu'à repartir avec les
enfants en Espagne.

DONA ISABEL : Je vois que je suis peu auprès de lui, pour vous.

DON RAMIRE : J'ai droit sur vous, mais il a droit sur moi.

DONA ISABEL : Eh bien, je m'en vais de ce pas lui dire que vous ne voulez pas du Mexique.

DON RAMIRE : Cela ne servira de rien. Il ne pardonne pas dans les gens qui le servent l'hésitation.

Les gens qui comme moi ont eu le temps de le connaître. Il m'a rejeté, c'est fini. Il n'aime pas les gens qui se repentent.

DONA ISABEL : Il t'a rejeté ? Nous le rejetterons aussi.

Il est temps de vivre par toi-même. Il y a assez longtemps que tu as été fasciné et capté par cet astre malfaisant.

Ramire, je ne vous aime pas, mais je vous suis profondément associée. Nous n'irons pas au Mexique.

Il ne s'agit pas de s'en aller, il faut que lui s'en aille. Il faut que Rodrigue disparaisse qu'il cesse absolument d'être là.

La place qu'il occupait, il faut que tu la prennes.

DON RAMIRE : Eh quoi, lui prendre l'Amérique ? ce serait lui enlever plus que sa femme.

DONA ISABEL : Que diriez-vous si lui-même l'abandonnait ?

DON RAMIRE : Il ne nous abandonnera pas. Il est avec nous pour toujours. Je crois en lui.

DONA ISABEL : Grand Dieu ! que n'ai-je la lettre à Rodrigue ?

DON RAMIRE : Cette lettre que votre frère avait apportée d'Espagne ?

DONA ISABEL : Et qu'il a remise par superstition à cet imbécile

Qu'un rayon de soleil a ce matin éteint.

DON RAMIRE : Il vaut mieux que cette lettre soit perdue.

DONA ISABEL : Vous redoutez l'épreuve pour votre idole ?

DON RAMIRE : Je ne crains rien !

DONA ISABEL : Donnez-moi seulement la lettre à Rodrigue. (*La lettre tombe. Un machiniste la ramasse et la place devant les yeux de Don Ramire.*)

DON RAMIRE : Prenez-la, Madame. La voici.

SCÈNE VII

DON CAMILLE, UNE SERVANTE

Mogador. Une tente sur le sable au bord de l'Océan.
A l'intérieur une chambre qu'éclaire faiblement une
lampe suspendue. Des tapis par terre. Dans le fond
une tenture formée d'un voile très léger.

DON CAMILLE, *à demi-voix* : Dona Prouhèze est là ?

LA SERVANTE : Elle repose et m'a défendu de la
réveiller.

DON CAMILLE : Ouvrez cette tenture.

Je veux lui rendre ce grain de son chapelet qu'elle
avait perdu et que j'ai passé toute la journée à chercher. Le voici. (LA SERVANTE *ouvre la tenture. On voit*
DONA PROUHÈZE *étendue sur une couche basse. La*
lampe éclaire faiblement le bras allongé et la main
ouverte.) Elle tend la main comme pour recevoir cette
goutte d'eau que je lui rapporte. (*Il lui remet le grain*
de cristal dans la main.)

Comme c'est étrange ! Nous sommes seuls sous cette
tente et cependant il me semble qu'elle est remplie
d'une assistance innombrable.

Ainsi ce marabout que jadis je suis allé voir dans

l'Atlas et qui m'avait reçu dans une chambre sans lumière.

Je croyais être seul avec lui et tout à coup pendant que je parlais je m'aperçus que la pièce était remplie d'une foule invisible et serrée qui m'écoutait sans un son. (*Il sort.*)

SCÈNE VIII

DONA PROUHÈZE, *dormant* ;
L'ANGE GARDIEN

DONA PROUHÈZE : J'ai retrouvé le grain perdu ! Un seul grain. Mais pour un grain qui manque le lien de la prière est défait.

J'ai retrouvé mon numéro perdu. Ce petit caillou transparent. Je le tiens fort dans ma main. Cette larme thésaurisée. Ce diamant inaltérable. Cette perle unique.

L'eau retrouvée.

Cette goutte d'eau que convoitait le Mauvais Riche au bout du doigt de Lazare et qui est de tout le centuple. Cette espérance avec moi. La semence du jour futur. (*Sur l'écran au fond de la scène apparaît, d'abord vague, puis plus précise, l'image bleuâtre du Globe terrestre.*)

Mais ai-je dit que je tenais cette goutte d'eau ? C'est moi qui tiens en elle.

Quelqu'un l'a mise dans ma main, cette perle unique, ce grain essentiel sans quoi tout le chapelet des cieux serait défait !

La Terre qui dit *Ave Maria*.

Comme elle est petite entre toutes les Cités de
Juda ! Si petite, minime. Si petite entre tant de
lumières.

Si petite qu'aucun œil sans guide ne saurait trouver Bethléem. Et cependant le Fils de Dieu n'a point
désiré d'autre femme pour y naître et c'est à cause
d'elle que tout le reste a été fait. (*Le Globe tourne lentement et l'on ne voit plus que l'Océan.*)

J'ai soif !

Je sais que mon bien-aimé est au delà de la mer.
Rodrigue !

Je sais que nous buvons à la même coupe tous les
deux. Elle est cet horizon commun de notre exil.

C'est elle que je vois chaque matin apparaître étincelante dans le Soleil levant,

Et quand je l'ai épuisée, c'est de moi dans les ténèbres qu'il la reçoit à son tour. (*Le Globe tourne
encore et l'on voit à l'horizon sur l'extrême courbure
apparaître la longue ligne sinueuse de l'Isthme de
Panama derrière lequel commencent à briller les eaux
d'un autre Océan.*)

Entre les deux Mers, à l'horizon de l'Ouest.

Là où la barrière est plus mince entre ces deux
masses d'un Continent par le milieu qui se sépare,

C'est là que tu t'es établi, là est la Porte qu'on t'a
donné à ouvrir. (*De nouveau il n'y a plus que
l'Océan.*)

La Mer ! La Mer libre ! (*On voit l'ombre d'une
main derrière l'écran lumineux qui balaye toute l'étendue.*)

VOIX DE RODRIGUE, *derrière l'écran* : Prouhèze !

DONA PROUHÈZE : Rodrigue ! c'est moi ! je suis là !
j'entends ! j'ai entendu !

VOIX DE RODRIGUE, *plus basse, presque imperceptible* :
Prouhèze !

DONA PROUHÈZE : Pourquoi me retenir sur ce seuil
à demi rompu ? Pourquoi vouloir m'interdire cette
porte que tu as toi-même ouverte ?

Comment empêcher qu'on vienne me prendre de
l'autre côté de cette barrière enfoncée ! ce n'est pas
la mer dans le brouillard, ce sont les armées de Dieu
d'un mouvement innombrable qui s'avancent à ma
rencontre !

La limite qui sépare cette mer de l'autre, ces deux
Mers qui par delà le rempart interposé demandent
à confondre leurs eaux, la croyais-tu donc si forte ?

Pas plus que celle que ce cœur de femme jadis t'a
opposée !

Laisse-moi commencer ma pénitence au sein de ces
délices éternelles ! Laisse-moi être la goutte d'eau qui
les réunit à ton cœur ! laisse-moi n'avoir plus de corps
afin que je n'aie plus pour ton désir de paroi ! laisse-
moi n'avoir plus de visage pour que je pénètre jusqu'à
ton cœur !

Ne retiens plus sur ce seuil entrouvert cette femme
à demi rompue ! (*Elle prête l'oreille.*)

Je n'entends plus rien. (*Le Globe sur l'écran tourne
encore. On voit apparaître à l'horizon le groupe des
Iles du Japon.*)

Quelles sont ces Iles là-bas pareilles à des nuages immobiles et que leur forme, leurs clefs, leurs entailles,
leurs gorges, rendent pareilles à des instruments de
musique pour un mystérieux concert à la fois assemblés et disjoints ?

J'entends la Mer sans fin qui brise sur ces rivages
éternels !

Près d'un poteau planté dans la grève je vois un
escalier de pierre qui monte.

Les nuages lents à s'écarter, le rideau des pluies,

Permettent à peine de distinguer de temps en temps
des montagnes atramenteuses, une cascade aux arbres

mélancoliques, le repli de noires forêts sur lesquelles
tout à coup s'arrête un rayon accusateur !

A la torche de la lune répond le reflet des feux sou-
terrains et le tambour sous un toit de paille s'unit à la
flûte perçante.

Que signifient aussi par moments ces nuages de
fleurs où tout disparaît ? l'or inouï de cette consom-
mation annuelle avant que la neige descende ?

Par-dessus les montagnes et les forêts il y a un
grand Ange blanc qui regarde la mer. (*La grande Ile
du Japon peu à peu s'anime et prend la forme d'un de
ces Gardiens en armure sombre que l'on voit à Nara.*)

L'ANGE GARDIEN : Ne me reconnais-tu pas ?

DONA PROUHÈZE : Je ne sais. Je ne vois qu'une forme
incertaine comme une ombre dans le brouillard.

L'ANGE GARDIEN : C'est moi. J'étais là. Je ne t'ai
jamais quittée.

Ton Ange Gardien.

Crois-tu pour de bon que tu étais sans moi jusqu'à
présent ? il y avait une continuité entre nous. Tu me
touchais.

Ainsi quand vient l'automne comme il fait chaud
encore ! l'air est bleu, l'hirondelle partout trouve une
pâture abondante,

Et cependant, comment le sait-elle ? le temps est
venu, rien ne l'empêchera de partir, il le faut, elle
part, bravant la mer.

Elle n'est pas embarrassée de la direction.

Et de même dans la conversation quelqu'un qui est
tout entraîné et saisi par la conversation,

S'il entend un violon quelque part ou simplement
deux ou trois fois de suite ces coups qu'on tape sur
un morceau de bois,

Peu à peu il se tait, il est interrompu, il est ailleurs
comme on dit, il prête l'oreille.

Et toi-même, dis-moi s'il est bien vrai que tu ne

l'aies jamais ressenti au fond de toi-même entre le cœur et le foie, ce coup sourd, cet arrêt net, cette touchée urgente ?

DONA PROUHÈZE : Je ne les connais que trop.

L'ANGE GARDIEN : C'était mon hameçon au fond de tes entrailles et moi je réglais le fil comme un pêcheur longanime. Vois-le autour de mon poignet enroulé. Il n'en reste plus que quelques brasses.

DONA PROUHÈZE : Il est donc vrai que je vais mourir ?

L'ANGE GARDIEN : Et qui sait si tu n'es pas morte déjà ? D'où te viendraient autrement cette indifférence au lieu, cette impuissance au poids ?

Si près de la frontière, qui sait de quel côté il est en mon pouvoir de te faire à mon gré par jeu passer et repasser ?

DONA PROUHÈZE : Où suis-je et où es-tu ?

L'ANGE GARDIEN : Ensemble et séparés. Loin de toi avec toi.

Mais pour te faire pénétrer cette union du temps avec ce qui n'est pas le temps, de la distance avec ce qui n'est pas l'espace, d'un mouvement avec un autre mouvement, il me faudrait cette musique que tes oreilles encore ne sont pas capables de supporter.

Où dis-tu qu'est le parfum ? *où* diras-tu qu'est le son ? Entre le parfum et le son quelle est la frontière commune ? Ils existent en même temps. Et moi j'existe avec toi.

Ecoute-moi qui existe. Laisse-toi persuader par ces eaux peu à peu qui te délient. Abandonne cette terre que tu crois solide et qui n'est que captive.

Un mélange fragile à chaque seconde palpité de l'être avec le néant.

DONA PROUHÈZE : Ah ! quand tu parles, de nouveau je ressens au fond de moi le fil ! la traction de ce

désir rectiligne au rebours du flot dont j'ai tant de fois
éprouvé la reprise et la détente.

L'ANGE GARDIEN : Le pêcheur amène sa prise du
fleuve vers la terre. Mais moi, c'est vers ces eaux que
j'habite que métier m'est de ramener ce poisson qui
leur appartient.

DONA PROUHÈZE : Comment y passerai-je avec ce
corps pesant épais ?

L'ANGE GARDIEN : Il te faudra le laisser par-derrière
un peu.

DONA PROUHÈZE : Ou comment me passerai-je de
lui ?

L'ANGE GARDIEN : N'est-il pas déjà un peu tard pour
me le demander ?

DONA PROUHÈZE : Moi-même, cette dépouille que je
vois là-bas abandonnée sur le sable, c'est ça ?

L'ANGE GARDIEN : Essaye si tu pourrais encore t'y
accommoder.

DONA PROUHÈZE : La cire ne prend pas plus exactement une empreinte, l'eau un vase,

Que je ne remplis ce corps dans toutes ses parties ;
est-ce remplir ou comprendre ? Veuve désormais,

Cette société qui l'animerait impuissante à y prêter
mes lèvres.

Le corps, suis-je dehors ou dedans ce corps ? Je le
vis en même temps je le vois. Tous les moments de
sa vie je les vis ensemble d'un seul coup.

Ah ! pauvre Dona Prouhèze, quelle pitié tu m'ins-
pires ! je vois, je comprends tout !

L'ANGE GARDIEN : Est-ce qu'elle est seule ?

DONA PROUHÈZE : Non. A travers elle j'aperçois une
autre ombre, un homme dans la nuit qui marche.

L'ANGE GARDIEN : Regarde mieux. Que vois-tu ?

DONA PROUHÈZE : Rodrigue, je suis à toi !

L'ANGE GARDIEN : De nouveau le fil à mon poignet
s'est déroulé.

DONA PROUHÈZE : Rodrigue, je suis à toi !

L'ANGE GARDIEN : Il entend, il s'arrête, il écoute. Il y a ce silence, il y a ce faible passage dans les palmes, il y a une âme du Purgatoire qui monte au Ciel.

Il y a cet énorme nuage au milieu de l'air arrêté, il y a ce soleil incertain qui éclaire les flots sans nombre, ce soleil dont on voit bien que ce n'est pas celui du jour, la lune sur l'Océanie !

Et de nouveau comme une bête captive par le taon pourchassée, je le vois entre les deux murs qui reprend sa course furieuse, son amère faction.

Ne s'arrêtera-t-il jamais ? Ah quelle route désespérée il a déjà piétinée entre ces deux murs !

DONA PROUHÈZE : Je le sais. Nuit et jour je ne cesse d'entendre ce pas.

L'ANGE GARDIEN : Es-tu contente qu'il souffre ?

DONA PROUHÈZE : Arrête, dur pêcheur ! Ne tire pas ainsi ce fil ! Oui, je suis contente qu'il souffre pour moi.

L'ANGE GARDIEN : Crois-tu que c'est pour toi qu'il a été créé et mis au monde.

DONA PROUHÈZE : Oui, oui ! Oui, je crois du fond de mon cœur que c'est pour moi qu'il a été créé et mis au monde.

L'ANGE GARDIEN : Es-tu pour une âme d'homme assez grande ?

DONA PROUHÈZE : Oui, je suis assez grande pour lui.

L'ANGE GARDIEN : Est-ce ainsi que tu me réponds au seuil de la mort ?

DONA PROUHÈZE : Frère, il faut faire mourir cette pauvre créature vite et ne pas souffrir qu'elle soit si bête davantage.

L'ANGE GARDIEN : Qui te retient d'aller vers lui ?

DONA PROUHÈZE : C'est ce fil qui me retient.

L'ANGE GARDIEN : De sorte que si je te lâchais...

DONA PROUHÈZE : Ah ! ce n'est plus un poisson, c'est un oiseau que tu verrais à tire-d'aile ! La pensée n'est pas si prompte, la flèche ne fend pas l'air si vite,

Que de l'autre côté de la mer je ne serais cette épouse riante et sanglotante entre ses bras ?

L'ANGE GARDIEN : N'as-tu point appris que c'est le cœur qui doit obéir et non pas matériellement la volonté par un obstacle astreinte ?

DONA PROUHÈZE : J'obéis comme je peux.

L'ANGE GARDIEN : Il est donc temps que je tire sur le fil.

DONA PROUHÈZE : Mais moi je peux tirer si fort en arrière qu'il rompe !

L'ANGE GARDIEN : Que dirais-tu si je te demandais entre Dieu et Rodrigue de choisir ?

DONA PROUHÈZE : Tu es, tu es un pêcheur trop habile.

L'ANGE GARDIEN : Trop habile pourquoi ?

DONA PROUHÈZE : Pour faire sentir la question avant que la réponse soit prête. Où serait l'art de la pêche ?

L'ANGE GARDIEN : Si je la posais cependant ?

DONA PROUHÈZE : Je suis sourde ! je suis sourde ! Un poisson sourd ! Je suis sourde et n'ai pas entendu !

L'ANGE GARDIEN : Mais quoi, ce Rodrigue, mon ennemi, qui me retient que je ne le frappe ? Ce n'est point le fil seulement que ma main sait manier, mais le trident.

DONA PROUHÈZE : Et moi je le cacherai si fort entre mes bras que tu ne le verras plus.

L'ANGE GARDIEN : Tu ne lui fais que du mal.

DONA PROUHÈZE : Mais lui me dit chaque nuit autre chose.

L'ANGE GARDIEN : Qu'est-ce qu'il dit ?

DONA PROUHÈZE : C'est un secret entre nous.

L'ANGE GARDIEN : Tes larmes suffisent à le révéler.

DONA PROUHÈZE : Je suis Agar dans le désert ! Sans mains, sans yeux, il y a quelqu'un qui m'a rejointe amèrement dans le désert !

C'est le désir qui étreint le désespoir ! C'est l'Afrique par-dessus la mer qui épouse les terres empoisonnées du Mexique !

L'ANGE GARDIEN : Sœur, il nous faut apprendre passage vers des climats plus heureux.

DONA PROUHÈZE : Ce que ma main chaque nuit lui jure, il n'est pas en mon pouvoir de le démentir.

L'ANGE GARDIEN : C'est ainsi que le poisson se croit plus sage que le pêcheur.

Il se mutine et se débat sur place, ignorant que chacun de ses soubresauts

Réjouit le vieillard dans les roseaux embusqué

Qui le tient et ne le laissera pas s'enfuir.

DONA PROUHÈZE : Pourquoi te joues-tu de lui cruellement et si tu ne l'amènes au bord ne lui rends-tu pas liberté ?

L'ANGE GARDIEN : Mais quoi, si tu n'étais pas seulement une prise pour moi, mais une amorce ?

DONA PROUHÈZE : Rodrigue, c'est avec moi que tu veux le capturer ?

L'ANGE GARDIEN : Cet orgueilleux, il n'y avait pas d'autre moyen de lui faire comprendre le prochain, de le lui entrer dans la chair ;

Il n'y avait pas d'autre moyen de lui faire comprendre la dépendance, la nécessité et le besoin, un autre sur lui,

La loi sur lui de cet être différent pour aucune autre raison si ce n'est qu'il existe.

DONA PROUHÈZE : Eh quoi ! Ainsi c'était permis ? Cet amour des créatures l'une pour l'autre, il est donc vrai que Dieu n'en est pas jaloux ? l'homme entre les bras de la femme...

L'ANGE GARDIEN : Comment serait-Il jaloux de ce qu'Il a fait ? et comment aurait-Il rien fait qui ne lui serve ?

DONA PROUHÈZE : L'homme entre les bras de la femme oublie Dieu.

L'ANGE GARDIEN : Est-ce l'oublier que d'être avec Lui ? est-ce ailleurs qu'avec Lui d'être associé au mystère de Sa création,
Franchissant de nouveau pour un instant l'Eden par la porte de l'humiliation et de la mort ?

DONA PROUHÈZE : L'amour hors du sacrement n'est-il pas le péché ?

L'ANGE GARDIEN : Même le péché ! Le péché aussi sert.

DONA PROUHÈZE : Ainsi il était bon qu'il m'aime ?

L'ANGE GARDIEN : Il était bon que tu lui apprennes le désir.

DONA PROUHÈZE : Le désir d'une illusion ? d'une ombre qui pour toujours lui échappe ?

L'ANGE GARDIEN : Le désir est de ce qui est, l'illusion est ce qui n'est pas. Le désir au travers de l'illusion
Est de ce qui est au travers de ce qui n'est pas.

DONA PROUHÈZE : Mais je ne suis pas une illusion, j'existe ! Le bien que je puis seule lui donner existe.

L'ANGE GARDIEN : C'est pourquoi il faut lui donner le bien et aucunement le mal.

DONA PROUHÈZE : Mais cruellement entraînée par toi je ne puis lui donner rien du tout.

L'ANGE GARDIEN : Voudrais-tu lui donner le mal ?

DONA PROUHÈZE : Oui, plutôt que de rester ainsi stérile et inféconde, ce que tu appelles le mal.

L'ANGE GARDIEN : Le mal est ce qui n'existe pas.

DONA PROUHÈZE : Unissons donc notre double néant !

L'ANGE GARDIEN : Prouhèze, ma sœur, l'enfant de Dieu existe.

DONA PROUHÈZE : Mais à quoi sert-il d'exister si je n'existe pour Rodrigue ?

L'ANGE GARDIEN : Comment Prouhèze existerait-elle jamais autrement que pour Rodrigue, quand c'est par lui qu'elle existe ?

DONA PROUHÈZE : Frère, je ne t'entends pas !

L'ANGE GARDIEN : C'est en lui que tu étais nécessaire.

DONA PROUHÈZE : O parole bien douce à entendre ! laisse-moi la répéter après toi ! eh quoi ! je lui étais nécessaire ?

L'ANGE GARDIEN : Non point cette vilaine et disgracieuse créature au bout de ma ligne, non point ce triste poisson.

DONA PROUHÈZE : Laquelle alors ?

L'ANGE GARDIEN : Prouhèze, ma sœur, cette enfant de Dieu dans la lumière que je salue.

Cette Prouhèze que voient les Anges, c'est celle-là sans le savoir qu'il regarde, c'est celle-là que tu as à faire afin de la lui donner.

DONA PROUHÈZE : Et ce sera la même Prouhèze ?

L'ANGE GARDIEN : Une Prouhèze pour toujours que ne détruit pas la mort.

DONA PROUHÈZE : Toujours belle ?

L'ANGE GARDIEN : Une Prouhèze toujours belle.

DONA PROUHÈZE : Il m'aimera toujours ?

L'ANGE GARDIEN : Ce qui te rend si belle ne peut mourir. Ce qui fait qu'il t'aime ne peut mourir.

DONA PROUHÈZE : Je serai à lui pour toujours dans mon âme et dans mon corps ?

L'ANGE GARDIEN : Il nous faut laisser le corps en arrière quelque peu.

DONA PROUHÈZE : Eh quoi ! il ne connaîtra point ce goût que j'ai ?

L'ANGE GARDIEN : C'est l'âme qui fait le corps.

DONA PROUHÈZE : Comment donc l'a-t-elle fait mortel ?

L'ANGE GARDIEN : C'est le péché qui l'a fait mortel.

DONA PROUHÈZE : C'était beau d'être pour lui une femme.

L'ANGE GARDIEN : Et moi je ferai de toi une étoile.

DONA PROUHÈZE : Une étoile ! c'est le nom dont il m'appelle toujours dans la nuit.

Et mon cœur tressaillait profondément de l'entendre.

L'ANGE GARDIEN : N'as-tu donc pas toujours été comme une étoile pour lui ?

DONA PROUHÈZE : Séparée !

L'ANGE GARDIEN : Conductrice.

DONA PROUHÈZE : La voici qui s'éteint sur terre.

L'ANGE GARDIEN : Je la rallumerai dans le ciel.

DONA PROUHÈZE : Comment brillerai-je qui suis aveugle ?

L'ANGE GARDIEN : Dieu soufflera sur toi.

DONA PROUHÈZE : Je ne suis qu'un tison sous la cendre.

L'ANGE GARDIEN : Mais moi je ferai de toi une étoile flamboyante dans le souffle du Saint-Esprit !

DONA PROUHÈZE : Adieu donc ici-bas ! adieu, adieu, mon bien-aimé ! Rodrigue, Rodrigue là-bas, adieu pour toujours !

L'ANGE GARDIEN : Pourquoi adieu ? pourquoi là-bas, quand tu seras plus près de lui que tu ne l'es à présent ? Associée de l'autre côté du voile à cette cause qui le fait vivre.

DONA PROUHÈZE : Il cherche et ne me trouvera plus.

L'ANGE GARDIEN : Comment te trouverait-il au dehors alors que tu n'es plus autre part que dedans son cœur, lui-même ?

DONA PROUHÈZE : Tu dis vrai, c'est bien là que je serai ?

L'ANGE GARDIEN : Cet hameçon dans son cœur profondément enfoncé.

DONA PROUHÈZE : Il me désirera toujours ?

L'ANGE GARDIEN : Pour les uns l'intelligence suffit. C'est l'esprit qui parle purement à l'esprit.

Mais pour les autres il faut que la chair aussi peu à peu soit évangélisée et convertie. Et quelle chair pour parler à l'homme plus puissante que celle de la femme ?

Maintenant il ne pourra plus te désirer sans désirer en même temps où tu es.

DONA PROUHÈZE : Mais est-ce que le ciel jamais lui sera aussi désirable que moi ?

L'ANGE GARDIEN, *comme s'il tirait sur le fil* : D'une pareille sottise tu seras punie à l'instant.

DONA PROUHÈZE, *criant* : Ah ! frère, fais-moi durer encore cette seconde !

L'ANGE GARDIEN : Salut, ma sœur bien-aimée ! Bienvenue, Prouhèze, dans la flamme !

Les connais-tu à présent, ces eaux où je voulais te conduire ?

DONA PROUHÈZE : Ah ! je n'en ai pas assez ! encore ! Rends-la-moi donc enfin, cette eau où je fus baptisée !

L'ANGE GARDIEN : La voici de toutes parts qui te baigne et te pénètre.

DONA PROUHÈZE : Elle me baigne et je n'y puis goûter ! c'est un rayon qui me perce, c'est un glaive qui me divise, c'est le fer rouge effroyablement appliqué sur le nerf même de la vie, c'est l'effervescence de la source qui s'empare de tous mes éléments pour les dissoudre et les recomposer, c'est le néant à chaque moment où je sombre et Dieu sur ma bouche qui me ressuscite, et supérieure à toutes les délices, ah ! c'est

la traction impitoyable de la soif, l'abomination de
cette soif affreuse qui m'ouvre et me crucifie !

L'ANGE GARDIEN : Demandes-tu que je te rende à
l'ancienne vie ?

DONA PROUHÈZE : Non, non, ne me sépare plus à
jamais de ces flammes désirées ! Il faut que je leur
donne à fondre et à dévorer cette carapace affreuse, il
faut que mes liens brûlent, il faut que je leur tienne à
détruire toute mon affreuse cuirasse, tout cela que Dieu
n'a pas fait, tout ce roide bois d'illusion et de péché,
cette idole, cette abominable poupée que j'ai fabriquée
à la place de l'image vivante de Dieu dont ma chair
portait le sceau empreint !

L'ANGE GARDIEN : Et ce Rodrigue, où crois-tu que
tu lui sois le plus utile, ici-bas

Ou dans ce lieu maintenant que tu connais ?

DONA PROUHÈZE : Ah ! laisse-moi ici ! ah ! ne me
retire pas encore ! pendant qu'il achève en ce lieu
obscur sa course laisse-moi me consumer pour lui
comme une cire aux pieds de la Vierge !

Et qu'il sente sur son front de temps en temps tomber une goutte de cette huile ardente !

L'ANGE GARDIEN : C'est assez. Le temps n'est pas
encore venu tout à fait pour toi de franchir la Sainte
Frontière.

DONA PROUHÈZE : Ah ! c'est comme un cercueil où
tu me remets ! Voici de nouveau que mes membres
reprennent la gaine de l'étroitesse et du poids. De nouveau la tyrannie sur moi du fini et de l'accidentel !

L'ANGE GARDIEN : Ce n'est plus que pour un peu
de temps.

DONA PROUHÈZE : Ces deux êtres qui de loin sans
jamais se toucher se font équilibre comme sur les plateaux opposés d'une balance,

Maintenant que l'un a changé de place, est-ce que
la position de l'autre n'en sera pas altérée ?

L'ANGE GARDIEN : Il est vrai. Ce que tu pèses au Ciel, il faut pour qu'il l'éprouve que nous le placions sur un autre plateau.

Il faut que sur ce petit globe il achève son étroite orbite à l'imitation de ces distances énormes dans le Ciel qu'immobile nous allons te donner à dévorer.

DONA PROUHÈZE : Il ne demandait qu'une goutte d'eau et toi, frère, aide-moi à lui donner l'Océan.

L'ANGE GARDIEN : N'est-ce pas lui qui l'attend de l'autre côté de cet horizon mystique si longtemps

Qui fut celui de la vieille humanité ? ces eaux que tu as tellement désirées, ne sont-ce pas elles qui sont en train de le guérir de la terre ?

Ce passage qu'il a ouvert, ne sera-t-il pas le premier à le franchir ?

Au travers de cette suprême barrière d'un pôle à l'autre déjà

Par le soleil couchant en son milieu à demi dévorée,

A travers le nouveau il est en marche pour retrouver l'éternel.

DONA PROUHÈZE : A l'autre bout de l'Océan il est des Iles qui l'attendent,

Ces Iles mystérieuses au bout du monde dont je t'ai vu surgir.

Pour l'y tirer, comment faire, maintenant que tu n'as plus mon corps comme amorce ?

L'ANGE GARDIEN : Non plus ton corps, mais ton reflet sur les Eaux amères de l'exil,

Ton reflet sur les eaux mouvantes de l'exil sans cesse évanoui et reformé.

DONA PROUHÈZE : Maintenant je vois ton visage. Ah ! qu'il est sévère et menaçant !

L'ANGE GARDIEN : Tu en connaîtras un autre plus tard. Celui-ci convient à ce lieu de justice et de pénitence.

DONA PROUHÈZE : C'est pénitence qu'il va faire, lui aussi ?

L'ANGE GARDIEN : Les voies directes de Dieu, le temps est venu pour lui qu'il commence à les fouler.

DONA PROUHÈZE : C'est moi qui dois lui en ouvrir le seuil ?

L'ANGE GARDIEN : Ce qu'il désire ne peut être à la fois au Ciel et sur la terre.

DONA PROUHÈZE : Qu'attends-tu pour me faire mourir ?

L'ANGE GARDIEN : J'attends que tu consentes.

DONA PROUHÈZE : Je consens, j'ai consenti !

L'ANGE GARDIEN : Mais comment peux-tu consentir à me donner ce qui n'est pas à toi ?

DONA PROUHÈZE : Mon âme n'est plus à moi ?

L'ANGE GARDIEN : Ne l'as-tu pas donnée à Rodrigue dans la nuit ?

DONA PROUHÈZE : Il faut donc lui dire de me la rapporter.

L'ANGE GARDIEN : C'est de·lui que tu dois recevoir permission.

DONA PROUHÈZE : Laisse-moi, mon bien-aimé ! laisse-moi partir !

Laisse-moi devenir une étoile !

L'ANGE GARDIEN : Cette mort qui fera de toi une étoile, consens-tu à la recevoir de sa main ?

DONA PROUHÈZE : Ah ! je remercie Dieu ! Viens, cher Rodrigue ! je suis prête ! sur cette chose qui est à toi lève ta main meurtrière ! sacrifie cette chose qui est à toi ! Mourir, mourir par toi m'est doux !

L'ANGE GARDIEN : Maintenant je n'ai plus rien à te dire sinon au revoir à Dieu ! J'ai fini ma tâche avec toi. Au revoir, sœur chérie, dans la lumière éternelle !

DONA PROUHÈZE : Ne me laisse pas encore ! Aigle divin, prends-moi pour un moment dans tes serres. Elève-moi le temps de compter un ! Le rond complet autour de nos deux existences laisse-moi le voir !

Le chemin qu'il a à suivre, laisse-moi le rouler autour de mon bras afin qu'il n'y fasse pas un pas auquel je ne sois attachée,

Et que je ne sois au bout, et qu'il ne le conduise vers moi.

— Quelle est cette pierre que tu me montres dans ta main ?

L'ANGE GARDIEN : La pierre sur laquelle tout à l'heure son bateau va s'ouvrir, il échappe seul, la tête blanche d'écume il aborde à cette terre inconnue.

Mais qu'importe le naufrage, il est arrivé ! ce n'est pas un monde nouveau qu'il s'agissait de découvrir, c'est l'ancien qui était perdu qu'il s'agissait de retrouver.

Il a mis dessus l'empreinte de son pied et de sa main, il a achevé l'entreprise de Colomb, il a exécuté la grande promesse de Colomb.

Car ce que Colomb avait promis au Roi d'Espagne, ce n'est pas un quartier nouveau de l'Univers, c'est la réunion de la terre, c'est l'ambassade vers ces peuples que vous sentiez dans votre dos, c'est le bruit des pieds de l'homme dans la région antérieure au matin, ce sont les passages du Soleil !

Il a rejoint le Commencement de tout par la route du Soleil levant.

Le voici qui rejoint ces peuples obscurs et attendants, ces compartiments en deçà de l'aurore où piétinent des multitudes enfermées ! (*Le Globe a tourné, montrant tout le continent d'Asie, depuis l'Inde jusqu'à la Chine.*)

Crois-tu que Dieu ait abandonné sa création au hasard ? Crois-tu que la forme de cette terre qu'il a faite soit privée de signification ?

Pendant que tu vas au Purgatoire, lui aussi sur terre va reconnaître cette image du Purgatoire.

Lui aussi, la barrière traversée,

Cette double bourse de l'Amérique après qu'il l'a prise dans sa main et rejetée, cette double mamelle à l'heure de votre après-midi présentée à votre convoitise matérielle,

Il rejoint l'autre monde, le même, l'ayant pris à revers. Ici l'on souffre et attend. Et derrière cette paroi aussi haute que le ciel, là-haut, là-bas, commence l'autre versant, le monde d'où il vient, l'Eglise militante.

Il va reconnaître ces populations agenouillées, ces portions cloisonnées et comprimées qui recherchent non pas une issue mais leur centre.

L'une a la forme d'un triangle et l'autre d'un cercle,

Et l'autre, ce sont ces îles déchirées que tourmentent sans fin la tempête et le feu.

L'Inde pendue cuit sur place dans une vapeur brûlante, la Chine éternellement dans ce laboratoire intérieur où l'eau devient de la boue piétine ce limon mélangé à sa propre ordure.

Et le troisième se déchire lui-même avec rage.

Tels sont ces peuples qui gémissent et attendent, le visage tourné vers le Soleil levant.

C'est à eux qu'il est envoyé comme ambassadeur.

Il apporte avec lui assez de péché pour comprendre leurs ténèbres.

Dieu lui a montré assez de joie pour qu'il comprenne leur désespoir.

Ce Néant au bord duquel ils sont depuis si longtemps assis, ce Vide laissé par l'absence de l'Etre, où se joue le reflet du Ciel, il fallait leur apporter Dieu pour qu'ils le comprennent tout à fait.

Ce n'est pas Rodrigue qui apporte Dieu, mais il faut qu'il vienne pour que le manque de Dieu où sont assises ces multitudes soit regardé.

— O Marie, Reine du Ciel, autour de qui s'enroule

tout le chapelet des Cieux, ayez pitié de ces peuples qui attendent ! (*Il rentre dans la Terre qui se rétrécit et devient pas plus grosse qu'une tête d'épingle. Tout l'écran est rempli par le Ciel fourmillant au travers duquel se dessine l'image gigantesque de l'Immaculée Conception.*)

SCÈNE IX

LE VICE-ROI, LE SECRÉTAIRE, DONA ISABEL

*Une chambre dans le palais du Vice-Roi à Panama.
C'est une vaste pièce aux murs un peu moisis. Une partie du plafond est tombée et laisse voir les lattes, il y a
encore du plâtre par terre. Meubles en désordre, les
uns magnifiques, les autres d'un luxe criard ou tout
éclopés. Par une porte ouverte dans un angle on voit
une chapelle garnie de porcelaine bleue et de bois doré
et sculpté dans le goût emphatique et chargé de l'époque. Une lampe brûle. L'après-midi. Il fait humide et
chaud. Ciel pluvieux. Par les fenêtres on voit le Pacifique couleur d'écaille de moule.* LE VICE-ROI *dans un
fauteuil.* LE SECRÉTAIRE *près de lui devant une table
chargée de papiers, minutant avec application. Sur un
tabouret* DONA ISABEL *en costume assez négligé, tenant
une guitare et assise sur son pied. Derrière la scène un
petit orchestre, assez mauvais, exécute une espèce d'alle-
mande ou de pavane.*

LE SECRÉTAIRE, *sans lever la tête :* Cet orchestre est
bien mauvais. Je ne comprends pas que Votre Altesse
puisse le tolérer.

LE VICE-ROI : S'il était meilleur j'entendrais ce qu'il joue et ce serait tellement ennuyeux.

LE SECRÉTAIRE : Quant à moi en toute chose je ne prise que la perfection.

DONA ISABEL, *accompagnant chaque syllabe d'une note sur la guitare en forme de gamme ascendante qui se termine par une altération* : Don Rodilard !...

LE SECRÉTAIRE : Madame ?

DONA ISABEL : Ah ! que vous seriez gentil de nous donner connaissance de ces poésies de votre façon dont vous faites quelquefois, m'a-t-on dit, lecture à vos amis !

LE SECRÉTAIRE, *modeste et résolu, continuant à écrire* : ... « six-vingts fardes de quinquina, deux cents de bois de campêche ».

DONA ISABEL, *à moitité chantant* : Les syllabes en sont comptées si juste, les rimes si exactement pesées, mesurées et ajustées, qu'un seul grain de tabac ferait chavirer la fragile merveille.

LE VICE-ROI : Pour moi un poëme parfait est comme un vase bouché.

LE SECRÉTAIRE, *lui tendant une lettre à signer* : Je sais que Votre Altesse adore les comparaisons.

LE VICE-ROI, *il signe en bâillant* : Qui me suggère cette autre ? Un morceau de jade cassé vaut mieux qu'une tuile entière.

LE SECRÉTAIRE : C'est une sentence chinoise.

DONA ISABEL : Je suppose que ce sont ces pêcheurs que notre galère de police a ramassés l'autre jour près de l'Ile aux Tortues qui vous l'ont apportée.

LE VICE-ROI : Non pas Chinois, ce sont des Japonais.

Rappelez-moi donc cette chanson qu'ils chantaient tous ensemble et que j'aimais tant.

DONA ISABEL, *chantant* :

Sur la plaine de l'Océan
Vers les Quatre-vingts I-les
Je m'avance en ramant
Ta ra ra ta ta ta ! Ta ra ta ra ta ta ta !

(Frappant sur le bois de la guitare avec le poing. L'orchestre qui s'était mis à accompagner en sourdine continue tout seul quelques moments puis s'arrête tout à coup.)

LE VICE-ROI : Ah ! moi aussi sur la plaine de l'Océan vers les Quatre-vingts Iles

Quand est-ce que je me mettrai en route ?

DONA ISABEL : Quoi, Monseigneur, seriez-vous las de votre Amérique ?

LE SECRÉTAIRE : Voilà plus d'un jour déjà que Son Altesse et moi nous sommes un peu las de notre Amérique, comme vous dites.

DONA ISABEL : Vous ai-je pas entendu répéter souvent, alors que vous bâtissiez ce palais, maintenant si tristement endommagé,

Qu'elle était comme votre propre corps ?

LE SECRÉTAIRE : On se lasse de son propre corps.

DONA ISABEL : En tout ce que vous entreprenez n'avez-vous pas réussi ?

LE SECRÉTAIRE : Nous n'avons que trop réussi. Cet Almagro, par exemple, sur qui nous fondions tant d'espoir, un vrai mouton bêlant !

DONA ISABEL : Cette Amérique que vous avez faite, est-ce qu'elle se passera de vous ?

LE SECRÉTAIRE : Fort bien. Elle ne s'en passe que trop.

DONA ISABEL : Seigneur, pourquoi vous taisez-vous ainsi sans parler et laissez-vous ce valet répondre à votre place ?

LE VICE-ROI : Est-ce que ses réponses n'en valent pas une autre ? J'aime écouter Rodilard.

Tout le jour pendant que je fais le Vice-Roi il se
tient à son bureau, écrivant, copiant, reportant d'un
papier sur l'autre

Ma destinée sans doute.

Et de temps en temps il me favorise de quelque
réflexion et annotation marginale.

DONA ISABEL : Vous ne m'aimez pas.

LE SECRÉTAIRE, *avec un cri aigu* : Hi ! ma parole,
vous allez me faire faire des fautes ! J'allais écrire :
vous ne m'aimez pas, sur l'enveloppe.

MONSIEUR LE CORREGIDOR RUIZ ZEBALLOS, A VOUNEMÉMÉPAZ

Ce n'est pas un pays pour un corregidor.

Je ne sais si Votre Altesse s'est aperçue à quel point
cette dame ici présente est éprise de nous. Une com-
plaisance de cœur. Un tendre sentiment.

Est-ce Don Rodrigue qu'elle aime ? est-ce le Vice-
Roi ? pas moyen de le savoir.

On intéresse facilement ces dames un peu fortes qui
commencent à prendre de l'âge.

Un peu forte, mais encore jolie.

DONA ISABEL, *chantant à voix très basse : Oubliée...*
(*Continué par une flûte aiguë sur une seule note decres-
cendo ppp.*)

LE VICE-ROI, *les yeux baissés, presque indistinct* :
Non, non, mon cher amour, je ne vous ai pas oubliée !

DONA ISABEL : Ah ! je savais bien que je saurais trouver le mot qui fait que votre cœur tressaille !

LE SECRÉTAIRE : Vous ne trouverez son cœur que par
la porte du souvenir.

DONA ISABEL : Pour me faire entendre il suffit que
je prenne la voix d'une autre.

LE VICE-ROI : Achevez. Je veux entendre la suite.

DONA ISABEL : J'ai oublié. (*Quelques notes sur la gui-*

tare.) (*Elle chante :*) *J'ai oublié !* (*Elle parle.*) Je ne sais plus. J'ai oublié. Je me suis oubliée moi-même. (*Elle chante :*) *Depuis que tu n'es plus avec moi je me suis oubliée moi-même !* (*Musique dans le mur pianissimo et tout à fait cacophonique. Elle se tait, un instrument après l'autre.*)

LE VICE-ROI : J'aime la manière dont chante notre Isabel, ce ne sont pas des notes sur des lignes, ainsi dans la forêt chante cet oiseau qu'on appelle *rialejo !*

Et j'aime aussi ce petit tapage dans le mur qui continue une fois qu'elle a fini.

Ainsi quand on lance une pierre dans un fourré on entend les autres pierres qui se mettent en branle et toutes sortes de choses ailées qui s'envolent.

Parfois même quelque animal bien loin qui se sauve en bondissant.

DONA ISABEL : Quand je suis avec d'autres, je ne chante pas de la même manière.

Pourquoi me forcer, Monseigneur, à trébucher sur ces chemins obscurs ?

Quand je suis seule j'aime plutôt à me répéter un de ces chants de notre vieille Espagne.

Un de ces airs qu'on entend le soir autour de la fontaine sous les grands châtaigniers.

« *Muy mas clara che la luna...* » « *Desde aquel doloroso momento...* »

Cette Espagne que ni vous ni moi nous ne reverrons plus.

LE VICE-ROI : Ça m'est égal. Qui me parlait de souvenir tout à l'heure ?

J'ai horreur du passé ! J'ai horreur du souvenir ! Cette voix que je croyais entendre tout à l'heure au fond de moi derrière moi,

Elle n'est pas en arrière, c'est en avant qu'elle m'appelle ; si elle était en arrière elle n'aurait pas une telle amertume et une telle douceur !

Perce mon cœur avec cette voix inconnue, avec ce chant qui n'a jamais existé !

J'aime ce rythme blessé et cette note qui s'altère !

Avec ce chant qui dit le contraire des paroles, la même chose et le contraire !

Avec cette voix qui essaye de me faire entendre l'inconnu et qui ne réussit pas à dire en ordre ce qu'elle veut, mais ce qu'elle ne veut pas me plaît aussi !

LE SECRÉTAIRE : Je ne saurais exprimer le scandale et la réprobation que me font éprouver les paroles de Votre Altesse. (*La musique dans le mur à petit bruit cherchant un air qui se forme peu à peu.*)

DONA ISABEL, *écoutant la musique :*

Oubliée,
Je me suis oubliée moi-même,
Mais qui prendra soin de ton âme... (*La chanteuse et la musique s'interrompent en même temps.*)

LE SECRÉTAIRE : Il faudrait quelque chose comme : *Maintenant que tu m'as laissée sortir.* Mais c'est de la fichue prosodie.

DONA ISABEL, *chantant seule, la musique se tait :*

Mais qui prendra soin de ton âme
Maintenant que je n'y suis plus,
Maintenant que je ne suis plus avec toi !
Mais qui prendra soin de ton âme
Maintenant que je ne suis plus avec toi !

(*Parlé.*) Pour toujours. (*Elle chante :*) *Pour toujours !* *pour toujours ! maintenant que je ne suis plus avec toi* *pour toujours !*

LE VICE-ROI, *les yeux baissés :* Il n'y avait qu'un mot à dire pour que je reste pour toujours avec toi.

DONA ISABEL, *chantant : Pour toujours avec toi ! pour toujours avec toi !* (*Elle parle.*)

Mais ce mot, qui sait si elle ne l'a pas dit ?

LE SECRÉTAIRE : Son Altesse probablement n'a jamais entendu parler de la lettre à Rodrigue ?

LE VICE-ROI : Il n'y a pas de lettre à Rodrigue.

DONA ISABEL : Il y a une lettre à Rodrigue.

Et là-bas derrière nous de l'autre côté de la mer,

Il y a une femme qui attend depuis dix ans la réponse. (*Elle chante. Contrariée par l'orchestre dans le mur :*)

> De la nuit où je repose solitaire
> Jusqu'au lever du jour,
> Combien le temps est long,
> Combien les heures sont longues !
> Le sais-tu ? le sais-tu, dis-moi ?

LE SECRÉTAIRE : Son Altesse me permettra peut-être de répondre à sa place qu'Elle le sait. (*La nuit survient. On a apporté sur la table un candélabre allumé.*)

LE VICE-ROI : Isabel, où est cette lettre ?

DONA ISABEL : Là sur cette table, je l'ai remise à votre Secrétaire.

LE SECRÉTAIRE : Votre Altesse m'excusera. Je pensais la lui remettre dans un moment, une fois la signature terminée.

LE VICE-ROI : Donne-moi la lettre. (*Il regarde la suscription.*)

C'est bien mon nom. C'est bien son écriture. Prouhèze il y a dix ans. (*Il ouvre la lettre et essaye de lire. Ses mains tremblent.*) Je ne peux pas lire.

SCÈNE X

DON CAMILLE, DONA PROUHÈZE

A Mogador une tente au bord de la mer. Tapis l'un sur l'autre étendus. Impression d'une grande lumière et d'une grande chaleur au dehors. DON CAMILLE *en grand burnous arabe tenant à la main le petit chapelet mahométan.* DONA PROUHÈZE *à demi couchée sur un divan, aussi en vêtements arabes.*

DON CAMILLE, *les yeux baissés, à demi-voix* : Il ne tiendrait qu'à moi de prendre ce petit pied nu.

DONA PROUHÈZE : Il est à vous, comme le reste. N'ai-je pas l'honneur d'être votre épouse ?

DON CAMILLE : J'ai juré de ne plus vous toucher. J'ai cédé à votre indifférence insultante.

Il ne manque pas de femmes pour moi là-haut dans ce poulailler que l'Afrique et la mer approvisionnent.

DONA PROUHÈZE : Je suis flattée de la préférence pour le moment que vous m'accordez.

DON CAMILLE : Avouez que si je n'étais pas là qui vous regarde il vous manquerait quelque chose.

DONA PROUHÈZE : Il est vrai que je suis habituée à ces yeux moqueurs et douloureux qui passent de mon visage à mes mains, et à cette question dévorante.

Que d'agréables après-midi nous avons passées ainsi
ensemble

Sans aucune parole !

DON CAMILLE : Pourquoi m'avoir épousé ?

DONA PROUHÈZE : Les troupes m'avaient trahie,
n'étais-je pas en votre pouvoir ?

Mon mari était mort. Comment n'aurions-nous pas
profité de l'occasion de ce brave petit Franciscain que
nous venions de capturer ?

DON CAMILLE, *souriant à son chapelet* : C'est moi qui
suis en votre pouvoir.

DONA PROUHÈZE : Encore ce sourire câlin et faux sur
votre visage brun,

Ce sourire que Madame votre mère aimait et détes-
tait, et qui, moi aussi, oui, me fait un peu mal au cœur.

DON CAMILLE : Mais c'est vrai que je suis en votre
pouvoir.

DONA PROUHÈZE : C'est vrai à moitié. Naturellement
si je n'avais pas été sûre d'un certain pouvoir sur vous,
pourquoi vous aurais-je épousé ?

Le Roi ne m'a pas relevée de cette charge qu'il m'a
confiée, Don Camille, sur la côte d'Afrique.

C'est moi ici qui vous empêche de faire tout le mal
que vous voudriez.

DON CAMILLE : Est-il vrai ? m'arrive-t-il souvent de
demander votre précieux conseil, Madame ?

DONA PROUHÈZE : Vous l'aurais-je accordé ? Il n'y a
pas besoin de paroles entre nous. Vous devinez tout.

Il n'y a pas une de vos actions où je sois absente
et qui ne soit faite à dessein

Ou de me plaire à votre manière sournoise, ou de
me faire de la peine, et alors comme je suis sûre de
vous voir accourir aussitôt et quel regard avide !

Dites si vous me trouvâtes jamais en défaut.

Je lis en vous et vous n'obtenez rien de moi.

DON CAMILLE : Il y a une chose du moins que je puis faire qui est de vous faire fouetter.

DONA PROUHÈZE : Mon corps est en votre pouvoir mais votre âme est dans le mien !

DON CAMILLE : Quand vous me tordez l'âme, n'ai-je pas le droit de torturer un peu votre corps ?

DONA PROUHÈZE : L'important est que vous fassiez ce que je veux et depuis dix ans, oui, mis à part de temps en temps ces mouvements ridicules de votre humeur sauvage,
En gros je n'ai pas de reproches à vous faire et je crois que le Roi est content.

DON CAMILLE : Quel bonheur ! Ainsi pour lui rendre service il a suffi que je cesse de lui obéir !

DONA PROUHÈZE : Moi, il n'était pas aussi facile de cesser de m'obéir. Quelqu'un toujours présent, il n'est pas si facile de l'oublier.

DON CAMILLE, *avec douceur* : Mais qui sait si bientôt cette grossière présence corporelle vous sera encore possible ?

DONA PROUHÈZE : Si c'est la mort que vous m'annoncez en ces termes élégants, il n'y a pas besoin de périphrases. Je suis prête.
L'idée, grâce à vous, n'est jamais tant éloignée de mon esprit qu'un cri d'oiseau, le bruit d'une pièce d'argenterie qui tombe, un mot blanc que l'on écrit par terre avec le doigt, un grain d'encens qui se consume
Ne suffisent à me donner avertissement.

DON CAMILLE : Recevez-le de ma bouche.

DONA PROUHÈZE : Je l'ai reçu déjà cette nuit d'un autre.

DON CAMILLE : Votre visiteur habituel sans doute est le père de mon enfant ?

DONA PROUHÈZE : Qui viendrait me visiter solitaire au fond de ma prison ?

DON CAMILLE : Rodrigue la nuit, chaque nuit, que ni les murs ni la mer ne suffisent à empêcher.

DONA PROUHÈZE : Vous seul, Ochiali, vous le savez, m'avez infligé votre grossière présence corporelle.

DON CAMILLE : Mais je sais que lui seul est le père de cette fille que je vous ai faite et qui ne ressemble qu'à lui.

DONA PROUHÈZE : Est-il vrai ? que sur ta tête, enfant chérie, descende donc notre triple héritage !

DON CAMILLE : Le mien également ? Vous ne doutez pas, Prouhèze, que je ne vous accompagne où vous allez ?

DONA PROUHÈZE : Que pensez-vous, vous-même ?

DON CAMILLE : Je pense que la lettre à Rodrigue ne va pas errer éternellement sans qu'un jour elle touche son destinataire.

DONA PROUHÈZE : Cet appel, qu'en un moment de désespoir j'ai jeté les yeux fermés dans la mer ?

DON CAMILLE : Il y a dix ans qu'elle court des Flandres à la Chine et de la Pologne à l'Ethiopie.

Plusieurs fois même je sais qu'elle est repassée à Mogador.

Mais à la fin j'ai lieu de croire que Rodrigue enfin l'a reçue et qu'il se prépare à y répondre.

DONA PROUHÈZE : Fin de Cacha-diablo et de son petit royaume en Afrique !

DON CAMILLE : Fin de Prouhèze et de sa petite capitainerie en enfer !

DONA PROUHÈZE : C'est fini de cet arbitrage subtil et de cet équilibre délicat

Entre le Roi et le Sultan, entre la Chrétienté et l'Afrique,

Et en Afrique même tous ces princes, caïds, marabouts, roguis, bâtards et renégats,

Vous au milieu faisant la banque et vendant de la

poudre, ressource à tous les partis aléatoire et commune, de tous crainte et ménagée,

Et tout à coup au point choisi intervenant comme
la foudre,

Ces grands plans que vous m'expliquiez.

DON CAMILLE : Déjà avant que vous m'ayez accordé
l'honneur de cet entretien ils commençaient à perdre
leur intérêt.

Et que je ne reçoive des nouvelles de cette ligne de
cocotiers, de sable blanc et d'écume qui au delà de la
mer fait à l'Espagne une frontière invisible,

Déjà cette sensibilité à l'équilibre qui toujours fit ma
petite spécialité,

Cette espèce de compensation à la Cardan comme
pour les compas de navires qui est une tête bien faite,

L'œil qui voit de haut en bas et les oreilles qui à
droite et à gauche entendent,

Elle ne sert plus à la seconde critique en moi à
déclencher l'imperceptible dent de l'acte, cette décision
entre des forces opposées où la rapidité doit suppléer
à la masse.

Le désir en moi peu à peu cède la place à la curiosité,

Et cette curiosité elle-même est sourdement compro-
mise. Les gens se défient de moi. Ils ont cessé de me
comprendre.

Il y a même un tas d'imbéciles qui ont commencé
à comploter grossièrement contre moi,

Ici même et hors des portes. On m'en donne des
nouvelles de temps en temps.

Mais rien ne peut rompre le charme de cette demi-
heure d'attente. Tous ces Turcs le sabre levé et moi
à vos pieds égrenant mon chapelet sous les palmes,

Cela constitue une espèce de tableau vivant pour
le plaisir des spectateurs arrêté par la baguette d'un
magicien.

DONA PROUHÈZE : Ainsi toutes ces choses autour de nous qui font semblant d'être présentes, à dire vrai elles sont passées ?

DON CAMILLE : Ne sens-tu pas à quel point toi et moi déjà nous en sommes mystérieusement disjoints ?

DONA PROUHÈZE : Je n'aime pas beaucoup *toi* et *moi*.

DON CAMILLE : Une ride nous est communiquée sur la mer qui bientôt va me guérir de ce « toi, ma rose ! » pour toujours.

DONA PROUHÈZE : Si vous leviez les yeux sur moi, j'y lirais d'autres paroles.

DON CAMILLE : Pourquoi lever les yeux quand je sais d'avance ce que je lirais dans les vôtres ?

DONA PROUHÈZE : Cela vaut la peine de regarder cette unique portion de l'univers encore qui soit capable de vous intéresser.

DON CAMILLE : Ce petit pied nu me suffit.

DONA PROUHÈZE : Adieu, Senor ! je retire mon pied, quelqu'un est venu me chercher et je suis libre.

DON CAMILLE : Moi, je suis libre aussi.

DONA PROUHÈZE : Je suis contente d'être libre mais je n'aime pas cette idée que vous le soyez également. Tant que j'étais vivante, j'ai toujours senti que vous n'aviez pas le droit d'être libre.

DON CAMILLE : La mort est venue vous relever.

DONA PROUHÈZE : Je ne sais pas. Je suis inquiète de vous laisser. Et qui sait si mon corps ne vous a pas communiqué de moi tel secret que mon âme elle-même ignore ?

DON CAMILLE : Il est vrai. Vous n'avez pas pu empêcher que nous fassions une certaine alliance ensemble
Et que nous continuions malgré vous sourdement à correspondre.

DONA PROUHÈZE : Bientôt je n'aurai plus de corps.

DON CAMILLE : Mais votre religion dit que vous

conservez avec vous tout ce qu'il faut pour le revégéter.

DONA PROUHÈZE : Là votre pouvoir s'arrête.

DON CAMILLE : En êtes-vous si sûre ? est-ce en vain que depuis dix ans je vous oblige à vivre dans l'habitude que mon opposition vous imposait ?

DONA PROUHÈZE : Avez-vous l'impertinence de penser qu'il y avait en moi quelque chose qui fût fait spécialement pour vous ?

DON CAMILLE : Où serait autrement le pouvoir qui me retient à vos pieds

Et qui depuis dix ans m'oblige à écouter ce cœur en vous qui bat ?

DONA PROUHÈZE : Un autre l'occupe.

DON CAMILLE : Il occupe votre pensée, mais non point ce cœur occupé à chaque seconde à vous faire.

Ce cœur qui vous fait, ce n'est point Rodrigue qui l'a fait.

DONA PROUHÈZE : Il était fait pour lui.

DON CAMILLE : J'écoute bien, mais ce n'est point ce que me dit cette chose en vous plus ancienne que vous qui bat, ce battement depuis la création du monde que vous avez hérité d'un autre.

Il ne prononce aucun nom mortel.

DONA PROUHÈZE : Je sais qu'il commence en moi un Nom

Que Rodrigue avec moi de l'autre côté de la mer achève.

DON CAMILLE : Je dis plutôt qu'il vous aide à étouffer cet esprit en vous qui soupire.

DONA PROUHÈZE : N'est-ce pas Rodrigue par qui je suis ici avec vous et qui m'a appris à sacrifier le monde entier ?

DON CAMILLE : Il suffit à le remplacer.

DONA PROUHÈZE : Lui-même, n'ai-je pas renoncé à lui en ce monde ?

DON CAMILLE : Afin de mieux dans l'autre le posséder.

DONA PROUHÈZE : Resterai-je sans récompense ?

DON CAMILLE : Ah ! j'attendais ce mot ! Les chrétiens n'en ont pas d'autre à la bouche !

DONA PROUHÈZE : Tant mieux s'il me sert à écraser
celle d'un renégat.

DON CAMILLE, *confidentiellement* : Dites-moi, vous
qui êtes restée à la maison, j'ai toujours été curieux
de savoir l'effet qu'a produit ma brillante sortie

Et si j'ai vraiment réussi à faire de la peine au vieux
propriétaire.

DONA PROUHÈZE : Celui qui est la cause de toute
joie on ne peut lui infliger aucune peine.

DON CAMILLE : Ta ta ta ! Vous parlez comme un petit
sansonnet qui répète l'air qu'on lui siffle !

Moi, je crois autre chose. Tâchez de suivre mon rai-
sonnement. Au secours, mes souvenirs d'école ! l'agissant — oui c'est là le mot que je cherchais. (*Pédantes-
quement.*)

Tout ce qui est contre le vœu de l'agissant inflige à
cet agissant une souffrance conforme à sa nature.

Si je tape un mur je me fais mal et si je tape avec
une grande force je me fais un grand mal.

DONA PROUHÈZE : Il est vrai.

DON CAMILLE, *heurtant l'un contre l'autre ses deux
poings* : Et si je tape avec une force infinie, je me
fais un mal infini.

Ainsi, moi fini, si je tiens bon, j'arrête la Toute-
Puissance, l'Infini souffre en moi limite et résistance,
je lui impose ça contre sa nature, je puis être la cause
en lui d'un mal et d'une souffrance infinis !

Une passion telle qu'elle a pu arracher le Fils du
sein du Père ! Selon ce que vous autres chrétiens nous
dites.

DONA PROUHÈZE : Nous disons grâce gratuite et non point arrachée, bonté et non point souffrance.

DON CAMILLE : Dites ce que vous voudrez. Que fera-t-Il si moi je ne veux point de cette bonté ?

DONA PROUHÈZE : Dieu ne se soucie point de l'apostat. Il est perdu. Il est comme s'il n'était pas.

DON CAMILLE : Et moi je dis que le Créateur ne peut lâcher sa créature. Si elle souffre Il souffre en même temps. C'est Lui qui fait en elle ce qui souffre.

Il est en mon pouvoir d'empêcher cette figure qu'Il voulait faire de moi.

En qui je sais que je ne puis être remplacé. Si vous pensez que toute créature est à jamais irremplaçable par une autre,

Vous comprendrez qu'en nous il est en notre pouvoir de priver le sympathique Artiste d'une œuvre irremplaçable, une parcelle de Lui-même.

Ah ! je sais qu'il y aura toujours cette épine dans son cœur ! J'ai trouvé ce passage jusqu'au plus profond de son Etre. Je suis la brebis bien perdue que les cent autres à jamais ne suffisent pas à compenser.

Je souffre de Lui dans le fini, mais Lui souffre de moi dans l'infini et pour l'éternité.

Cette pensée me console en cette Afrique à quoi je suis condamné.

DONA PROUHÈZE : Quelle affreuse méchanceté !

DON CAMILLE : Méchanceté ou non,

J'ai affaire à quelqu'un de difficile et de moins simple que vous pensez. Je n'ai pas d'avantage à perdre.

J'occupe une forte position. Je détiens quelque chose d'essentiel. On a besoin de moi. Je suis ici.

Je suis en position de Le priver de quelque chose d'essentiel. (*Ricanant.*)

Beaucoup d'admirateurs ignorants qui ne savent que dire *amen* à tout ne valent pas un critique éclairé.

DONA PROUHÈZE : Si Dieu a besoin de vous, ne croyez-vous pas que vous aussi de votre côté ayez de Lui besoin ?

DON CAMILLE : J'ai nourri quelque temps en effet cette prudente et salutaire pensée. Le Vieillard dangereux que nous racontent les prêtres, pourquoi ne pas nous mettre bien avec Lui ?

Cela ne coûte pas grand-chose. Il est si peu gênant et Il tient si peu de place !

Un coup de chapeau, et Le voilà content. Quelques égards extérieurs, quelques cajoleries qui ne trouvent jamais les vieillards insensibles. Au fond nous savons qu'Il est aveugle et un peu gâteux.

Il est plus facile de Le mettre de notre côté et de nous servir de Lui pour soutenir nos petits arrangements confortables,

Patrie, famille, propriété, la richesse pour les riches, la gale pour les galeux, peu pour les gens de peu et rien du tout pour les hommes de rien. A nous le profit, à Lui l'honneur, un honneur que nous partageons.

DONA PROUHÈZE : J'ai horreur de vous entendre blasphémer.

DON CAMILLE : J'oubliais. Un bel amant pour les femmes amoureuses en ce monde, ou dans l'autre.

L'éternité bienheureuse dont nous parlent les curés.

N'étant là que pour donner aux femmes vertueuses dans l'autre monde les plaisirs que les autres s'adjugent en celui-ci,

Est-ce encore moi qui blasphème ?

DONA PROUHÈZE : Toutes ces choses grossières dont vous vous moquez, tout de même cela est capable de brûler sur le cœur de l'homme et de devenir la prière.

Avec quoi voulez-vous que je prie ?

Tout ce qui nous manque, c'est cela qui nous sert à demander.

Le saint prie avec son espérance et le pécheur avec son péché.

DON CAMILLE : Et moi je n'ai absolument rien à demander. Je crois avec l'Afrique et Mahomet que Dieu existe.

Le prophète Mahomet est venu pour nous dire qu'il suffit pour l'éternité que Dieu existe.

Je désire qu'Il reste Dieu. Je ne désire pas qu'Il prenne aucun déguisement.

Pourquoi a-t-Il si mauvaise opinion de nous ? Pourquoi croit-Il qu'Il ne peut nous gagner que par des cadeaux ?

Et qu'Il a besoin de changer son visage afin de se faire connaître de nous ?

Cela me fait de la peine de Le voir ainsi s'abaisser et nous faire des avances.

Vous vous rappelez cette histoire du Ministre qui se met en tête d'assister à la noce de son garçon de bureau et qui ne réussit qu'à causer la consternation générale ?

Qu'Il reste Dieu et qu'Il nous laisse à nous notre néant. Car si nous cessons d'être intégralement le Néant,

Qui est-ce qui prendra notre place pour attester intégralement que Dieu existe ?

Lui à sa place et nous à la nôtre pour toujours !

DONA PROUHÈZE : L'amour veut qu'il n'y ait pas deux places mais une seule.

DON CAMILLE : La chose par quoi Il est ce qu'Il est puisqu'Il ne peut nous la donner, qu'Il nous laisse donc où nous sommes. Je n'ai pas besoin du reste.

Je ne peux pas devenir Dieu et Il ne peut pas devenir un homme. Je n'ai pas plaisir à Le voir sous notre apparence corporelle.

Notre corps est ce qu'il est. Mais qui ne serait froissé de voir notre honnête vêtement de travail

Devenir sur le dos d'un autre un déguisement ?

DONA PROUHÈZE : Ce qui a été cloué sur la croix n'était pas un déguisement.

Cette union qu'Il a contractée avec la femme était vraie, ce néant qu'Il est allé rechercher jusque dans le sein de la femme.

DON CAMILLE : Ainsi c'est le néant que Dieu a désiré au sein de la femme ?

DONA PROUHÈZE : De quoi d'autre manquait-Il ?

DON CAMILLE : Et ce néant même depuis lors ainsi vous dites qu'il n'est pas à nous et qu'il ne nous appartient pas ?

DONA PROUHÈZE : Il ne nous appartient que pour faire exister par l'aveu que nous en faisons

Davantage Celui qui est.

DON CAMILLE : La prière n'est donc pas autre chose qu'un aveu de notre néant ?

DONA PROUHÈZE : Non pas un aveu seulement mais un état de néant.

DON CAMILLE : Quand je disais tout à l'heure : Je suis le néant, je faisais donc une prière ?

DONA PROUHÈZE : Vous faisiez le contraire, puisque la seule chose dont Dieu manque

Vous vouliez la garder pour vous, la préférant à ce qui est,

Vous reposant sur votre différence essentielle.

DON CAMILLE : Ainsi peu à peu, comme un habile pêcheur,

Je vous ai amenée où je voulais.

DONA PROUHÈZE, *troublée comme si elle se souvenait* : Pourquoi parlez-vous de pêcheur ?

Un pêcheur... un pêcheur d'hommes... Il me semble qu'on m'en a montré un déjà.

DON CAMILLE : Prouhèze, quand vous priez, êtes-vous toute à Dieu ? et quand vous Lui offrez ce cœur tout rempli de Rodrigue, quelle place Lui reste-t-il ?

DONA PROUHÈZE, *sourdement* : Il suffit de ne point faire le mal. Dieu demande-t-Il que pour Lui nous renoncions à toutes nos affections ?

DON CAMILLE : Faible réponse ! Il y a les affections que Dieu a permises et qui sont une part de Sa Volonté.

Mais Rodrigue dans votre cœur n'est aucunement effet de Sa Volonté mais de la vôtre. Cette passion en vous.

DONA PROUHÈZE : La passion est unie à la croix.

DON CAMILLE : Quelle croix ?

DONA PROUHÈZE : Rodrigue est pour toujours cette croix à laquelle je suis attachée.

DON CAMILLE : Pourquoi donc ne lui laissez-vous pas achever son œuvre ?

DONA PROUHÈZE : Ne revient-il pas du bout du monde pour l'achever ?

DON CAMILLE : Mais vous n'acceptez la mort de sa main que pour rendre par là votre âme de lui plus proche.

DONA PROUHÈZE : Tout ce qui en moi est capable de souffrir la croix ne le lui ai-je pas abandonné ?

DON CAMILLE : Mais la croix ne sera satisfaite que quand elle aura tout ce qui en vous n'est pas la volonté de Dieu détruit.

DONA PROUHÈZE : O parole effrayante !

Non je ne renoncerai pas à Rodrigue !

DON CAMILLE : Mais alors je suis damné, car mon âme ne peut être rachetée que par la vôtre, et c'est à cette condition seulement que je vous la donnerai.

DONA PROUHÈZE : Non, je ne renoncerai pas à Rodrigue !

DON CAMILLE : Mourez donc par ce Christ en vous étouffé

Qui m'appelle avec un cri terrible et que vous refusez de me donner !

DONA PROUHÈZE : Non, je ne renoncerai pas à Rodrigue !

DON CAMILLE : Prouhèze, je crois en vous ! Prouhèze, je meurs de soif ! Ah ! cessez d'être une femme et laissez-moi voir sur votre visage enfin ce Dieu que vous êtes impuissante à contenir,

Et atteindre au fond de votre cœur cette eau dont Dieu vous a faite le vase !

DONA PROUHÈZE : Non je ne renoncerai pas à Rodrigue !

DON CAMILLE : Mais d'où viendrait autrement cette lumière sur votre visage ?

SCÈNE XI

LE VICE-ROI, DON RAMIRE, DONA ISABEL
DON RODILARD

La flotte espagnole au large de Darien dans le Golfe du Mexique prête à appareiller pour l'Europe. La dunette du bâtiment-amiral.

LE VICE-ROI : Seigneur lieutenant, je suis vraiment fâché de vous priver de la flotte en ce moment critique.

Je sais en effet que les boucaniers préparent une expédition contre Carthagène.

Et si vous me demandez comment vous vous y prendrez pour résister à ces messieurs, sans bateaux, sans munitions, dont j'ai dû me pourvoir à vos dépens,

Privé de vos meilleures troupes que je me suis permis de vous emprunter, sans argent,

Je vous réponds, que vous ferez comme vous pourrez.

DON RAMIRE : Je tâcherai de pouvoir.

DON RODILARD : Et d'ailleurs, une fois Son Altesse partie, il serait immoral et choquant que tout allât bien.

LE VICE-ROI, *vague et léger* : Le Roi m'appelle.

DON RODILARD : Un de ces appels silencieux dans le

secret de la chapelle intérieure que le devoir d'un sujet est non seulement de deviner mais de prévenir.

LE VICE-ROI : J'ai une grande masse d'argent et d'or à apporter en Espagne et je ne veux laisser à nul autre le soin de l'accompagner.

Il faut que l'on me voie à Madrid.

Et je profiterai de mon passage pour en finir avec ces pillards africains qui me coupent chaque année mes convois.

Il faut qu'il y ait entre les deux Espagnes un fil sûr.

DON RODILARD : Le même, comme disait l'autre jour cet orateur municipal,

Qui par-dessus les Andes et ce membre monstrueux entre les Amériques par quoi le monde est verrouillé,

Vient de tirer votre bateau comme le char même de Jupiter

Des étendues Pacifiques jusqu'au domaine de ces Eaux impatientes et toujours agitées.

LE VICE-ROI, *frappant le pont du pied* : C'est fait, Monsieur le Bel-Esprit ! J'ai réussi ! Cette grande machine que mon esprit par-dessus les montagnes avait conçue, ça a marché !

Cette chose que tous les esprits raisonnables refusaient avec fureur, elle vit, elle marche ! Tout ce grand corps de cordes, de poulies et de contrepoids, cela grince d'une rive à l'autre dans sa triomphale absurdité ! Les Grecs et les Romains n'ont jamais vu rien de pareil !

Que parle-t-on dans les classes d'Annibal et de ses éléphants ? Moi, à la tête de douze vaisseaux, j'ai gravi les monts et des volées de perroquets se sont mélangées à mes cordages ! J'ai ouvert sous mon étrave une houle de montagnes et de forêts !

Et cent mille hommes sous la terre couchés de l'un et l'autre côté de ce chemin que j'ai établi témoignent que grâce à moi ils n'ont pas vécu en vain.

Ce n'est pas en ingénieur que j'ai travaillé, c'est en homme d'Etat.

J'ai créé le passage central, l'organe commun qui fait de ces Amériques éparses un seul corps.

Je tiens la position médiane, en travers des deux continents, à cheval sur les deux versants,

Cette barre qui ne permet à aucun de mes ennemis de joindre l'autre, le trajet vers tous les points le plus court, cette clef qui donne à tout moment raison à l'ensemble contre chacune de ses parties.

C'est cette clef que je m'en vais remettre entre les mains du Roi d'Espagne.

Il était temps que pour lui apporter des nouvelles de l'autre Océan que j'ai trouvé de l'autre côté de cette barrière d'or, d'argent, et d'aromates, je retourne la tête de mon cheval,

Et que lui faisant sauter comme une barre de manège cette limite où le temps s'arrête,

Je voie de nouveau son poitrail écumant sous moi s'enfoncer dans les eaux de cette Mer séquestrée !

(DON RODILARD *tient devant lui sa main étendue comme s'il lisait dedans.*) : Que lisez-vous dans votre main, Monsieur le Secrétaire ?

DON RODILARD : L'histoire de Charlemagne, Monseigneur.

LE VICE-ROI : Et qu'est-ce qu'il y a d'intéressant dans la vie de Charlemagne ?

DON RODILARD : Charlemagne chaque printemps quand ses piqueurs avaient tout préparé

Avait l'habitude de monter à cheval et d'aller à la chasse.

On baptisait les Saxons à tas, on amenait à Marseille par longs chapelets enfilés les adorateurs de Mahomet pour en garnir les galères de Sa Majesté.

Fanfares, discours, feux d'artifice, arcs de triomphe,

communiqués aux journaux. En automne l'Empereur rentrait à Arcueil-Cachan.

Roland restait en arrière :

On le voit dans les livres des enfants qui souffle tant qu'il peut dans sa petite trompette.

— De là cette expression bien connue : faire Charlemagne.

LE VICE-ROI : Si je fais Charlemagne, le féal Ramire fera Roland et gare aux Sarrasins qui le viendront chatouiller !

Prends l'Amérique, mon Roland, chevalier sans peur et sans sourire, et tâche de la garder comme il faut.

Quand tu seras embarrassé je t'ai laissé un petit livre tout entier recopié de la main de Rodilard. Tu n'auras qu'à t'y reporter.

Il y a un index alphabétique à la fin.

DON RAMIRE : Je supplie Votre Altesse de ne pas partir.

Au nom de tous ceux qui d'un pôle à l'autre de ce monde nouveau croient en vous et vous ont pris pour chef, je prie sérieusement et solennellement Votre Altesse de ne pas partir.

LE VICE-ROI : Et pourquoi ne partirais-je pas, Monsieur de l'Intérim ?

DON RAMIRE : Vous avez engagé votre foi à l'Amérique jusqu'à la mort.

LE VICE-ROI : Grand Dieu, si cela était vrai, quelle envie tu me donnerais de la trahir !

DON RAMIRE : Ne détruisez pas dans l'esprit de ceux qui vous aiment cette image qu'ils se sont faite de vous.

LE VICE-ROI : Elle n'est pas intéressante.

DON RAMIRE : Ne quittez pas à cause d'une femme le poste qu'on vous a confié.

LE VICE-ROI : Une femme ? Quelle femme ? Ce n'est pas une femme qui me fait partir.

DON RAMIRE : Prétendez-vous, Monseigneur, que ce n'est pas à cause d'une certaine femme que vous partez ?

LE VICE-ROI, *léger et ricanant* : Non pas, Monsieur le Questionneur. Le devoir seul (*presque chantonnant*) le devoir, le devoir seul m'appelle.

DON RAMIRE, *s'inclinant profondément* : Il ne me reste plus qu'à prendre congé de Votre Altesse. Je souhaite à Votre Altesse un bon voyage.

LE VICE-ROI : Adieu, Monsieur. (*Sort* DON RAMIRE.)

DON RODILARD, *s'inclinant à son tour et remettant au Vice-Roi un petit volume* : Je me permets de remettre à Votre Altesse mes *Obras completas*. C'est un témoignage de l'estime que j'ai pour Elle.

LE VICE-ROI : Adieu, cher Rodilard. — Toi seul m'as compris. (*Sort* DON RODILARD.)

DONA ISABEL : Il n'y a que Rodilard qui vous ait compris, Monseigneur ?

LE VICE-ROI : Il n'y a que Rodilard qui m'ait compris.

DONA ISABEL : Pourquoi avez-vous menti ainsi à Don Ramire ?

LE VICE-ROI : Cela m'amuse de mentir quelquefois et de vaquer à mes affaires à l'abri de ce Rodrigue faux que j'ai planté sur un bâton.

DONA ISABEL : Il vous aime.

LE VICE-ROI : Je déteste la familiarité.

DONA ISABEL : Et moi, ne me direz-vous pas une parole aimable avant de partir ?

LE VICE-ROI : Adieu, je penserai à vous quelquefois.

DONA ISABEL : Je vous déteste !

LE VICE-ROI : Tant mieux. J'ai le caractère ainsi fait que la haine et le mépris des gens me sont plus faciles à supporter que leur admiration.

Et là-dessus :

SCÈNE XII

Deux mois plus tard, la flotte espagnole au large de Mogador, une sombre après-midi sans un souffle de vent. Entre le CAPITAINE *tenant une longue-vue qu'il remet au* VICE-ROI.

LE VICE-ROI, *regardant la terre* : C'est fini. Les Mores se sauvent à toutes jambes. Morbleu, ils ont eu leur compte. Ils ne recommenceront plus l'attaque aujourd'hui.

LE CAPITAINE : Ochiali, ma foi, est un raide bonhomme. Il serait dommage qu'il finisse sa carrière autrement qu'au bout d'une corde chrétienne.

LE VICE-ROI : Peut-être vous auriez voulu que nous lui prêtassions main-forte contre les Infidèles ?

LE CAPITAINE : Oui, ma foi, toute l'armée avec plaisir se serait portée au secours de Cacha-diablo.

LE VICE-ROI : C'est bien plus amusant de le voir périr ainsi sous mes yeux sans tirer un coup de canon.

Je l'imagine chaque matin regardant la mer et cette morne présence de nos bateaux jour et nuit qui ferme l'horizon.

Je n'avais pas besoin de prendre toutes ces troupes à Don Ramire. Il y avait à prévoir que dès que nos intentions seraient connues les Mores ne voudraient pas

nous laisser une proie si riche et Mogador de nouveau
à l'Espagne.

LE CAPITAINE : Mais les Mores à Mogador, est-ce
que cela vaut beaucoup mieux pour nous que Camille ?

LE VICE-ROI : C'est une tentation que je supprime,
cette vieille vérole africaine que nous avons dans le
sang.

Je coupe court à tous ces malsains tripotages, nous
préparant de nouveau quelque expédition à la Don
Sébastienne.

Il n'entre pas dans mes vues que l'Espagne de nouveau s'intéresse à l'Afrique. Le Nouveau-Monde suffit.

LE CAPITAINE : Mais que dira le Roi d'Espagne ?

LE VICE-ROI, *avec un rire sec* : Je n'ai rien fait, Monsieur. Je n'ai pas tiré un coup de canon.

Est-ce ma faute si ce calme intempestif nous retient
depuis quinze jours devant Mogador ?

Suis-je responsable de l'explication que ces sauvages
imbéciles ont donnée à notre présence ?

Et pouvais-je deviner que les forces de notre renégat
étaient prêtes à se mutiner ?

LE CAPITAINE : Mais ne ferez-vous rien du moins
pour la veuve de Don Pélage que ce brigand retient
captive ?

LE VICE-ROI : Non point captive, Monsieur, pour
autant que je puisse savoir, mais son épouse honorée.

LE CAPITAINE : Peut-être la relâcherait-il, si nous lui
faisions quelque promesse.

LE VICE-ROI : Je n'ai pas de promesse à faire. J'attends ses propositions.

LE CAPITAINE, *saisissant la longue-vue et la braquant
vers la terre* : Un signal ! Je vois un drapeau blanc qui
monte et descend au mât de la citadelle. On demande
à nous envoyer un parlementaire. (*Silence.*)

Que dois-je répondre ?

LE VICE-ROI : Je n'ai pas envie de répondre.

LE CAPITAINE : Monseigneur, je vous supplie d'entendre ce que ces malheureux Espagnols ont à dire.

LE VICE-ROI : C'est bien. Qu'ils envoient leur parlementaire. (*Un officier va porter l'ordre. Silence.*)

LE CAPITAINE : Je vois un bateau qui quitte le port. Il y a une femme dedans ! c'est une femme. Oui, il y a une femme et un enfant dans le bateau.

LE VICE-ROI : Donnez-moi la longue-vue. Non, vous pouvez mieux voir que moi. Vous êtes absolument sûr qu'il y a une femme ?

SCÈNE XIII

LE VICE-ROI, DONA PROUHÈZE, OFFICIERS

Le pont du vaisseau-amiral fermé par des toiles de manière à constituer une espèce de grande tente. Une grosse lanterne allumée devant la peinture de Saint Jacques au mur du château d'arrière. LE VICE-ROI *est assis sur un grand fauteuil doré. Autour de lui par-derrière debout les Commandants des bateaux et les principaux officiers.*

UN OFFICIER, *entrant* : L'envoyé du commandant de Mogador est là.

LE VICE-ROI : Qu'on le fasse entrer. (*Entre* DONA PROUHÈZE *tenant par la main une petite fille. Silence.*)

LE VICE-ROI : Vous êtes l'envoyée du sieur Ochiali ?

DONA PROUHÈZE : Sa femme et son envoyée. Voici mes pouvoirs. (*Elle lui remet un papier qu'il passe sans le lire à un officier derrière lui.*)

LE VICE-ROI : Je vous écoute.

DONA PROUHÈZE : Dois-je parler ainsi devant toute cette assemblée ?

LE VICE-ROI : Je veux que toute la flotte entende.

DONA PROUHÈZE : Allez-vous-en et Don Camille conserve Mogador.

Vous avez pu voir tout à l'heure comment nous sommes encore capables de nous défendre. Et nous avons parmi les assaillants des intelligences.

LE VICE-ROI : Il m'importe fort peu que Don Camille, comme vous l'appelez, Ochiali, ou quel que soit son nom de renégat,

Conserve Mogador.

DONA PROUHÈZE : Gentilshommes, je vous prie d'écouter ce que va répondre votre général. Je vous demande : est-ce par la volonté du Roi d'Espagne que vous êtes ici ?

LE VICE-ROI, *avec un sourire sardonique* : Une lettre m'a fait venir, un appel, une volonté à laquelle je n'avais rien à contreposer.

DONA PROUHÈZE : Vous l'avez entendu tard.

LE VICE-ROI : Dès qu'il m'a eu atteint j'ai tout quitté et je suis là.

DONA PROUHÈZE : Ainsi vous préférez l'appel d'une femme au service de votre souverain ?

LE VICE-ROI : Pourquoi ne ferais-je pas la guerre à mes propres enseignes quelque peu ?

Tel cet autre Rodrigue, mon patron, qu'on appelait le Cid.

DONA PROUHÈZE : Ainsi c'est pour nous faire cette guerre particulière que vous avez lâché les Indes ?

LE VICE-ROI : Pourquoi n'aurais-je pas fait rentrer le Maroc dans cette nouvelle figure des événements que votre appel,

Achevant l'aspect et moment général de l'univers comme une figure horoscopique,

M'invitait par mon départ à déterminer ?

DONA PROUHÈZE : Il n'y a plus personne qui vous appelle, partez.

LE VICE-ROI : Il n'y a plus d'appel, dites-vous ? ce n'est pas ce que dit le cœur en moi qui écoute.

Une mer figée devant Mogador retient ma nef appesantie.

DONA PROUHÈZE : Gentilshommes, si le Roi d'Espagne avait voulu détruire Ochiali, croyez-vous pas qu'il avait moyen à lui de le faire ?

Et nous ayant aussi longtemps tolérés, qu'il avait quelque raison pourquoi ?

Cette Afrique à la porte du Royaume, cet immense grenier à sauterelles qui trois fois nous a recouverts du temps de Tarif et de Yousouf et des Almohades,

Croyez-vous qu'on pouvait le laisser sans surveillance et qu'il ne faisait pas bon se réserver quelque moyen intérieur de savoir et d'intervenir ?

Ochiali le Renégat a rendu plus de services au Roi d'Espagne que Don Camille le bailli.

LE VICE-ROI : Je ne laisserai jamais dire que le Roi d'Espagne ait besoin des services d'un renégat.

DONA PROUHÈZE : Et moi, qui sais que contre le mal il y a toujours humblement quelque chose à faire,

Je dis que si le royal berger n'avait pas fait confiance à ce chien que je fus ici dix ans,

Le loup lui aurait dévoré beaucoup plus de moutons.

LE VICE-ROI : Non pas un chien, mais une épouse fidèle que nous admirons.

DONA PROUHÈZE : Son épouse, il est vrai, j'ai accepté d'être son épouse !

Puisque je n'avais plus de troupes et qu'il n'y avait plus d'autre moyen pour moi de continuer à Mogador

Cette capitainerie que le Roi m'avait confiée, la contrainte et commandement pendant dix ans de cette bête féroce.

UN OFFICIER : Il est vrai et je dois rendre témoignage. Maint captif délivré, maint bateau par son ordre secouru contre les pirates, maints naufragés sans rançon,

Affirment ce que Dona Prouhèze ici a fait dix ans pour le Royaume.

LE VICE-ROI : La liste des méfaits d'Ochiali serait plus longue encore ; tout ce qui venait de par chez moi était son butin préféré.

DONA PROUHÈZE : Je ne pouvais tout empêcher, cependant j'étais la plus forte.

Plusieurs fois il m'a fouettée et torturée. Mais il avait obéi.

LE VICE-ROI : Vous dites qu'il vous a fouettée et torturée ?

DONA PROUHÈZE : La première fois, c'est alors que je vous ai écrit cette lettre, la lettre à Rodrigue.

LE VICE-ROI : Ah ! je n'aurais jamais dû vous laisser avec lui !

DONA PROUHÈZE : Pourquoi ? les coups d'un vaincu ne font pas mal.

Et vous, vous le torturiez aussi.

LE VICE-ROI : Dois-je penser que votre corps seulement était avec cet homme ?

DONA PROUHÈZE : Rodrigue, ce que je vous ai juré chaque nuit est vrai. Delà la mer j'étais avec vous et rien ne nous séparait.

LE VICE-ROI : Amère union !

DONA PROUHÈZE : Amère, dites-vous ? ah ! si vous aviez mieux écouté et si votre âme au sortir de mes bras n'avait pas bu aux eaux de l'Oubli,

Que de choses elle eût pu vous raconter !

LE VICE-ROI : Le corps est puissant sur l'âme.

DONA PROUHÈZE : Mais l'âme sur le corps l'est plus,

Ainsi que le prouve cette enfant que mon cœur tout rempli de vous a fait.

LE VICE-ROI : C'est pour m'amener cette enfant que vous êtes venue ?

DONA PROUHÈZE : Rodrigue, je te donne ma fille. Garde-la quand elle n'aura plus de mère avec toi.

LE VICE-ROI : Ainsi, je l'avais deviné, vous voulez retourner à Ochiali ?

DONA PROUHÈZE : Il me reste à vous entendre refuser cette dernière proposition que je suis chargée de vous faire.

LE VICE-ROI : Parlez.

DONA PROUHÈZE : Si vous retirez votre flotte, il propose de me laisser partir avec vous. (*Silence.*)

LE VICE-ROI : Qu'en dites-vous, Messieurs ?

UN OFFICIER : Je ne vois pas ce qui nous empêcherait de dire oui. Et de sauver cette femme qui, après tout, fut l'épouse du noble Pélage.

UN AUTRE OFFICIER : Et moi je suis d'avis qu'il faut finir ce que nous avons commencé et ne pas conclure avec ce renégat pacte.

DONA PROUHÈZE : Avant tout il veut se débarrasser de moi, il veut essayer de vivre de nouveau, c'est moi qui l'empêche de continuer.

Dirai-je ce qu'il a ajouté, Monseigneur ?

LE VICE-ROI : Eh bien ?

DONA PROUHÈZE : Qu'il était bien heureux de créer de vous à lui cette petite obligation.

Il me donne à vous, dit-il. Il me remet entre vos mains.

Il me confie à votre honneur.

Sa pensée est de nous humilier l'un par l'autre.

LE VICE-ROI : Je suis venu ici pour répondre à votre appel qui était de vous délivrer de cet homme.

Et je vous délivrerai.

Je ne veux plus de lien entre cet infâme et vous.

DONA PROUHÈZE : Cher Rodrigue, il n'y a pas d'autre moyen de me délivrer que par la mort.

LE VICE-ROI : Eh quoi ! qui m'empêchera de vous

garder à mon bord cependant que les Mores là-bas me débarrasseront de Camille ?

DONA PROUHÈZE : L'honneur empêche. J'ai juré à l'homme de revenir si ses conditions ne sont pas acceptées.

LE VICE-ROI : Je ne suis, pas partie à cette promesse.

DONA PROUHÈZE : Vous ne me ferez pas manquer à ma parole. Vous ne lui donnerez pas cet avantage sur vous et sur moi.

LE VICE-ROI : Dois-je vous livrer aux mains des Mores ?

DONA PROUHÈZE : Tout est prêt pour faire sauter la citadelle ce soir. A minuit il y aura une grande flamme et, quand elle se sera éteinte, un coup.

Partez alors. Quelque chose sera fini.

LE VICE-ROI : Qu'est-ce qui sera fini, Prouhèze ?

DONA PROUHÈZE : Tout est fini pour Prouhèze qui m'empêchait de commencer !

LE VICE-ROI : Officiers, compagnons d'armes, hommes assemblés ici qui respirez vaguement autour de moi dans l'obscurité,

Et qui tous avez entendu parler de la lettre à Rodrigue et de ce long désir entre cette femme et moi qui est un proverbe depuis dix ans entre les deux Mondes,

Regardez-la, comme ceux-là qui de leurs yeux maintenant fermés ont pu regarder Cléopâtre, ou Hélène, ou Didon, ou Marie d'Ecosse,

Et toutes celles qui ont été envoyées sur la terre pour la ruine des Empires et des Capitaines et pour la perte de beaucoup de villes et de bateaux.

L'amour a achevé son œuvre sur toi, ma bien-aimée, et le rire sur ton visage a été remplacé par la douleur et l'or pour te couronner par la couleur mystérieuse de la neige.

Mais cela en toi qui autrefois m'a fait cette promesse, sous cette forme maintenant rapprochée de la disparition,

N'a pas cessé un moment de ne pas être ailleurs.

Cette promesse que tu m'as faite, cet engagement que tu as pris, ce devoir envers moi que tu as assumé,

Elle est telle que la mort aucunement

Envers moi n'est pas propre à t'en libérer,

Et que si tu ne la tiens pas mon âme au fond de l'Enfer pour l'éternité t'accusera devant le trône de Dieu.

Meurs puisque tu le veux, je te le permets ! Va en paix, retire pour toujours de moi le pied de ta présence adorée !

Consomme l'absence !

Puisque le jour est venu que tu cesses en cette vie et que non pas un autre que moi, par les arrangements de la Providence,

T'empêche désormais d'être un danger pour la morale et la société

Et ajoute à cette promesse que tu m'as faite la mort même qui la rend irrévocable.

Une promesse, ai-je dit, la vieille, l'éternelle promesse !

Et tout de même d'où serait venue pour César et pour Marc-Antoine et pour ces grands hommes dont je vous ai donné tout à l'heure à penser

Les noms et dont je sens l'épaule à la hauteur de la mienne,

Le pouvoir tout à coup de ces yeux et de ce sourire et de cette bouche comme si jamais auparavant ils n'avaient baisé le visage d'une femme,

Si ce n'était dans leur vie toute prise au maniement des forces temporelles l'intervention inattendue de la béatitude ?

Un éclair a brillé pour eux par quoi le monde entier
est frappé à mort désormais, retranché d'eux,

Une promesse que rien au monde ne peut satisfaire,
pas même cette femme qui un moment s'en est faite
pour nous le vase,

Et que la possession ne fait que remplacer par un
simulacre désert.

Laissez-moi m'expliquer ! laissez-moi me dépêtrer de
ces fils entremêlés de la pensée ! laissez-moi déployer
aux yeux de tous cette toile que pendant bien des
nuits,

J'ai tissée, renvoyé d'un mur à l'autre de cette amère
vérandah comme une navette aux mains des noires tis-
seuses !

La joie d'un être est-elle pas dans sa perfection ?
et si notre perfection est d'être nous-mêmes, cette
personne exactement que le destin nous a donnée à
remplir,

D'où vient cette profonde exultation comme le prisonnier qui dans le mur entend la sape au travail qui
le désagrège, quand le trait de la mort dans notre côté
s'est enfoncé en vibrant ?

Ainsi la vue de cet ange pour moi qui fut comme le
trait de la mort ! Ah ! cela prend du temps de mourir
et la vie la plus longue n'est pas de trop pour apprendre
à correspondre à ce patient appel !

Une blessure à mon côté comme la flamme peu à peu
qui tire toute l'huile de la lampe !

Et si la perfection de l'œil n'est pas dans sa propre
géométrie mais dans la lumière qu'il voit et chaque
objet qu'il montre

Et la perfection de la main non pas dans ses doigts
mais dans l'ouvrage qu'elle génère,

Pourquoi aussi la perfection de notre être et de notre
noyau substantiel serait-elle toujours associée à l'opacité
et à la résistance,

Et non pas l'adoration et le désir et la préférence d'autre chose et de livrer sa lie pour de l'or et de ·céder son temps pour l'éternité et de se présenter à la transparence et de se fendre enfin et de s'ouvrir enfin dans un état de dissolution ineffable ?

De ce déliement, de cette délivrance mystique nous savons que nous sommes par nous-mêmes incapables et de là ce pouvoir sur nous de la femme pareil à celui de la Grâce.

Et maintenant est-il vrai que tu vas me quitter ainsi sans aucun serment ? le paradis que la femme a fermé, est-il vrai que tu étais incapable de le rouvrir ? ces clefs de mon âme à toi seule que j'ai remises, est-il vrai que tu ne les emportes avec toi que pour fermer à jamais les issues

De cet enfer pour moi en me révélant le paradis que tu as fait ?

DONA PROUHÈZE : O Rodrigue, c'est pour cela que je suis venue, s'il est vrai que j'ai pris quelque engagement envers toi,

C'est pour cela que je suis venue, cher Rodrigue, pour te demander de me le remettre.

LE VICE-ROI : Tel était donc cet appel inlassable jour et nuit qui depuis dix ans me recherche à travers la terre et la mer et qui ne me laissait point de repos !

DONA PROUHÈZE : Cher Rodrigue, de cette promesse que mon corps t'a faite je suis impuissante à m'acquitter.

LE VICE-ROI : Eh quoi, voudrais-tu me faire croire qu'elle était mensongère ?

DONA PROUHÈZE : Que penses-tu toi-même ?

LE VICE-ROI : Tu peux mentir mais je sais profondément que ton corps ne mentait pas et la joie qu'il me promettait.

DONA PROUHÈZE : Le voici qui va se dissoudre.

LE VICE-ROI : Il se dissout mais la promesse qu'il m'a faite ne se dissout pas.

DONA PROUHÈZE : Ainsi je puis te donner la joie ?

LE VICE-ROI : Je sais que tu le peux si tu le veux et l'éternité ne serait-ce qu'une seconde.

DONA PROUHÈZE : Mais avec quoi vouloir, cher Rodrigue ? Comment faire pour vouloir quand j'ai remis à un autre ma volonté ? Comment faire pour remuer un seul doigt quand je suis prise et tenue ? avec quoi parler quand l'amour est maître de mon âme et de ma langue ?

LE VICE-ROI : C'est l'amour qui après t'avoir interdite à moi en ce monde présent

Me refuse aucune promesse pour l'autre ?

DONA PROUHÈZE : C'est l'amour qui refuse à jamais de sortir de cette éternelle liberté dont je suis la captive !

LE VICE-ROI : Mais à quoi sert cet amour avare et stérile où il n'y a rien pour moi ?

DONA PROUHÈZE : Ne me demande pas à quoi il sert, je ne sais, heureuse créature, c'est assez pour moi que je lui serve !

LE VICE-ROI : Prouhèze, là où tu es, entends ce cri désespéré que depuis dix ans je n'ai cessé d'élever vers toi !

DONA PROUHÈZE : Je l'entends, mais comment faire pour répondre autrement que par cet accroissement de l'éternelle lumière sans aucun son dans le cœur de cette subjuguée ?

Comment faire pour parler quand je suis captive ?

Comment promettre comme s'il y avait encore en moi quelque chose encore qui m'appartînt ?

Ce que veut Celui qui me possède c'est cela seulement que je veux, ce que veut Celui-là en qui je suis anéantie c'est en cela que tu as à faire de me retrouver !

N'accuse que toi-même, Rodrigue ! ce qu'aucune femme n'était capable de fournir pourquoi me l'avoir demandé ?

Pourquoi avoir fixé sur mon âme ces deux yeux dévorateurs ? ce qu'ils me demandaient j'ai essayé de l'avoir pour te le donner !

Et maintenant pourquoi m'en vouloir parce que je ne sais plus promettre mais seulement donner et que la vision et le don ne font plus avec moi que cet unique éclair ?

Tu en aurais bientôt fini avec moi si je n'étais pas unie maintenant avec ce qui n'est pas limité !

Tu cesserais bientôt de m'aimer si je cessais d'être gratuite !

Celui qui a la foi n'a pas besoin de promesse.

Pourquoi ne pas croire cette parole de joie et demander autre chose que cette parole de joie tout de suite que mon existence est de te faire entendre et non pas aucune promesse mais moi !

Moi, Rodrigue !

Moi, moi, Rodrigue, je suis ta joie ! Moi, moi, moi, Rodrigue, je suis ta joie !

LE VICE-ROI : Parole non point de joie mais de déception.

DONA PROUHÈZE : Pourquoi faire semblant de ne pas me croire quand tu me crois désespérément, pauvre malheureux !

Du côté où il y a plus de joie, c'est là qu'il y a plus de vérité.

LE VICE-ROI : A quoi me sert cette joie si tu ne peux me la donner ?

DONA PROUHÈZE : Ouvre et elle entrera. Comment faire pour te donner la joie si tu ne lui ouvres cette porte seule par où je peux entrer ?

On ne possède point la joie, c'est la joie qui te possède. On ne lui fait pas de conditions,

Quand tu auras fait l'ordre et la lumière en toi, quand tu te seras rendu capable d'être compris, c'est alors qu'elle te comprendra.

LE VICE-ROI : Quand sera-ce, Prouhèze ?

DONA PROUHÈZE : Quand tu lui auras fait de la place, quand tu te seras retiré pour lui faire de la place toi-même, à cette joie chérie !

Quand tu la demanderas pour elle-même et non pas pour augmenter en toi ce qui lui fait opposition.

LE VICE-ROI : O compagne de mon exil, je n'entendrai donc jamais de ta bouche que ce *non* et cet encore *non* !

DONA PROUHÈZE : Eh quoi, noble Rodrigue, aurais-tu donc voulu que je remette entre tes bras une adultère ?

Et plus tard quand Don Pélage est mort et que j'ai jeté cet appel à toi,

Oui, peut-être il vaut mieux qu'il ne t'ait pas atteint.

Je n'aurais été qu'une femme bientôt mourante sur ton cœur et non pas cette étoile éternelle dont tu as soif !

LE VICE-ROI : A quoi sert cette étoile qu'on ne rejoint jamais ?

DONA PROUHÈZE : O Rodrigue, il est vrai, cette distance qui me sépare, il est impossible par nos seules forces de la franchir.

LE VICE-ROI : Mais alors où est-il, ce chemin entre nous deux ?

DONA PROUHÈZE : O Rodrigue, pourquoi le chercher quand c'est lui qui nous est venu rechercher ? cette force qui nous appelle hors de nous-mêmes, pourquoi ne pas

Lui faire confiance et la suivre ? pourquoi ne pas y croire et nous remettre à elle ? pourquoi chercher à savoir, et faire tous ces mouvements qui la gênent, et lui imposer aucune condition ?

Sois généreux à ton tour ! ce que j'ai fait, ne peux-tu le faire à ton tour ? Dépouille-toi ! Jette tout ! Donne tout afin de tout recevoir !

Si nous allons vers la joie, qu'importe que cela soit ici-bas à l'envers de notre approximation corporelle ?

Si je m'en vais vers la joie, comment croire que cela soit pour ta douleur ? Est-ce que tu crois vraiment que je suis venue en ce monde pour ta douleur.

LE VICE-ROI : Non point pour ma douleur, Prouhèze, ma joie ! Non point pour ma douleur, Prouhèze, mon amour, Prouhèze, mes délices !

DONA PROUHÈZE : Qu'ai-je voulu que te donner la joie ! ne rien garder ! être entièrement cette suavité ! cesser d'être moi-même pour que tu aies tout !

Là où il y a le plus de joie, comment croire que je suis absente ? là où il y a le plus de joie, c'est là qu'il y a le plus Prouhèze !

Je veux être avec toi dans le principe ! Je veux épouser ta cause ! je veux apprendre avec Dieu à ne rien réserver, à être cette chose toute bonne et toute donnée qui ne réserve rien et à qui l'on prend tout !

Prends, Rodrigue, prends, mon cœur, prends, mon amour, prends ce Dieu qui me remplit !

La force par laquelle je t'aime n'est pas différente de celle par laquelle tu existes.

Je suis unie pour toujours à cette chose qui te donne la vie éternelle !

Le sang n'est pas plus uni à la chair que Dieu ne me fait sentir chaque battement de ce cœur dans ta poitrine qui à chaque seconde de la bienheureuse éternité

S'unit et se résépare.

LE VICE-ROI : Paroles au delà de la Mort et que je comprends à peine ! Je te regarde et cela me suffit ! O Prouhèze, ne t'en va pas de moi, reste vivante !

DONA PROUHÈZE : Il me faut partir.

LE VICE-ROI : Si tu t'en vas, il n'y a plus d'étoile pour me guider, je suis seul !

DONA PROUHÈZE : Non pas seul.

LE VICE-ROI : A force de ne plus la voir au ciel je l'oublierai. Qui te donne cette assurance que je ne puisse cesser de t'aimer?

DONA PROUHÈZE : Tant que j'existe et moi je sais que tu existes avec moi.

LE VICE-ROI : Fais-moi seulement cette promesse et moi je garderai la mienne.

DONA PROUHÈZE : Je ne suis pas capable de promesse.

LE VICE-ROI : Je suis le maître encore ! Si je veux, je peux t'empêcher de partir.

DONA PROUHÈZE : Est-ce que tu crois vraiment que tu peux m'empêcher de partir ?

LE VICE-ROI : Oui, je peux t'empêcher de partir.

DONA PROUHÈZE : Tu le crois ? Eh bien, dis seulement un mot et je reste. Je le jure, dis seulement un mot, je reste. Il n'y a pas besoin de violence.

Un mot, et je reste avec toi. Un seul mot, est-il si difficile à dire ? Un seul mot et je reste avec toi. (Silence. Le VICE-ROI baisse la tête et pleure. DONA PROUHÈZE s'est voilée de la tête aux pieds.)

L'ENFANT, criant tout à coup : Mère, ne m'abandonne pas ! (Une longue barque aux deux rangées de rameurs sans visage vient se mêler au vaisseau imaginaire. Deux esclaves noirs en sortent qui la prennent sous les bras et l'emportent dans le funèbre esquif.)

L'ENFANT, avec un cri perçant. — Mère, ne m'abandonne pas ! Mère ne m'abandonne pas !

FIN DE LA TROISIÈME JOURNÉE

Quatrième journée

SOUS LE VENT DES ILES BALÉARES

Toute cette journée se passe sur la mer
en vue des Iles Baléares.
L'orchestre
en douze mesures
établit l'horizon une fois pour toutes.

Personnages de la quatrième journée.

ALCOCHETE.
BOGOTILLOS.
MALTROPILLO.
MANGIACAVALLO.
CHARLES FÉLIX.
DON RODRIGUE.
LE JAPONAIS DAIBUTSU.
DON MENDEZ LEAL.
DONA SEPT-ÉPÉES.
LA BOUCHÈRE.
LE ROI D'ESPAGNE.
LE CHAMBELLAN.
L'ACTRICE Nº 1.
L'ACTRICE Nº 2.
LE CHANCELIER.
COURTISANS.
LE PROFESSSEUR BIDINCE.
LE PROFESSEUR HINNULUS.
LA CAMÉRISTE.
DIÉGO RODRIGUEZ.
LE LIEUTENANT.
DON ALCINDAS.
UN — DEUX — TROIS
    — QUATRE — CINQ — SIX.
MINISTRES.
SOLDATS.
LE FRÈRE LÉON.
L'HUISSIER.
LA RELIGIEUSE.

SCÈNE PREMIÈRE

Les pêcheurs ALCOCHETE, BOGOTILLOS, MALTROPILLO,
MANGIACAVALLO, L'ENFANT CHARLES FÉLIX

Les pêcheurs ALCOCHETE, BOGOTILLOS, MALTROPILLO,
MANGIACAVALLO, *qui est très poilu et noir et a l'air par-
ticulièrement stupide. A l'arrière, l'enfant* CHARLES
FÉLIX *tenant une ligne à la main.*

ALCOCHETE, *trempant son doigt dans la mer et le
suçant avec attention :* C'est sucré !

BOGOTILLOS, *il prend de l'eau dans sa main, la fait
passer dans l'autre, les frotte toutes deux avec force et
respire l'odeur :* Si ça ne vous a pas un petit goût de
vendange, je veux qu'on me fiche dans les Contribu-
tions Indirectes.

MALTROPILLO, *il puise de la mer dans une tasse
et les yeux blancs, s'étant rincé la bouche avec, la
recrache à la manière des tâteurs de vin :* Je vas vous
dire, si ça ressemble à quelque chose, c'est à du mal-
voisie que le père portier du couvent m'a fait une fois
boire un soir.

ALCOCHETE : Goûte donc, Mangiacavallo.

MANGIACAVALLO, *incertain et déjà penché :* Vous voulez me tirer la jambe.

BOGOTILLOS, *lui fourrant la tête dans la mer* :
Goûte, que je te dis, artiste !

MANGIACAVALLO, *ruisselant et éternuant* : Puah !
Frtt ! Prha !

MALTROPILLO : C'est-i du sec ou de l'oloroso ?

MANGIACAVALLO : Bougres d'idiots ! j'ai jamais rien
goûté de si salé ! pour sûr que c'est ici les entrepôts !

ALCOCHETE : Attention ! notre Charles Félix a senti
quelque chose.

MANGIACAVALLO : Cette idée de faire ainsi tâter le
fond de la mer par un gamin de dix ans !

ALCOCHETE : Et toi, quoi est-ce que tu sentirais un
peu avec tes pattes qui sont plus épaisses que de la
peau de requin ? Tu pourrais tenir de la braise chaude
avec sans te faire de mal.

BOGOTILLOS : Cette affaire-là, c'est fin ! Cette corde-
là, mes amis, c'est fait avec du chanvre de Manille,
c'est plus fin qu'un nerf ! C'est vivant comme une
couleuvre. Une montre, un soulier, un sou plat, ça vous
trouverait au fond de l'eau tout trétout. Mais pour
s'en servir il faut un petit corps tendre, des mains
fraîches comme une feuille de rose. Attention, *cuchi-
nillo* !

MALTROPILLO : Tout ça n'est rien, mais qui est-ce
qui a eu l'idée de mettre la main au bout, je vous
prie ?

MANGIACAVALLO : Quelle main ?

MALTROPILLO : I ne sait rien ! I ne voit rien ! I ne
regarde rien ! T'as pas vu qu'y avait une main au bout
de la corde, enfant de bûche ?

MANGIACAVALLO : J'ai vu une espèce de bout jaune.

MALTROPILLO : Une espèce de bout jaune, c'est la
main à Lévy le bijoutier, qu'on a pendu le mois dernier parce qu'il faisait de la monnaie fausse qu'était
vraie.

C'est le bourreau qui me l'a vendue bien honnêtement pour une livre et demie de poisson frais, il y a longtemps que j'en avais envie.

Une main d'usurier, ça chasse tout seul. Où ce qu'y a de l'or et de l'argent, ça y va raide tout droit. Ça irait vous chercher la bourse dans la poche.

S'y a queq'chose au fond de la mer, la main à Lévy vous le trouvera pour sûr.

ALCOCHETE : Puisqu'il s'agit de vin, c'est plutôt le nez d'un ivrogne que la main d'un bijoutier que tu aurais dû mettre au bout de la corde.

MALTROPILLO : Pour ça, le mien suffit. Tout le monde sait que la mer par ici a toujours eu une drôle de couleur.

Tournée, comme qui dirait.

Et l'autre jour, quand Bogotillos m'a rapporté une baille de la flotte qu'il avait puisée ici là-même,

Y a pas à dire que ça goûtait tout pareil aussi la même chose que le vin de Canarie comme il y en a en Grèce !

MANGIACAVALLO : Ça goûte tout pareil aussi la même chose que de l'eau salée qu'est salée.

BOGOTILLOS : Toi, tu n'es pas ici pour causer. On te paye pour ramer, rame. Quand on aura besoin de ton avis on te le dira.

Tout le monde sait qu'il y a ici quelque part une source de vin, une espèce de tonneau débondé.

MALTROPILLO : Une source de vin, c'est pas plus étonnant que les sources d'huile qu'on trouve au long du Brésil. Il y a une flamme dessus.

ALCOCHETE : Est-ce que c'est par ici que le Malcalzado avait trouvé la Femme-Froide ?

MANGIACAVALLO : Qui c'est que le Malcalzado ?

MALTROPILLO : On voit bien que t'es pas du pays, espèce de sardine de la Sardaigne !

Tout le monde a connu le Malcalzado, ce grand type tout noir mal culotté qu'avait une femme qui le battait,

Et qui avait toujours l'air de rire tout ouvert la gueule fendue comme s'i voulait rattraper sa culotte avec ses dents.

Un jour qu'il était descendu pour dégager son ancre qu'était prise, le voilà qui met le pied sur le pont d'un navire du temps jadis, autrefois coulé par le fond,

Et comme i triboulait là dedans, il se sent tout à coup qui se sent qu'il serrait dans ses bras la Femme-Froide,

Un grand cadavre de femme toute nue aussi dure que de la pierre.

Depuis ce temps-là i ne faisait pus que la chercher, ça lui a tourné les esprits.

BOGOTILLOS : C'était ici là-même.

ALCOCHETE : Et moi ce qu'i m'a dit, ce n'était pas une femme, c'était une espèce de grosse cruche ou pot, si grosse qu'i n'était pas compétent à la tenir entre ses bras,

Toute vivante et bouillonnante comme le ventre d'une sorcière !

BOGOTILLOS, *montrant un bateau qui s'approche* : Attention ! Faites semblant d'autre chose ! Il y a quelqu'un qui vient ! Tâchez tous à voir d'avoir l'air de ne pas avoir l'air ! (*Passe au fond de la scène derrière un voile léger le bateau de* DON RODRIGUE *marchant avec un seul foc. Entre les deux mâts des cordes sont tendues où sont accrochées des rangées de grandes images violemment dessinées et coloriées.*)

MALTROPILLO : C'est le bateau de Don Rodrigue.

ALCOCHETE : Oh là là ! il a mis à l'air tout son magasin d'images ! Tous les saints du paradis y ont passé ! Regardez voir le pavois qu'il a placé ! Un bateau qui revient après une pêche de trois jours n'est pas plus encombré de voiles et de filets qui sèchent.

BOGOTILLOS : C'est le moment de faire des affaires. La flotte qui arrive d'Amérique avec l'or et l'argent du Pérou est arrivée. La flotte qui va partir pour taper contre les Turcs avec Jean d'Autriche

Est ici qui va partir. Et le convoi qui va ravitailler notre Armada contre l'Angleterre est là tout de même aussi. Le Roi est là avec toute sa cour.

La finance, la diplomatie, les tribunaux et tout ce qui s'ensuit.

Toute l'Espagne est là qui danse sur la mer jolie. Les gens s' sont aperçus à la fin qu'on ne pouvait vraiment pas vivre autre part que sur de l'eau.

Et les pêcheurs au milieu de tout ça, mes amis ! les canots pour la ravitaille, les domestiques, les comédiens, les baladins, les prêtres avec le bateau pour dire la messe, sonnant la cloche, la gendarmerie !

On ne voit que des points noirs de tous les côtés comme des mouches sur du papier collant.

MALTROPILLO : C'est la nuit surtout que c'est épatant avec toutes les lumières,

Les fusées, les feux des cuisines flambantes et pétillantes,

Et les appels de bord à bord, les danses et concerts, les coups de canon, les chœurs de femmes et d'hommes en une voix seule, c'est pas tous les jours qu'on voit ça,

Ou un beau grand convoi funèbre sur la mer comme celui de Monsieur l'Amiral, l'autre jour,

Tout le grand Ramadan espagnol sur la mer,

La mer, je dis, comme une espèce de grand orchestre impossible à faire taire par là-dessous qui ne cesse de gronder l'air tout bas et de taper la mesure tout bas et de danser sous soi !

Personne ne songe à revenir à terre, les bateaux vont

chercher à Majorque ce qu'il faut. (*Un fantôme d'orchestre, pendant qu'ils parlent, explique.*)

ALCOCHETE : Si j'étais le Roi d'Espagne, cela m'ennuierait de voir Don Rodrigue se promener au milieu de tout ça avec sa jambe en moins.

BOGOTILLOS : Ce n'est pas la faute du Roi d'Espagne s'il a une jambe en moins.

ALCOCHETE : Tout de même il a été dix ans Vice-Roi des Indes, ensuite on l'a envoyé aux Philippines en disgrâce et c'est là en faisant la guerre aux Japonais qu'il s'a fait prendre prisonnier.

Et maintenant, il est obligé de vendre des feuilles de Saints aux pauvres pêcheurs pour gagner sa vie.

BOGOTILLOS : La mer est juste l'endroit pour les épaves. Le Roi d'Espagne n'est pas obligé de s'occuper de toutes celles qui achèvent ici de naviguer entre deux eaux.

ALCOCHETE : Mais celle-ci lui navigue insolemment sous le nez, aussi fière qu'un bâtiment à trois ponts.

BOGOTILLOS : Moi, cela m'amuserait à sa place de faire voir à tous ces courtisans dorés et mistifrisés ce que devient un homme à qui j'ai retiré mon intérêt.

MALTROPILLO : Mais c'est lui plutôt qui a l'air d'avoir retiré son intérêt au Roi d'Espagne ! Il faut voir avec quel air i s'établit sur son pilon de bois, comme il frappe, avec, le pont de son bateau,

Sec, dur, c'est moi !

Comme s'i disait comme qui dirait qu'on n'a plus autre chose à dire qu'à ne rien dire ! comme i se rembûche dessus pour vous parler !

BOGOTILLOS : J'ai idée que tout ça finira mal pour lui.

ALCOCHETE : En attendant, tout le monde lui achète ses feuilles de Saints. Il n'y en a jamais assez. On ne voit que ça aux murs dans les Iles et jusqu'aux bagnes d'Alger. Les Pères de la Merci envoient ça par paquets aux pauvres prisonniers.

MALTROPILLO : Ce qu'il y a de plus drôle est qu'il n'a jamais essayé de peindre ou de dessiner, mais il explique son idée et il y a à côté de lui une espèce de Japonais qu'il a ramené du Japon et qui exécute tout pour lui sur une planche de bois. Avec de l'encre et de la couleur et une presse on tire autant de feuilles qu'on veut.

BOGOTILLOS : L'autre jour i m'a donné un Saint Jacques magnifique. On le voit qui arrive en Espagne.

Il a des espèces de favoris noirs, pas d'yeux, un grand nez comme un couteau de fer, il est troussé comme un marin jusqu'aux reins et tout ça n'est que membres et muscles.

Il a le pied droit posé sur la proue de son bateau, le genou à la hauteur du sein,

Et il jette sur l'Espagne une espèce d'amarre en spirale qui n'en finit plus dans le ciel de tourner et de se dévider,

Vers une espèce de pilier qu'on aperçoit,

La colonne d'Hercule, le pieu qui traverse l'Espagne par le milieu, le boulon final vissé dur qui empêche toute l'Europe de décaler.

MALTROPILLO : Et moi, j'ai un autre Saint Jacques. Il est aussi grand que toute la distance qu'il y a entre le ciel et la terre.

Il sort de la mer, il a encore un pied dedans jusqu'à la cheville et il est si grand qu'il est forcé de se courber sous le plafond de nuages.

Et il a un immense bras qui lui pend de l'épaule droite avec une main au bout qui se balance comme un grappin,

Et au-dessous sur le rivage, avec ses magasins et ses clochers, on voit une petite ville toute blanche comme une traînée de farine.

ALCOCHETE : Il y a aussi Saint Joseph sur le Mont Ararat à qui l'on a concédé l'Arche de Noé. Mais celui que j'ai acheté est Saint Jude, le patron des causes désespérées.

On voit une espèce de carrefour dans une mine où se rencontrent trois ou quatre galeries à plusieurs milles sous terre.

Il y a un homme tout seul qui est assis et prosterné la tête dans ses bras sur une table.

Et de l'une des galeries sort un faisceau de lumière comme une lanterne qui approche.

BOGOTILLOS : Il y en a bien d'autres ! On n'en finit pas de tout regarder quand on est chez lui. On dirait que quelqu'un lui fournit des images et il jette ça au Japonais qui est là, toujours près de lui, comme un cuisinier avec sa poêle sur le feu toute pleine de friture.

MANGIACAVALLO : Tout cela ne dit pas qu'est-ce que nous ferons de ce grand pot à vin sous la vague, une fois que nous l'aurons repêché.

ALCOCHETE : Il n'y aura plus qu'à nous faire aubergistes et à donner à boire à toute l'Espagne.

BOGOTILLOS : Et que dirait la Sainte Inquisition aussi bien que l'Administration des Douanes et Régies ? Je suis d'avis qu'il faut l'offrir au Roi d'Espagne et que Sa Majesté nous fera tous gentilshommes. (*A ce moment la corde se tend violemment et se déroule aux mains de* CHARLES FÉLIX.)

CHARLES FÉLIX : Au secours ! au secours ! j'ai pris quelque chose ! j'ai pris quelque chose !

SCÈNE II

DON RODRIGUE, LE JAPONAIS DAIBUTSU,
DON MENDEZ LEAL

Une cabine dans le bateau de DON RODRIGUE. *Il est
debout, vieilli et grisonnant ; il a une jambe de bois.
Près de lui, devant une table chargée de papiers, de
pinceaux et de couleurs, le* JAPONAIS DAIBUTSU *est en
train de dessiner. Dans un coin, une presse de graveur.
Dans un autre coin,* DON MENDEZ LEAL, *la tête en bas.
C'est une simple silhouette découpée dans de l'étoffe
noire.*

*Il y aura, si l'on veut, au fond de la scène, un écran
où l'on pourra projeter des scènes et peintures appropriées de manière que le public puisse passer le temps
pendant que les acteurs racontent leurs petites histoires.*

DON RODRIGUE, *décrivant* : Tout en haut, deux gros
piliers largement jaspés avec des chapiteaux jaune
d'œuf très massifs, historiés à la romane.

La Vierge, appuyée, assise contre celui de droite,
habillée de vêtements bleu foncé. Sur toute la poitrine

pas de couleur, on ne voit qu'une grosse petite main d'enfant, bien dessinée.

Sous ses pieds un escalier qui descend jusqu'au bas de l'image. En haut les deux Rois Mages, fais-moi un seigneur quelconque de ton pays en costume de cérémonie avec le *kammori* démesuré sur la tête, le corps et les membres enserrés dans douze couches de soie, et dans lui dans son dos ne faisant qu'un seul tas avec,

Fous-moi une espèce de grand dépendeur d'andouilles d'Européen, tout noir, roide comme la justice, avec un chapeau pointu, un énorme nez et des mollets de bois, et la Toison d'Or au col.

Plus bas, à gauche, le Roi nègre, vu de dos, avec un diadème de poils de lion à l'abyssine et un collier de griffes, accoudé sur quelque chose, et l'autre bras tendu de toute sa longueur tenant une sagaie.

Le bas est formé par un chameau coupé à moitié corps formant une ligne bossue. Selle, harnachement, un panache rouge sur la tête, une cloche sous le menton.

Derrière les piliers, en haut, les montagnes comme celles qu'on voit au delà de Pékin, avec leurs tours et leurs murailles crénelées, jetées au hasard sur les collines comme des colliers. On sent qu'il y a la Mongolie par-derrière.

Wakarimaska ?

LE JAPONAIS : *Wakarimass.*

DON RODRIGUE : Tout cela n'occupe que la partie gauche d'une longue banderole de papier. A droite et en dessous il y a place pour une ribambelle de petits vers espagnols, avec leurs y et leurs points d'interrogation à l'envers. Il faut que ça soit pieux, plein de crochets et de fautes d'orthographe.

J'avais un secrétaire autrefois qui abhorrait ce genre de poésie bon enfant. Ça me donne envie de faire des vers quand je pense à ce pauvre Rodilard.

LE JAPONAIS, *montrant* DON MENDEZ LEAL : Ce bon seigneur ici ne va-t-il pas se lasser de nous attendre dans cette position incommode ?

DON RODRIGUE : Achève ton travail pendant que nous sommes chauds tous les deux ! Je sens que ça va marcher ! Je sens l'inspiration qui me sort jusqu'à l'extrémité de tes dix doigts !

LE JAPONAIS : Comment Votre Excellence jamais a-t-elle pu faire autre chose que du dessin ?

DON RODRIGUE : C'est ce que je me demande souvent. Que de temps perdu ! Et comment aussi ai-je pu m'accommoder si longtemps de ces deux jambes à la pataude quand c'est déjà bien trop de tenir à la terre par une seule ?

Maintenant c'est amusant de clopiner ainsi entre ciel et terre avec une jambe et une aile !

LE JAPONAIS : L'autre jambe, par mes soins, sur le champ de bataille de Sendigahara est à jamais honorée par un petit monument.

DON RODRIGUE : Je ne la regrette pas ! Japonais, je vous aimais trop ! Cela valait la peine de perdre une jambe pour entrer dans votre pays !

LE JAPONAIS : C'est à coups de canon que vous teniez à nous exprimer votre sympathie ?

DON RODRIGUE : On se sert de ce qu'on a et je n'ai jamais eu de fleurs et de caresses à ma disposition.

Vous étiez trop heureux dans votre petit trou au sec au milieu de la mer, dans votre petit jardin bien fermé, buvant à petits coups votre thé dans de petites tasses.

Cela m'ennuie de voir des gens heureux, c'est immoral, cela me démangeait de m'introduire au milieu de vos cérémonies.

LE JAPONAIS : Bon gré mal gré, parmi nous il vous a fallu quelque temps apprendre le repos et l'immobilité.

DON RODRIGUE : Je me vois encore à ce dernier étage du château de Nagoya que l'on m'avait donné comme prison ! Quelle prison ! C'est plutôt moi qui tenais le Japon tout entier, en travers dans le joint de son articulation maîtresse, c'est le Japon tout entier que je possédais au travers de mes soixante-dix fenêtres !

Bon Dieu, qu'il faisait froid !

D'un côté il y avait la campagne, c'était l'hiver, la campagne toute craquelée, la terre rose, les petits bois noirs, et le moindre détail délicatement dessiné comme avec un poil de sanglier sur la plus fine porcelaine,

De l'autre, la ville remplissait jusqu'à moitié la rangée de mes fenêtres vers l'ouest et je me souviens de cette unique tache bleu sombre que faisait l'installation d'un teinturier sur l'écaille grise des toits.

C'est là que j'ai fait ta connaissance, mon vieux Daibutsu ! Que de saintes peintures nous avons ensemble déroulées ! Que de longues bandes m'ont passé lentement entre les doigts comme un fleuve d'images et de caractères !

LE JAPONAIS : Si vous aviez voulu, je vous aurais appris à dessiner à notre manière.

DON RODRIGUE : Jamais je n'aurais pu. Je n'aurais pas eu la patience ! j'ai la main comme un gant de bois.

Je n'aurais pas pu offrir mon esprit à la nature comme une feuille de papier parfaitement blanc, une chose à jeun,

Sur laquelle les ombres peu à peu se présentent, se dessinent et se teignent de diverses couleurs.

Ce qui peut être dit et non pas ce qui est fait pour rester à jamais dans les délices et le secret d'une lumière ineffable,

Comme ces eaux d'où le lotus émerge et vos Iles elles-mêmes qui font dans l'Océan quatre ou cinq pierres.

Je n'étais pas venu ici pour me laisser enchanter.

LE JAPONAIS, *parlant comme s'il déposait chaque idée en hiéroglyphes sur le papier* : Il est écrit que les grandes vérités ne se communiquent que par le silence. Si vous voulez apprivoiser la nature, il ne faut pas faire de bruit. Comme une terre que l'eau pénètre. Si vous ne voulez pas écouter, vous ne pourrez pas entendre.

DON RODRIGUE : Et crois-tu que je n'aie rien entendu, toutes ces longues journées d'hiver sans jambes où je déchiffrais les archives de vos prêtres et de vos ermites ?

Où je faisais jouer l'un après l'autre les panneaux de cette chambre où vous m'aviez enfermé ? Prisonnier non pas de murs et de barreaux de fer mais de la montagne et de la mer et des champs et des fleuves et des forêts,

Eternellement autour de moi développés sur le papier inconsistant.

J'entendais ! j'ai entendu.

Deux paroles qui ne cessaient de m'accompagner dans ce merveilleux pèlerinage, pas à pas, sur un chemin de papier.

Et l'une de ces paroles était : *pourquoi ?*

Pourquoi ? Quel est le secret sur soi-même qui se lie et se replie au nœud de ces hiéroglyphes, pareils à des bulles montant d'un seul coup de la pensée ?

Il y a quelque chose qui dit : Pourquoi ? avec le vent, avec la mer, avec le matin et le soir et tout le détail de la terre habitée.

Pourquoi le vent sans fin qui me tourmente ? dit le pin. A quoi est-ce qu'il est nécessaire de se cramponner ? — Qu'est-ce qui meurt ainsi dans l'extase ? dit le chrysanthème.

— Qu'y a-t-il de si noir pour que j'existe, un

cyprès ? — Qu'est-ce qu'on appelle l'azur pour que je
sois si bleu ? — Qu'existe-t-il de si doux pour que je
sois si rose ? — Quelle est cette invisible atteinte qui
oblige mes pétales un par un à se décolorer ? — Que
l'eau est une chose forte pour qu'elle m'ait valu ce
coup de queue et cette jaquette d'écailles ! — De
quelle ruine, dit le rocher, suis-je le décombre ? A
quelle inscription absente mon flanc est-il préparé ?
— Tout monte, tout émerge avec un sourire secret de
la grande lagune que recouvre une fumée d'or.

LE JAPONAIS : Quelle est la seconde parole ?

DON RODRIGUE : Il n'y a personne dans toutes ces
peintures ! L'artiste a beau poser quelques bateaux sur
la mer, faire poudroyer une grande ville, là-bas, dans
l'anse de ce golfe ténébreux.

Cela ne remplit pas davantage l'attente de ces montagnes pour mieux voir l'une par-dessus l'autre éta-
gées.

Cela ne diminue pas plus la solitude que le chœur
des grenouilles et des cigales.

LE JAPONAIS : Oui, c'est une grande leçon de silence
que les peintres suspendent autour de nous. Même
cette troupe d'enfants qui jouent, cela devient en un
instant dès que le papier l'attrape sous le pinceau,

Silence et immobilité, un spectacle pour toujours.

DON RODRIGUE : Ami Daibutsu, ce n'est pas pour
devenir à mon tour silence et immobilité que j'ai rompu
un continent par le milieu et que j'ai passé deux
mers.

C'est parce que je suis un homme catholique, c'est
pour que toutes les parties de l'humanité soient réunies
et qu'il n'y en ait aucune qui se croie le droit de vivre
dans son hérésie,

Séparée de toutes les autres comme si elles n'en
avaient pas besoin.

Votre barrière de fleurs et d'enchantements, oui,

celle-là aussi devait être rompue comme les autres et c'est pour cela que je suis venu, moi, l'enfonceur de portes et le marcheur de routes !

Vous ne serez plus seuls ! Je vous apporte le monde, la parole totale de Dieu, tous ces frères qu'ils vous plaisent ou non à apprendre bon gré mal gré, tous ces frères en un seul géniteur.

Et puisque vous m'aviez coupé le pied, puisque vous aviez enfermé dans une prison ce qui me restait de corps,

Il ne me restait plus pour passer que l'âme, l'esprit, et par le moyen de ces tiennes mains, frère Daibutsu, dont je m'étais emparé,

Ces images auxquelles vous me provoquiez, ces grandes possibilités de moi-même que je dessinais sur des morceaux de papier.

LE JAPONAIS : Dites-vous que tous ces Saints sont des images de vous-même ?

DON RODRIGUE : Ils me ressemblent bien plus que je ne le fais à moi-même avec ce corps flétri et cette âme avortée !

C'est quelque chose de moi qui a réussi et qui a obtenu son avènement !

Ils vivent tout entiers ! Il n'y a plus en eux de résistance et d'inertie ! Ils répondent tout entiers à l'esprit qui les anime. Ce sont des pinceaux excellents dans la main d'un artiste parfait comme celui dont s'est servi Sesshiu quand il a dessiné ce cercle, une perfection pour toujours, sur la paroi de Kyotô,

Vous n'aviez pas autre chose à faire que de bien orner votre prison. Mais moi j'ai construit avec mes dessins quelque chose qui passe à travers toutes les prisons !

J'ai établi le dessin de quelque chose qui s'adapte au mouvement de votre cœur comme la roue fait de l'eau qui frappe ! Qui reçoit par les yeux à l'intérieur de

son âme la figure de cette espèce d'engin inépuisable
qui n'est que mouvement et désir,

Adopte une puissance en lui désormais incompatible
avec toutes les murailles !

Comme le montrèrent vos martyrs de l'Ile du Sud
quand j'étais là-bas, qu'on crucifiait et qu'on arrosait
avec du soufre liquide !

LE JAPONAIS : Seigneur Rodrigue, vos paroles m'empêchent de dessiner. J'ai compris ce que vous vouliez.
J'ai établi vos repères. La chose ne vous appartient plus
et si vous permettez, je l'achèverai tout seul.

DON RODRIGUE : Tâche du moins de ne pas me rater
ça, comme tu avais fait du Saint Georges. Tu n'y avais
rien compris, mon pauvre vieux.

Il faut bien me servir de toi, faute de mieux. — Ne
prends pas ton air pincé !

— Et achève vite ton travail, car il y a une autre
idée qui me vient. C'est bien plus amusant de semer un
Saint que de le fabriquer avec soi-même.

LE JAPONAIS, *montrant* DON MENDEZ LEAL : Que ferons-
nous en attendant de ce bon seigneur que voici dans ce
coin tout pensif et morfondu ?

DON RODRIGUE : Cela ne lui fera pas de mal de méditer et mûrir encore quelque temps le message dont le
Roi pour moi l'a chargé. Ça lui fait descendre les idées.

J'ai remarqué que la plupart des gens ont un certain
vide dans la tête par où la moisissure s'introduit.

Il faut les soigner comme les bouteilles qu'on a soin
de pencher un peu tout le temps qu'elles attendent au
fond de la cave,

De manière que le vin toujours presse un peu sur le
bouchon.

LE JAPONAIS : N'êtes-vous pas curieux de savoir ce
que le Roi par le canal et orifice de Don Mendez Leal
ici présent a à vous communiquer ?

DON RODRIGUE : Si bien, j'en meurs d'envie et tu

m'y fais penser. D'autant que le bon seigneur s'impatiente et je vois ses flancs qui s'agitent, tout travaillés
du désir d'exister. Debout, Monsieur ! (*Il le met debout.*) Bonjour, Monsieur. Je vous écoute.

LE JAPONAIS : Mais comment voulez-vous qu'il parle
quand il est tout plat ?

DON RODRIGUE : Je vais lui boucher le nez et tu le
verras qui s'emplit tout de suite de cet air qui est sa
substance.

LE JAPONAIS : Mais d'où viendra, je vous prie, cet air
et ce petit vent substantiel ?

DON RODRIGUE : Mon pauvre Daibutsu, je vois que
tu n'es pas au courant de la science moderne

Qui nous dit que tout vient de rien et que c'est le
trou peu à peu qui a fabriqué le canon.

C'est ainsi que l'Amibe primitif

En dilatant sa propre bulle par la vertu de la déesse
appelée Evolution, a fini par devenir un éléphant,
auquel est promis à son tour, n'en doutons pas, un
avenir non moins flatteur.

Vois notre homme déjà tout raboté de borborygmes
anxieux !

Regarde Son Excellence en proie à son génie intérieur et comme recueillant les émanations arcanes d'une
source tellurique qui commence à se dresser et regim-
ber et qui voudrait échapper à la pince vitale que je lui
applique. Un moment, Monsieur, s'il vous plaît.

Je vais lui attacher le nez, ce sera plus sûr. Passe-moi
ton cordon de soulier. (*Il lui attache le nez avec un
cordon de soulier.*)

LE JAPONAIS : Pourquoi lui attachez-vous le nez ?

DON RODRIGUE : Je lui attache le nez pour qu'il dise
la vérité. C'est par le nez que passent tous les men-
songes. C'est pour cela qu'on dit aux enfants : le bout
de ton nez remue.

LE JAPONAIS : Vous avez raison. Le nez est comme

un poteau au milieu de la figure qui indique la localité. Chez nous quand quelqu'un veut dire : C'est moi, il montre son nez.

DON RODRIGUE : Eh bien, j'ai fait un nœud à son moi, il ne pourra plus se sauver comme un gaz. Regarde-le qui se remplit peu à peu et qui prend forme et rondeur.

Le néant a produit le vide, le vide a produit le creux, le creux a produit le souffle, le souffle a produit le soufflet et le soufflet a produit le soufflé,

Comme en témoigne Monsieur l'Ambassadeur que voici tout tendu et gonflé et réalisé de partout comme un petit cochon de baudruche.

— Don Mendez Leal, je vous présente mes humbles hommages et vous demande pardon de l'infimité de ce lieu où vous n'avez pas craint d'amener avec vous

Cette compagne fidèle qui ne cesse de vous précéder,

Madame, ou dirai-je Mademoiselle, Votre Excellence.

DON MENDEZ LEAL, *parlant légèrement du nez* : Don Rodrigue, malgré vos égarements et votre pauvreté et le dégoût que vous inspirez à tout le monde, cependant je m'intéresse à vous et je suis prêt à vous tendre une main magnanime.

DON RODRIGUE : Merci, Monsieur.

DON MENDEZ LEAL : Vous me remercierez tout à l'heure, mais veuillez, premièrement, m'écouter quand je vous adresse la parole.

DON RODRIGUE : Je vous demande pardon.

DON MENDEZ LEAL : Hier encore Sa Majesté n'était-Elle pas disposée à vous constituer le gardien d'un de ses principaux entrepôts de tabac dans la plus belle ville de l'Andalousie ?

DON RODRIGUE : Le tabac me fait pleurer.

DON MENDEZ LEAL : Pleurez, pleurez, Monsieur, pleurez votre insolence et votre ingratitude ! Après votre insigne désobéissance au Maroc, après vos aventures au Japon, c'est une prison qui depuis longtemps aurait dû vous escamoter.

DON RODRIGUE, *montrant sa jambe* : Impossible de me mettre en prison tout entier. Il y aura toujours quelque chose qui restera dehors.

DON MENDEZ LEAL : Le Roi, sur ma prière, a consenti à se souvenir des services que vous lui avez rendus jadis aux Indes occidentales.

Certains prétendent que c'est vous, en effet, qui avez eu la première idée, qui avez crayonné, si je puis dire, le rude et grossier dessin

De cette entreprise qu'a réalisée Don Ramire, le Chemin Royal de Panama, et qui à jamais portera le nom de ce grand homme.

DON RODRIGUE : C'est un bien grand honneur pour moi que le mien puisse lui être humblement associé.

DON MENDEZ LEAL : Et comment, je vous prie, avez-vous remercié Sa Majesté des bienfaits qu'Elle ne cherchait qu'une occasion de répandre sur vous ?

DON RODRIGUE : Je frémis de l'apprendre.

DON MENDEZ LEAL : Quelle est cette insolence inouïe de promener ainsi sous les yeux du Roi en ce moment même où il tient ses assises solennelles sur la mer,

Cette espèce de détritus et de guenille qu'est devenu l'homme que jadis il avait chargé de représenter dans l'autre monde

Sa propre et personnelle Majesté ?

DON RODRIGUE : Je vous répondrai tout à l'heure. Mais n'est-ce pas Foin qui est votre prénom ?

DON MENDEZ LEAL : Je ne m'appelle pas Foin, je m'appelle Inigo, et ma famille est la meilleure des Asturies.

DON RODRIGUE : Je vous dis cela parce que j'ai là Foin que je viens d'achever. Saint Foin, patron des nourrisseurs et herbagers. Vert sur vert, c'est un rafraîchissement pour l'œil, un pur délice que de le regarder. Continuez, je vous prie.

DON MENDEZ LEAL : Je ne sais plus où j'en étais.

DON RODRIGUE : Vous en étiez à « insolence inouïe » et moi je vous demandais votre prénom.

DON MENDEZ LEAL : Oui, et pendant que nous y sommes, n'est-il pas honteux pour un gentilhomme de s'être fait ainsi colporteur de peinturlures ?

DON RODRIGUE : Peinturlures de Saints, Monseigneur.

DON MENDEZ LEAL : Quelle est cette familiarité de représenter les Saints comme s'ils étaient des hommes ordinaires sur quelque sale papier que le pêcheur ou le menuisier épingle au mur de sa cabane, associé aux spectacles les plus fétides ?

N'est-ce pas manquer de respect aux choses saintes ?

Laissons en leur lieu sur les autels et dans les oratoires ces figures vénérables et respectables et qu'on ne les entrevoie qu'à travers les vapeurs de l'encens.

S'il faut les représenter, que ce soit par le pinceau bénit et consacré de quelque marguillier de l'art à ce commis,

Un Velasquez, un Léonard de Vinci, un Luc-Olivier Merson.

DON RODRIGUE : Je dois vous avouer, Monsieur, que ma principale raison d'embrasser la carrière des Beaux-Arts

A été le désir de ne pas ressembler à Léonard de Vinci.

DON MENDEZ LEAL : Il faut qu'un Saint ait une figure comme qui dirait générale puisqu'il est le patron de beaucoup de gens,

Qu'il ait un maintien décent et des gestes qui ne signifient rien en particulier.

DON RODRIGUE : Fiez-vous à messieurs les peintres pour ça. Ce n'est pas l'imagination qui les étouffe ! (*Il crache.*)

— Et moi, j'ai horreur de ces gueules de morues salées, de ces figures qui ne sont pas des figures humaines mais une petite exposition de vertus !

Les Saints n'étaient que flamme et rien ne leur ressemble qui n'échauffe et qui n'embrase !

Le respect ! toujours le respect ! le respect n'est dû qu'aux morts, et à ces choses non pas dont nous avons usage et besoin !

Amor nescit reverentiam, dit Saint Bernard.

DON MENDEZ LEAL : Et c'est Saint Bernard, par exemple, qui vous a conseillé de faire ce cavalier que je vois là à la renverse, la tête sous son manteau et découvert de la manière la plus indécente,

Etreignant de la fourche de ses cuisses ce cheval vertical,

Jamais un cheval ne s'est tenu de cette manière !

DON RODRIGUE : C'est Saint Paul que j'ai voulu représenter. Et c'est sur un cheval comme ça qu'on monte au ciel.

Mais si vous êtes amateur, je vous conseille plutôt d'acheter cette belle image des XIV Saints Auxiliaires à quoi Daibutsu a mis tous ses soins.

Et voici encore les Saints Damien et Cosme, patrons des médecins et tous les savants hommes entre les mains de qui, peu à peu, nous guérissons de la santé.

DON MENDEZ LEAL : Tout ce que je vois est une offense aux traditions et au goût et provient du même désir pervers d'étonner et de vexer les honnêtes gens !

DON RODRIGUE : C'est possible, mais qu'est-ce que vous feriez par exemple si on vous avait commandé le Paradis terrestre ?

DON MENDEZ LEAL : Le Paradis terrestre ?

DON RODRIGUE : Précisément, le Paradis terrestre. Si on vous avait dit comme ça de faire le Paradis terrestre sur un bout de papier ?

DON MENDEZ LEAL : Je ne sais. Je suppose que je

tâcherais de faire une espèce de jungle ou de fouillis inextricable.

DON RODRIGUE : Vous n'y êtes pas. Vous n'avez pas réfléchi.

Le Paradis terrestre, c'était le commencement de tout. Par conséquent, il n'y avait pas de fouillis, mais un échantillon soigné de chaque espèce, chacun dans son carré de terrain avec les instructions appropriées. Les Jardins de l'Intelligence !

Cela devait ressembler aux plantations de l'Ecole de Pharmacie de Barcelone, avec de jolis écriteaux en porcelaine. Un endroit de délices pour les poètes classiques.

DON MENDEZ LEAL : Il n'y a pas moyen de causer sérieusement avec vous.

DON RODRIGUE : Je ne demande qu'à vous écouter.

DON MENDEZ LEAL, *amical et confidentiel* : Don Rodrigue, je vous méprise, mais qui peut connaître l'esprit du Roi ? Qui peut pénétrer les desseins de ce Souverain qui tient sa Cour sur la mer inconsistante ?

Est-il admissible que vous reveniez en faveur et que je n'aie pas été le premier à vérifier cet endroit surprenant où le rayon de Sa Grâce s'est posé ? On n'en saurait trouver de plus répugnant.

Quand vous serez puissant, j'espère que vous me donnerez beaucoup d'argent.

Oh ! comme je désire tout ce que vous êtes capable de me donner !

Le Roi a parlé de vous deux fois le même jour. C'est un signe qu'il veut vous pendre ou vous nommer chancelier,

A bon entendeur, salut ! (*Il fait le mouvement de s'en aller.*)

DON RODRIGUE : Avant de partir vous prendrez bien un verre de vin.

DON MENDEZ LEAL : Excusez-moi, votre bateau remue, j'ai un peu mal au cœur.

DON RODRIGUE : Alors laissez-moi au moins vous offrir une petite image. Voilà justement Gabriel qui est le patron des ambassadeurs. Voyez comme il est reluisant et doré !

C'est en souvenir de lui que ces messieurs ont le droit de porter une plume blanche à leur chapeau.

SCÈNE III

DONA SEPT-ÉPÉES, LA BOUCHÈRE

Un petit bateau sur la mer. LA BOUCHÈRE *est à l'avant.* DONA SEPT-ÉPÉES *à l'arrière, tient le gouvernail et l'écoute. Toutes les deux sont de très jeunes filles habillées en hommes. Le petit matin.*

DONA SEPT-ÉPÉES, *à la* BOUCHÈRE, *lui jetant de l'eau à la figure* : Finis tout de suite de pleurer, la Bouchère, ou je vas te rejeter à la figure toute l'eau salée que tu as versée dedans la mé depuis que nous avons quitté Majorque.

LA BOUCHÈRE, *pleurnichant* : Que dira mon père ? que dira ma mère ? que dira mon frère ? que dira le notaire ? que dira Madame la Supérieure du couvent où j'ai été si bien élevée ?

DONA SEPT-ÉPÉES : Que dira mon fiancé, le magnifique propriétaire de la Boucherie du Progrès ?

LA BOUCHÈRE : Ah ! la seule idée de mon fiancé me donne des ailes ! et je sens que pour le fuir j'irais volontiers avec vous jusques au bout du monde !

SEPT-ÉPÉES : Tu iras avec moi si je veux, car aussitôt que je serai lasse de toi, je te renfoncerai dans la mé avec un bon coup de rame sur la tête.

LA BOUCHÈRE : Eh bien, vous ferez de moi ce que vous voudrez, Mademoiselle, je suis contente ! Dès que j'ai vu votre gentil visage, dès que vous m'avez regardée et souri, j'ai compris que je n'avais plus qu'à vous suivre à tire-d'aile où vous allez !

SEPT-ÉPÉES : Il faut vite nous dépêcher, la Bouchère, il fait si bon ! Il n'y a pas de temps à perdre si nous voulons que le monde reste aussi beau qu'il est jusqu'à présent ! C'est pas possible ! Ça va peut-être ne durer qu'une seconde ! Ainsi le moucheron ne perd pas de temps pour aller tout droit à la belle flamme claire qui vient de s'allumer ! Et nous ne sommes pas un moucheron ! nous sommes deux petites alouettes de compagnie qui piquent en chantant vers le soleil !

Moi, du moins, je suis une alouette, et toi, tu n'es qu'une grosse mouche à viande. Ça ne fait rien, je t'aime tout de même.

LA BOUCHÈRE : Où c'est que vous voulez me conduire ?

SEPT-ÉPÉES : O ma Bouchère, que je suis heureuse ! Comme ça va être joli avec moi, comme ça va être amusant ! Les autres filles ont toujours cette longue vie embêtante devant elles, le mari, les enfants, la soupe à faire tous les jours, les assiettes sempiternellement à relaver, on ne pense qu'à ça !

Les gens marchent péniblement et ils ne s'aperçoivent pas que c'est tellement plus facile de voler, il n'y a qu'à ne plus penser à soi !

Ce beau soleil, ce n'est pas pour rien que Dieu l'a mis là ! Il n'y a qu'à y aller, montons-y ! Mais non pas, ce n'est pas le soleil ! c'est cette odeur délicieuse qui m'attire ! Oh ! si je pouvais tout le temps la respirer ! le temps de mourir et de nouveau elle est là ! Ce n'est pas le soleil visible que je veux, c'est cette espèce d'esprit exhilarant, cette odeur délicieuse qui fait mon cœur défaillir !

LA BOUCHÈRE : Où est-elle, cette odeur délicieuse ?

SEPT-ÉPÉES : Là où est ma chère maman cela sent bon ! Plusieurs fois, la nuit, elle est venue me trouver et elle m'embrasse tendrement et je suis sa fille chérie. Et il faut que j'aille la délivrer en Afrique.

LA BOUCHÈRE : Mais ne m'avez-vous pas dit qu'elle est morte là-bas, il y a plus de dix ans ?

SEPT-ÉPÉES : Elle est morte mais elle n'a pas fini ce qu'elle avait à faire en Afrique ! Est-ce qu'elle est délivrée pendant qu'il y a tant de chrétiens qui gémissent dans les bagnes de Barbarie ?

Je ne puis aller à elle, mais je puis aller jusqu'à eux.

Est-ce que nous sommes libres quand nous tenons de toutes parts à tant d'âmes pressées ?

Est-ce que je resterai lâchement à me prélasser en Espagne quand il ne tient qu'à moi de délivrer tout un peuple captif et maman qui est avec eux, comme eux ? Oh ! je voudrais déjà être partie !

LA BOUCHÈRE : C'est vous qui allez délivrer les captifs ?

SEPT-ÉPÉES : Oui, Mademoiselle, et si vous commencez à être malhonnête, je n'ai qu'à donner un coup de barre et je vous ramènerai à la Boucherie du Progrès.

LA BOUCHÈRE : Expliquez-moi ce que nous allons faire.

SEPT-ÉPÉES : Aussitôt que nous serons ensemble trois cents hommes (et il n'y a rien de plus facile que de réunir trois cents hommes et beaucoup plus, car il n'y a pas de bon chrétien en Espagne qui ne voudrait être d'une aussi noble entreprise),

Nous partirons tous ensemble sous l'enseigne de Saint Jacques et de Jésus-Christ et nous prendrons Bougie.

Bougie pour commencer, il faut être raisonnable, Alger est une trop grosse affaire.

J'ai vu un matelot, il y a huit jours, qui connaît

Bougie. Son frère de lait a été prisonnier à Bougie. Il dit qu'il n'y a rien de plus facile que de prendre Bougie.

LA BOUCHÈRE : Et quand nous aurons pris Bougie ?

SEPT-ÉPÉES : Si tu veux savoir ce que je pense, je ne crois pas que nous prendrons Bougie, mais que nous serons tous tués et que nous irons au ciel. Mais alors tous ces pauvres captifs du moins sauront que nous avons fait quelque chose pour eux.

Et tous les chrétiens quand ils nous auront vus périr bravement se lèveront pour les délivrer et chasser les Turcs.

Au lieu de se battre vilainement entre eux.

Et moi je serai au ciel entre les bras de ma chère maman, voilà ce que j'ai fait !

LA BOUCHÈRE : Et moi, je marcherai toujours derrière vous, tout près, et j'aurai une grande bouteille pleine d'eau pour vous donner à boire toutes les fois que vous aurez soif !

SEPT-ÉPÉES : Si mon père le veut, nous ne prendrons pas seulement Bougie, mais Alger et tout le reste ! Tu verras mon père ! Il sait tout. Il n'y a rien qu'il ne puisse faire s'il veut. Qu'est-ce que c'est, à côté de lui, que Dragut et Barberousse ?

LA BOUCHÈRE : C'est votre père qui n'a qu'une jambe et qui fait ces belles feuilles des Saints que tous les pêcheurs veulent avoir ?

SEPT-ÉPÉES : Mon père est le Vice-Roi des Indes et c'est lui qui a fait passer les bateaux par-dessus l'isthme de Panama. Et ensuite c'est lui qui a découvert la Chine et le Japon et a pris tout seul avec douze hommes le château et la ville de Oshima défendus par trois mille guerriers armés d'arcs et de flèches. C'est là qu'il a perdu la jambe, et ensuite, au dernier étage du château de Nagoya, il a appris la langue des bonzes et étudié la philosophie.

Et maintenant, revenu ici, c'est lui qui avec tous les Saints fait une grande armée de papier. C'est lui qui, avec son pinceau, fait descendre tous les Saints du ciel, et quand ils seront tous là, il se mettra à leur tête et moi à côté de lui et toi derrière moi avec une grosse bouteille et nous prendrons Bougie et Alger pour la gloire de Jésus-Christ !

LA BOUCHÈRE : Jean d'Autriche, le fils de Dona Musique, à qui le Roi d'Espagne a donné sa flotte à commander et qui part demain pour se battre contre les Turcs, est un bien plus grand général que votre père.

SEPT-ÉPÉES : Ce n'est pas vrai, la Bouchère, tu mens ! Je ne laisserai jamais dire à personne qu'il y a un plus grand général que mon père.

LA BOUCHÈRE : Un vieil homme qui a le pied coupé ! Qui voudrait s'engager sous les ordres d'un vieux type à la jambe coupée quand il n'y a qu'à regarder ce beau jeune homme pour savoir qu'il nous mène à la victoire ?

SEPT-ÉPÉES : Qu'a-t-il donc fait, ton petit Don Juan ? tandis que l'Afrique et les deux mondes sont remplis du nom de mon père ?

LA BOUCHÈRE : Vous-même, vous ne pouvez pas dire le contraire,

Si vous étiez un homme, et si vous n'étiez pas le fils, la fille, veux-je dire, de Don Rodrigue,

De quel cœur n'iriez-vous pas aussitôt rejoindre les enseignes de Don Juan.

SEPT-ÉPÉES, *avec un gros soupir* : Il est bien vrai, ma Bouchère, ah ! tu ne sais à quel point tu as raison !

LA BOUCHÈRE : Achevez, je sens que vous avez quelque chose à me dire.

SEPT-ÉPÉES : Es-tu capable de garder un secret ?

LA BOUCHÈRE : Je le jure, tout ce que vous me donnerez, je suis capable de le garder !

SEPT-ÉPÉES : Don Juan m'aime. Il a bien vu dans mes yeux que je suis capable de mourir pour lui. C'est fini, jamais plus je ne veux le revoir, ah ! il pourrait me supplier ! mon cœur est à lui.

LA BOUCHÈRE : Mais où donc avez-vous vu Don Juan ?

SEPT-ÉPÉES : Cette nuit même, comme j'allais chez toi mettre l'échelle au mur de ton jardin pour te faire ensauver.

Qu'est-ce que je vois sous une lanterne au coin de la rue de l'Huile ? Un beau jeune homme en noir, avec une chaîne d'or au cou, qui se défendait bravement contre trois estafiers.

Et moi, j'avais un énorme pistolet que j'avais volé à mon père et que je m'étais amusée à charger avec toute la poudre que j'avais pu trouver, je ferme les yeux et pan !

Ça a fait tant de bruit et de fumée qu'on aurait dit un coup de canon et qu'on ne voyait plus rien,

J'en ai eu le poignet tout démantibulé.

Quand j'ai vu clair de nouveau, les trois brigands avaient fui et il n'y avait plus que ce beau et élégant jeune homme en noir qui me remerciait.

Ah ! j'étais bien honteuse et je ne savais plus où me fourrer, qu'est-ce qu'il a dû penser de moi !

LA BOUCHÈRE : Qu'est-ce qu'il a dit ? qu'est-ce qu'il a dit ?

SEPT-ÉPÉES : Il m'a dit de venir avec lui sur son bateau et que je serais son page et son aide de camp et qu'il partait après-demain pour se battre contre les Turcs et que son nom était Jean d'Autriche et qu'il mourrait avant trente ans.

LA BOUCHÈRE : Peut-être qu'il voulait se moquer de vous.

SEPT-ÉPÉES : Il se moque de moi et moi, je me moque de lui ! Il s'appelle Jean d'Autriche et moi je m'appelle Marie des Sept-Épées, la fille du Vice-Roi des Indes. Comme si c'était lui dont parle l'Evangile à la fin de la messe quand il dit : Il y a eu un homme appelé Jean !

J'appartiens à mon père et non pas à ce vilain garçon qui a l'air si sûr de lui et de moi.

Il m'a dit qu'il fallait venir tout de suite et qu'on lui avait dit qu'il mourrait avant trente ans. Est-ce que j'ai peur de la mort ?

Parce que je suis une fille est-ce qu'il croit que je ne suis pas capable de le servir et de mourir pour lui ?

Ah ! je serais un frère pour lui et nous dormirions ensemble côte à côte et je serais toujours à côté de lui pour le défendre, ah ! je reconnaîtrais tout de suite ses ennemis !

Ah ! s'il meurt et moi aussi je suis prête à mourir avec lui !

SCÈNE IV

*Une salle dans le Palais flottant du Roi d'Espagne.
C'est une grande pièce dorée soutenue par des colonnes
torses et éclairée par une large verrière à petits vitraux
à demi ouverte. Une sombre lumière dorée vient d'en
bas par la réflexion de la mer.*

LE ROI D'ESPAGNE *est un homme au teint pâle, aux
yeux profondément enfoncés sous d'épais sourcils, aux
grands traits osseux que n'éclaire jamais un sourire,
massif et la tête dans les épaules. Il ressemble au Roi
de pique, tandis que son prédécesseur des deux premières journées ressemblait plutôt au Roi de cœur.*

*Il a les yeux attentivement fixés sur une tête de mort,
faite d'un seul morceau de cristal de roche, qui est
posée sur un coussin de velours noir au milieu de la
table, éclairée par le rayon du soleil couchant.*

LE ROI : Quel pouvoir m'empêche de lancer incontinent par la fenêtre ce caillou maudit, cet appareil à
savoir que Rodrigue est allé déterrer pour moi au fond
d'une tombe mexicaine, ce crâne translucide dont il
m'a fait présent par moquerie ?

Eponge spirituelle, entre ma pensée et ces choses que la courbure de la terre m'empêche de voir, il est un intermédiaire inique.

Une seconde... et rien... Une seconde... et tout s'efface et l'affreuse diaprure dont on ne sait si c'est le cristal ou ma pensée qu'elle colore s'est effacée.

A l'instant, dans dix lieues de tempête, dans un nœud de vagues furibondes qu'éclairait un soleil de folie, n'ai-je pas vu le *Rosario* en flammes s'enfoncer la poupe en l'air et le pavillon royal s'évanouir dans l'écume ?

Maintenant c'est une nuit mortuaire où flottent des plaques de neige et de tous côtés fuient de petites lumières éperdues.

J'ai sous les yeux une côte couverte d'épaves, des équipages tout petits qu'on passe au fil de l'épée.

Et ce cadavre obstiné, qui dans les eaux de ce néant prophétique remonte sans cesse et se replonge, je n'ai pas besoin de voir autre chose que son épaule et sa nuque entourée d'un fil d'or et d'un chiffon de dentelle,

Pour reconnaître l'Amiral lui-même, le beau Duc Medina Sidonia. Est-ce toi, Felipe ?

Qui m'empêche de jeter ce caillou par la fenêtre, ce crâne sculpté dans de l'esprit ? si ce n'est l'avidité d'un cœur qu'aucun désastre n'est capable de rassasier et qui n'ouvre

Ses portes qu'à la sommation de la catastrophe.

Tout ce qui arrive pour moi est-il inattendu ? ai-je nourri quelque illusion jamais ?

Ai-je été assez fou jamais pour croire que j'allais conquérir l'Angleterre avec vingt mille hommes et cette Armada encombrée de convois et de servitudes ?

Toutes ces complications, les révoltes en cent points divers à supporter à jour dit, l'Ecosse, l'Irlande, toutes ces ambitions, rivalités et intérêts divers à accorder, les troupes de Parme en Flandre à embarquer sous le canon des Pays-Bas,

N'étaient-ce pas autant de portes ouvertes à la mauvaise fortune ? Qui se confie au hasard, qu'a-t-il le droit d'attendre ?

Comment appeler le Roi qui bâtit sur la mer mouvante et qui confie aux vents ses trésors et ses soldats ?

Et cependant je n'avais pas le choix. Il fallait faire absolument quelque chose. Il n'y a pas besoin d'espérer pour entreprendre.

L'hérésie est pour la Chrétienté une telle souillure, elle est pour un cœur universel une chose tellement abominable et hideuse,

Que n'aurais-je eu qu'une chance, le devoir du Roi Très Catholique était de l'essayer et d'écraser Cranmer et Knox et de clouer sur son rocher cette cruelle Sylla, cette harpye à la face humaine, la sanguinaire Elisabeth.

J'ai fait ma tâche, j'ai bouché ce trou par où l'Accusateur contre moi eût pu passer, j'adore Dieu maintenant de toutes parts autour de ma foi une parfaite enceinte. (*Il couvre la tête de mort avec un coin du tapis de velours noir sur lequel elle est posée. Entre précipitamment* LE CHAMBELLAN. *Il a une belle fraise, une belle petite barbe blonde, de belles culottes noires bien rembourrées, et tous ses membres et articulations sont de guingois à des angles différents comme les parties d'un mètre de charpentier.*)

LE CHAMBELLAN, *entrant gauchement et rapidement :* Sire ! de bonnes nouvelles, Sire ! d'excellentes nouvelles ! de glorieuses nouvelles !

Loué soit Dieu qui protège l'Espagne ! Qui aurait pu douter qu'une expédition si bien combinée et pour un but si honorable sous un chef si distingué pût avoir une fin autre qu'excellemment parfaitement satisfaisante ?

LE ROI, *le regardant d'un œil de plomb* : Apaisez-vous, Monsieur, et reprenez vos esprits et veuillez me dire en ordre et posément ce que vous avez à me marquer.

LE CHAMBELLAN : Je demande humblement pardon à Votre Majesté ! En un jour si beau pour l'Espagne, qui pourrait contenir sa joie ? La mer même s'agite sourdement sous mes pieds et ce palais avec ses miroirs et ses peintures se soulève et craque,

Comme si la vague irrésistible qui vient de s'abattre sur les falaises de Douvres et de Southampton

Intéressait les racines de la profonde volute qui, de sous la quille de votre bâtiment monarchique,

S'évanouit en une triple corolle autour de l'Espagne Dieubénite.

LE ROI : Abandonnez ce langage poétique et éclairez-moi.

LE CHAMBELLAN : Sans aucune espèce de difficultés, la glorieuse Armada favorisée par le souffle des Anges

Est parvenue aux rivages de Calais et de Gravelines,

Et là, sur les bateaux préparés, elle a embarqué les troupes de Parme.

LE ROI : Où se trouvaient cependant les flottes de Frobisher et de Drake ?

LE CHAMBELLAN : Leurs débris jonchent les côtes de la Manche, de l'Irlande, des Hébrides et du canal de Bristol.

LE ROI : Ce n'est pas la même chose sur la carte.

LE CHAMBELLAN : Il n'y a pas le moins du monde à douter.

LE ROI : Sont-ce là des nouvelles de l'Amiral qui sont directement parvenues ?

LE CHAMBELLAN : Non pas, mais on ne parle pas d'autre chose à Bayonne.

LE ROI : Et qui vous a donné des nouvelles de Bayonne ?

LE CHAMBELLAN : Un marchand juif de ce matin arrivé, que la police a interrogé.

LE ROI : Il n'y a qu'à remercier Dieu d'un si grand succès.

LE CHAMBELLAN : Et déjà notre flotte remontant à pleines voiles la Tamise foudroie la Tour de Londres !

LE ROI : Il nous faut célébrer un *Te Deum* et tenir conseil sur ce que nous allons faire de la Grande-Bretagne.

LE CHAMBELLAN : Il n'y a qu'une ombre à votre victoire, je dois tout dire.

LE ROI : Parlez.

LE CHAMBELLAN : Le pauvre duc de Medina Sidonia s'est noyé, on n'explique pas comment.

LE ROI : Dieu ait son âme, ainsi soit-il ! (*On entend le bruit d'une discussion au dehors.*) Quel est ce bruit ? (*Entre* UN HUISSIER.)

L'HUISSIER : Sire, il y a là une femme qui dit que Votre Majesté lui a fixé audience et qui veut absolument être introduite auprès de Votre Majesté.

LE ROI : Un moment. (*Au* CHAMBELLAN.) Etes-vous allé trouver Don Rodrigue comme je vous avais fait suffisamment comprendre que tel était notre désir ?

LE CHAMBELLAN : C'est Don Mendez Leal qui s'est chargé de cette mission.

LE ROI : Eh bien, qu'a-t-il répondu ?

LE CHAMBELLAN : Il n'a rien répondu mais il lui a épinglé dans le dos le portrait de l'Ange Gabriel et il lui a attaché le nez avec un cordon de soulier pour l'empêcher de mentir.

Le pauvre gentilhomme est encore tout frémissant de cette injure !

LE ROI : C'est bien. — Je vous demanderai, Monsieur, de me faire la faveur pour un moment de ne plus exister. (*Le Chambellan n'existe plus.*) (*A* L'HUIS-SIER.) Faites entrer Madame. (L'HUISSIER *sort. Entre* L'ACTRICE.)

L'ACTRICE : Sire ! Sire ! je me jette aux genoux de Votre Majesté ! (*Elle fait comme elle dit, en excellent style.*)

LE ROI : Relevez-vous, Madame !

L'ACTRICE : Sire, mon Roi ! Que dire ? Par où commencer ? Ah ! je sens quelle est mon audace ! Mais la miséricorde des Rois n'est-elle pas comme cette grande coupe, dans les jardins de l'Escurial, alimentée à de lointaines cimes dont on ne sait jamais l'heure qu'elle afflue mais où les rossignols toujours ont la permission de se désaltérer. (*Elle se relève.*)

LE ROI : Parlez sans crainte, Madame, je vous écoute. Ne faisons-nous pas le même métier, vous et moi, chacun sur son propre théâtre ?

L'ACTRICE, *d'une voix éclatante* : Ah ! si jamais, ô mon Roi, ma voix a su porter jusqu'à votre cœur les accents de Lope et de Calderon,

Si jamais votre cœur s'est ému de voir l'Espagne en ma personne à grands plis se jeter aux genoux de Sertorius,

Prêtez à ma pauvre supplication de femme une oreille favorable !

Car s'il est vrai que j'ai nourri de mes simples affections ces grandes paroles que j'avais charge de rendre sensibles,

Il est bien juste qu'à leur tour toutes ces créatures sur la scène que je fus et qu'il ne dépend que de moi d'animer, comme de grandes colonnes

M'entourent et me prêtent appui !

LE ROI : Je vous écoute.

L'ACTRICE : Don Felipe de Medina Sidonia...

LE ROI : Je m'attendais à ce nom.

L'ACTRICE : Sire, Don Felipe, mon petit Felipe,

Ah ! il n'y a personne autant que moi qui sache qu'il n'est pas fait pour gouverner l'Angleterre !

LE ROI : Et qui vous a dit, Madame, que j'avais une Angleterre à ma disposition pour lui en faire cadeau ?

L'ACTRICE : Tout le monde sait que Votre Majesté vient de conquérir l'Angleterre et que Dieu a dissipé ses ennemis.

Le bruit en un instant s'est répandu partout comme le feu dans l'herbe sèche.

Entendez de toutes parts ces chants et ces acclamations.

LE ROI : Il est vrai, c'est un grand jour pour l'Espagne. En ce jour est accordée à l'Espagne une grande et mémorable journée.

L'ACTRICE : Sire, rendez-moi Felipe. Il n'y a personne autant que moi qui sache qu'il n'est pas fait pour gouverner l'Angleterre!

Ah ! je l'ai trop bien vaincu pour qu'il soit capable désormais d'embrasser autre chose que moi. Je vaux mieux que l'Angleterre !

Quand il était dans mes bras ce n'était pas le bruit des vagues sans repos là-bas, déferlant contre ce repaire d'hérétiques, qui l'empêchait de dormir !

Ce n'est pas l'odeur des algues et de la fumée de tourbe et des feuilles de chêne dans la pluie qui lui fera oublier jamais ce parfum brûlant de roses et de jasmin qui l'a conduit jusqu'à moi !

LE ROI : De quoi donc as-tu peur si tu es sûre de lui ?

L'ACTRICE : J'ai peur de cette Reine Marie que l'Usurpatrice a mise au fond d'une prison.

Mon beau Felipe la délivre et aussitôt elle lui accorde sa main. Le voilà Roi d'Angleterre au milieu du brouillard et de la glace.

C'est ainsi que les choses se passent dans toutes les

11

histoires que j'ai jouées. Pauvre Felipe ! c'est fini, je ne suis plus rien pour lui.

LE ROI : La Reine Marie n'est plus présentement en Angleterre.

L'ACTRICE : Où est-elle donc ?

LE ROI : Ici même à mes pieds, je ne la croyais pas si belle.

L'ACTRICE : Sire, je ne vous entends pas.

LE ROI : Aucune Marie jamais ne fut si belle et si touchante, c'est ainsi que j'aime à me la représenter.

L'ACTRICE : Sire, j'ai peur de vous ! Qu'il vous plaise de m'ouvrir votre pensée !

LE ROI : Don Felipe est à toi, ma fille ! Prends-le, je te le donne. Quelle joie de vous retrouver !

L'ACTRICE : O Sire, vous êtes bon et je vous baise les mains ! Quoi, vous allez lui dire de revenir en Espagne ?

LE ROI : Comment lutter contre le mouvement de mon cœur ?

Je vous donnerai Felipe si vous me donnez quelqu'un à sa place pour gouverner l'Angleterre.

L'ACTRICE : Sire, ne vous moquez pas de moi ! Ces grands et ces capitaines qui vous entourent, vous n'avez qu'à choisir parmi eux.

LE ROI : Celui que j'ai choisi me défie et refuse d'aller où je veux.

L'ACTRICE : Eh quoi, il est quelqu'un à vos ordres qui ose désobéir ?

LE ROI : Je n'ai donné aucun ordre. Celui qui m'obéit il n'y a besoin d'aucun ordre, c'est ma volonté de toutes parts qui l'entoure et l'entraîne comme un torrent. Mais lui s'est placé en 'tel lieu que je n'aie sur lui prise.

L'ACTRICE : Ah ! que ne suis-je votre Chancelier ? Je saurais trouver des arguments en un moment qui lui feraient perdre pied !

LE ROI : Vous êtes plus forte que mon Chancelier !

L'ACTRICE : Est-ce que l'homme est jeune encore ?

LE ROI : Il est vieux et n'a qu'une jambe.

L'ACTRICE : C'est Don Rodrigue que vous dites ?

LE ROI : Lui-même.

L'ACTRICE : C'est Rodrigue, le marchand d'images, qui refuse d'être Roi d'Angleterre ?

LE ROI : Il ne refusera pas quand il verra Marie en larmes à ses pieds.

L'ACTRICE : C'est moi qui suis Marie ?

LE ROI : Je ne sais par quelle perversité vous vous obstinez à vouloir être autre chose.

L'ACTRICE : Echappée aux prisons d'Elisabeth ?

LE ROI : Et recueillie en grand secret par le Roi d'Espagne.

L'ACTRICE : Que fera-t-il quand il s'apercevra de la duperie ?

LE ROI : Que fait le rat quand il est pris au piège ? Le devoir sera à ce moment une cage autour de lui dont il ne peut s'échapper.

L'ACTRICE : Et c'est vraiment Rodrigue entre tous vos serviteurs dont vous avez besoin ?

LE ROI : Tout ce que je tiens de l'Angleterre il n'y a pas d'autre que lui qui soit fait pour le posséder.

L'ACTRICE : Et il faut que je le supplie qu'il accepte l'Angleterre ?

LE ROI : Je n'attends que sa demande pour la lui accorder.

L'ACTRICE : Et vous me rendrez Felipe ?

LE ROI : Tout ce qui mêlé à la mer et à mon armée répond en ce moment au nom de Felipe, je t'en fais présent.

L'ACTRICE : Et moi je vous amènerai Rodrigue ! (*Elle sort après une dernière révérence. Cependant la salle s'est remplie des différents fonctionnaires, militaires, dignitaires et plénipotentiaires, nécessaires à constituer une espèce de tableau vivant qu'on pourrait appeler « la Cour du Roi d'Espagne », quelque chose dans le goût de la « Ronde de nuit ». Cette difficile composition, une fois achevée, ils demeurent tous parfaitement immobiles.)*

LE ROI, *frappant dans ses mains* : Messieurs, j'ai besoin de vous. Veuillez me prêter attention.

TOUS *répondent d'une seule voix* : Nous sommes aux ordres de Votre Majesté (*et se mettent à imiter l'attention de la manière la plus fausse et conventionnelle que l'on puisse imaginer*).

LE ROI : Je suppose que vous avez tous entendu déjà cette grande nouvelle qui nous est parvenue,

Nos ennemis par la tempête dissipés, nos forces ralliées et rassemblées, les hérétiques divisés en armes l'un contre l'autre, et notre puissante armée, de concert avec notre flotte, marchant sur Londres.

LE CHANCELIER : Il faut remercier Dieu qui a merveilleusement accompli son œuvre par nous au rebours de toute sagesse humaine.

LE ROI : A lui seul soit l'honneur comme au grand astre invisible qui des affaires temporelles conduit la montée et le reflux

Et qui fait qu'aux nations qu'il aime la défaite ne soit pas moins avantageuse que la victoire et recevoir que de donner.

LE CHANCELIER : Le bruit est parvenu jusqu'à moi que Don Felipe de Medina Sidonia est mort.

LE ROI : Il est vrai. C'est une nouvelle qu'il convient de garder encore secrète.

LE CHANCELIER : Qui va gouverner l'Angleterre à la place de notre beau Duc?

LE ROI : Vous-même, monsieur le Chancelier, si cela vous convient.

LE CHANCELIER : Ma place est la censure et non point de gouverner.

LE ROI, *aux courtisans* : Si quelqu'un de vous me demande l'Angleterre, je la lui donne. (*Ils demeurent tous immobiles et muets.*) Eh quoi, aucun de vous ne veut de l'Angleterre ?

LE CHANCELIER : C'est de Votre Majesté qu'ils ont peur et de ces desseins qu'Elle cache au fond de son cœur impénétrable.

LE ROI : Eh bien, je sais, j'ai désigné déjà à qui je donnerai ces Iles dans la brume, ces terres sombres et mouillées,

Qu'au travers de la tempête vient de toucher enfin un rayon de notre Soleil catholique.

LE CHANCELIER : Nous attendons son nom.

LE ROI : J'attends que lui-même vienne se proposer à Nous.

Il y a trop longtemps qu'il fuit jusqu'aux extrémités de la terre Notre présence, se vantant de faire où Nous n'étions pas Notre œuvre et de gagner pour Nous la longueur de son ombre par les moyens que lui-même a inventés et combinés.

C'est ainsi que vous l'avez vu tour à tour se meurtrir aux portes du Couchant et de l'Est.

Et maintenant la ride qui l'avait porté jusqu'aux extrémités de la terre le ramène irrésistiblement jusqu'à Nous,

Alors que de ses flottes sombrées il ne reste plus sous ses pieds que ce bateau fendu.

Sur lequel il a l'insolence de défier encore notre Vaisseau Royal.

Eh bien, je jure que si au lieu de s'amuser avec le reflet à l'envers sur l'eau de mes enseignes, il vient directement à moi, et moi tout ce qu'il demande, je le lui donnerai et je m'apercevrai de lui.

LE CHANCELIER : Pourquoi l'avoir abandonné quand il était jeune et puissant, pour le reprendre maintenant qu'il est infirme et vieux ?

LE ROI : Ce n'est pas moi, ce sont les choses qui l'ont abandonné, il n'était plus d'accord avec elles ;

On aurait dit qu'ils n'étaient plus animés de la même vie et qu'ils ne s'attendaient pas, qu'ils ne s'entendaient pas.

Mon devoir n'était-il pas d'enlever aussitôt le rouage qui grippe et qui grince ?

Ce n'est pas la même chose d'imposer sa volonté, de donner une forme à la matière plastique comme il a fait jadis de l'Amérique.

Ou de s'arranger avec les choses qui existent et d'intervenir à point nommé avec une oreille infaillible,

Car ce sont elles qui fournissent le mouvement et nous l'intelligence.

Toutes ces choses qui semblent disparates cependant elles vont naturellement vers l'accord.

Et maintenant qu'il est vieux, je suppose qu'il a compris que le moment est venu pour lui moins d'agir que d'écouter

Et de conduire les intérêts et les passions humaines à ce mariage politique auquel ils sont prédestinés.

LE CHANCELIER : Ainsi, ce colporteur à la jambe de bois, c'est à lui que vous allez décerner l'héritage des léopards et de la harpe ?

LE ROI : Je n'attends pour cela qu'un signe.

LE CHANCELIER : Quel signe ?

LE ROI : Je n'irai pas le chercher, je ne lui donnerai aucun ordre. Mais qu'il me demande l'Angleterre et je la lui donnerai. Vous n'osez jamais me demander rien, ou bien alors ce sont des titres, quelques bouts de ruban, quelques sacs d'écus, quelques arpents de terre,

Mais ce mendiant qui n'a plus d'autre asile que trois planches sur la mer,

Qu'il me demande l'Angleterre et je la lui donnerai !

SCÈNE V

PREMIÈRE ÉQUIPE BIDINCE, DEUXIÈME
ÉQUIPE HINNULUS

Les machinistes disposent négligemment au milieu de la mer une rocaille trouée, aussi légère qu'un échaudé. Arrivent les personnages de la scène première partagés en deux équipes et accompagnés du nombre de comparses qu'on jugera nécessaire pour leur donner du corps. D'un côté donc de l'échaudé, MANGIACAVALLO, ALCOCHETE et le professeur BIDINCE. De l'autre côté BOGOTILLOS, MALTROPILLO et le professeur HINNULUS. On voit les jambes de ces messieurs au-dessous du bordage des bateaux qu'ils manœuvrent puisque aussi bien chacun sait que, sans jambes, les bateaux ne sauraient marcher.

PREMIÈRE ÉQUIPE BIDINCE : Voilà notre bouée. C'est ici, je la reconnais à ce petit drapeau rouge que nous avons planté dessus.

DEUXIÈME ÉQUIPE HINNULUS : Voilà notre bouée. C'est ici. Je la reconnais à ce petit drapeau rouge que nous avons planté dessus.

BIDINCE : Oh ! je suis terriblement excité !

HINNULUS : Oh ! je suis terriblement excité ! (*Il hennit. Chacune des Equipes attache à l'avant du bateau le bout de corde qui était fixé à la bouée.*)

PREMIÈRE ÉQUIPE : Attention ! il n'y a plus qu'à tirer tous ensemble et bien d'accord. C'est le moment ou jamais.

DEUXIÈME ÉQUIPE : Attention ! il n'y a plus qu'à tirer tous ensemble et bien d'accord. C'est le moment ou jamais.

BIDINCE : Pourquoi est-ce le moment ou jamais ? (HINNULUS *fait comprendre par sa mimique qu'il est en train de dire la même chose.*)

PREMIÈRE ÉQUIPE : N'avez-vous pas appris que toute la flotte anglaise est allée au fond de la mer ? (*La deuxième équipe dit la même chose avec des gestes.*)

BIDINCE : Eh bien ?

HINNULUS : Eh bien ?

PREMIÈRE ÉQUIPE : Alors il y a quelque chose qui va remonter ! Quand quelque chose va au fond de l'eau, il y a autre chose qui va remonter.

LA DEUXIÈME ÉQUIPE *dit la même chose et ajoute* : C'est l'équilibre, quoi !

PREMIÈRE ÉQUIPE : C'est l'équilibre, quoi !

BIDINCE, *comme prenant Hinnulus à témoin à travers l'échaudé* : Quelle étrange superstition !

HINNULUS, *de même attestant l'échaudé* : Quelle étrange superstition !

BIDINCE : Et maintenant, tirez !

HINNULUS : Et maintenant tirez !

PREMIÈRE ÉQUIPE : Tirons !

DEUXIÈME ÉQUIPE : Tirons ! (*Ils ne tirent pas.*)

PREMIÈRE ÉQUIPE : Si vous donniez un demi-douro à chacun on tirerait mieux.

DEUXIÈME ÉQUIPE : Juste un petit douro à chacun et l'on tirerait de meilleur cœur.

BIDINCE, *levant les bras au ciel* : C'est une extorsion épouvantable !

HINNULUS, *levant les bras au ciel* : C'est une extorsion épouvantable ! (*Il hennit.*)

BIDINCE : J'ai déjà donné dix douros et si nous attrapons la poissonne il y a dix autres douros.

HINNULUS : Cela fait dix douros que j'ai déjà donnés. Et dix autres douros si nous halons la bouteille.

BIDINCE : Et dépêchons-nous, car j'ai toujours peur de voir arriver Hinnulus. Quel baudet à longues oreilles ! Il prétend que c'est une bouteille que vous avez amarrée !

HINNULUS : De voir arriver ce maudit dit Bidince je ne suis pas sans peur. Quelle tête de mouton ! Il prétend que ce que vous avez harponné, c'est une poissonne ! (*Il hennit.*)

PREMIÈRE ÉQUIPE, *avec circonspection* : Des bouteilles comme ça c'est rare qu'il y en a qui se promènent à travers la mer. Pourtant nous avons réussi à la ficeler. Mais elle était trop lourde pour nous et elle a été se coincer dans un trou de l'échaudé.

DEUXIÈME ÉQUIPE, *en même temps* : Des poissonnes comme ça je peux pas dire que j'en ayons jamais vu. Rien qu'un moment que j'avons pu l'apercevoir. Ça a suffi pour lui passer l'haussière, a ne s'échappera pas. Mais elle était trop forte pour nous dans un trou qu'elle a allé été se réfugier.

BIDINCE, *frappant du pied* : Ce n'est pas une bouteille, c'est une poissonne !

HINNULUS, *frappant du pied* : Ce n'est pas une poissonne, c'est une bouteille !

BIDINCE, *insidieux* : Et comment est-ce qu'elle était, cette poissonne ?

PREMIÈRE ÉQUIPE : On ne l'a vue qu'un petit moment.

BIDINCE : Toute ronde et luisante comme une grosse bouteille ?

PREMIÈRE ÉQUIPE : J'allais le dire, c'est ça ! toute rose et luisante comme une grosse bouteille.

BIDINCE : Et vous n'avez pas vu, de temps en temps, comme une lumière qui s'éteignait et se rallumait ?

PREMIÈRE ÉQUIPE : C'est cela même, eh, Mangiaca-vallo ? une espèce de lumière comme qui dirait qui s'éteignait et se rallumait.

HINNULUS : Et comment est-ce qu'elle était, cette bouteille ?

DEUXIÈME ÉQUIPE : C'était une grosse bouteille.

HINNULUS : Eh bien ! qu'est-ce qu'il y avait dans cette bouteille ?

DEUXIÈME ÉQUIPE : Faites excuse, on ne l'a vue qu'un petit moment. Ou plutôt l'ombre qu'elle faisait sur le sable blanc au fond de l'eau avec le soleil rouge au-dessus qui était en train de se coucher.

HINNULUS : Et vous n'avez pas vu un tas de choses qui remuaient dedans ?

DEUXIÈME ÉQUIPE : Il y a toujours un tas de choses dans une bouteille.

BIDINCE : Assez causé ! Et maintenant, allons-y !

HINNULUS : Et maintenant, allons-y !

BIDINCE : Tirez !

HINNULUS : Tirez !

PREMIÈRE ÉQUIPE : Tirons !

DEUXIÈME ÉQUIPE : Tirons ! (*Les deux équipes atta-chées l'une à l'autre, exécutent de chaque côté de l'échaudé une espèce de tug-of-war.*)

PREMIÈRE ÉQUIPE : Ça vient !

DEUXIÈME ÉQUIPE : Ça vient !

PREMIÈRE ÉQUIPE : C'est dur !

DEUXIÈME ÉQUIPE : C'est dur ! (*Ils s'arrêtent.*)

ALCOCHETE, *obséquieux* : Mais avant que de recommencer, veuillez nous expliquer, Monsieur le Professeur, de quoi est fait cette espèce d'animal que vous tenez tant à collectionner.

BIDINCE, *solennel et oraculaire* : Au commencement, aux époques du lias et du crétacé, voyageaient dans les mers fumantes des baleines en tôle vernie.

ALCOCHETE : C'est intéressant.

BIDINCE, *faisant des gestes comme s'il dessinait sur un tableau à la craie* : L'animal que nous poursuivons est une survivance de ces époques naïves. J'ai vu son portrait dans un livre allemand et moi-même j'en ai ramassé les morceaux par-ci par-là.

ALCOCHETE : C'est intéressant. Et comment est-ce qu'il était fait ?

BIDINCE, *simple et familier* : Il n'avait qu'un seul œil formant objectif et au-dessus une espèce de phare ou projecteur électrique qu'il éteint et rallume à volonté.

La bouche ? comment est la bouche ? Il n'a pas de bouche. Il est complètement bouché.

Mais au milieu de l'estomac on remarque un double rouet sur lequel s'enroule en forme de 8 une lanière ou bandelette sans fin,

Sur laquelle viennent s'imprimer les images que capte l'objectif.

ALCOCHETE : C'est intéressant.

BIDINCE, *cantabile con molto espressione* : Aussitôt entraînées par le second rouet elles passent dans une espèce de mâchoire ou de brosse, congrûment irriguée, qui détache les images et les livre à l'appareil digestif.

On n'a rien trouvé de plus beau depuis le peut-êtroptère !

ALCOCHETE : Et comment appellerons-nous ce poisson-là ?

BIDINCE, *avec enthousiasme* : Nous l'appellerons le

Georgeophage, de *George* qui est mon nom, George Bidince,

Et *phage* qui veut dire poisson. Tous les poissons et poissonnes s'appellent comme ça.

ALCOCHETE : C'est intéressant. Et vous dites qu'une bête comme ça existe ?

C'est intéressant.

BIDINCE : Il existe ! il a le devoir d'exister ! C'est une hypothèse commode.

Il est mieux qu'effectif, il est indispensable.

HINNULUS, *comme s'il continuait la conversation* : Mais si vous avez pu amener la bouteille aussi près du bateau que vous dites, certainement vous avez dû voir quelque chose.

BOGOTILLOS : Bien sûr qu'on a vu quelque chose.

HINNULUS : Qu'est-ce que vous avez vu ?

BOGOTILLOS : Eh bien ! devinez voir un peu.

HINNULUS, *avec une excitation contenue* : Si vous voulez mon opinion, cette bouteille n'est autre que celle qu'Apollonius de Tyane a jetée à la mer et que recherchait Pantagruel.

BOGOTILLOS : Qui était Apollonius ?

HINNULUS : Apollonius était un grand savant autrefois qui avait trouvé le moyen de mettre le temps en bouteille. On bouche et c'est fini, ça ne s'en va pas.

BOGOTILLOS : C'est une bonne idée.

HINNULUS : Dites-moi seulement ce que vous avez vu.

MALTROPILLO : C'est pas vu qu'on pourrait dire, c'était tellement embrouillé, c'est entendu plutôt.

HINNULUS : Qu'est-ce que vous avez entendu ?

MALTROPILLO : Le braiment d'un âne.

HINNULUS : C'était l'âne de Silène quand, au clair de lune au milieu de la bacchanale, il gravit *ad Parnassum.* (*Il hennit.*)

MALTROPILLO : Un plache ! plache ! comme de gros poissons qui sautent hors de l'eau.

HINNULUS : C'est Protée qui donne à manger à ses Phoques au son de quatre trombones !

MALTROPILLO : Une galopade comme de chevaux qui détalent dans les pierres roulantes.

HINNULUS : Ce sont les Centaures qui dégringolent parmi les lauriers-roses sur les pentes rocailleuses du Cithéron ! Bravo ! (*Il hennit.*)

LA DEUXIÈME ÉQUIPE, *comme si elle n'attendait que ce signal, d'une seule voix, crachant dans ses douze mains et enlevée triomphalement par la musique qui les soutient jusqu'à la fin de la scène* : Bravo ! et en avant !

PREMIÈRE ÉQUIPE : En avant ! en avant ! (*Ils vont tous en arrière.*)

BIDINCE *et* HINNULUS : Tirez ! tirez !

PREMIÈRE *et* DEUXIÈME ÉQUIPE : Tirons ! tirons ! (*Ils tirent. Tug-of-war.*) Ça vient ! ça vient ! — Hardi ! — C'est dur ! C'est dur ! — En avant ! en avant ! — En arrière ! en arrière ! (*La corde casse. Ils tombent tous les jambes en l'air.*)

SCÈNE VI

L'ACTRICE *sur le proscenium devant le rideau baissé, sans corsage, la gorge et les bras nus. Elle est censée dans sa loge, en train de se faire parer pour la scène qu'elle va jouer. Un grand miroir devant elle. Sur sa table, parmi les instruments de toilette quelques feuilles de papier froissé. Tous les meubles et accessoires sont rattachés au rideau par des ficelles bien visibles.*

LA FEMME DE CHAMBRE, *tendant à* L'ACTRICE *un petit pot de noir* : Madame a oublié son rimmel.

L'ACTRICE : Tu as raison. Un peu de rimmel, mon œil n'en aura que plus de feu. Le trait de la personne jaillit avec plus de force de l'arc d'une paupière assombrie. (*Elle se touche les paupières avec un petit pinceau, puis elle fait rouler lentement ses yeux de droite à gauche et ensuite de gauche à droite, ouvre, ferme, rouvre, referme.*)

LA CAMÉRISTE : Et tout cela pour obtenir d'un vieux marchand de cacaouettes à moitié crevé qu'il accepte de nos mains un royaume !

L'ACTRICE : Ne dis pas cela, Mariette ! Tu n'y

entends rien, Mariette. C'est une situation superbe !
Le plus beau rôle que j'aie jamais eu de ma vie ! Un
rôle en or. Quel dommage qu'il n'y ait personne pour
nous voir ! Mais je m'en servirai pour ma saison à
Madrid. Cela fera un petit *sketch* à l'Alcazar, tu verras
ça !

— Et pas un brin de rouge sur la figure. Rien qu'un
peu de carmin sur le lobe de chaque oreille. Qu'en
dis-tu ?

LA CAMÉRISTE, *frappant des mains* : Ça suffit ! tout
est allumé !

L'ACTRICE : Dans la simplicité pour commencer,
pour ménager la progression et toutes les nuances. Tout
tranquille, tout doux, tout uni, avec un fond douloureux. Simplicité, simplicité ! Une espèce de soumission
et de résignation pleine de dignité. (*Posant sa voix.*)
La, la, la, la ! Petit pot de beurre ! petit pot de beurre ;
les notes du milieu de la voix un peu mates.

De la simplicité mais de la grandeur aussi ! Je
commence dans une noble simplicité : « Je vous ai
convié, Monsieur »... (*Elle se reporte aux papiers.*)

LA CAMÉRISTE : Madame veut-elle que j'aille lui chercher la brochure ?

L'ACTRICE : Il n'y a pas de brochure, Mariette, c'est
bien plus beau comme ça. C'est moi qui ai tout à
créer, les paroles et la musique. Je lis ma réplique
d'avance dans les yeux de mon partenaire,

Il n'y a qu'à bien régler les mouvements, les paroles
viennent dessus toutes seules.

Je commence par une espèce de récitatif, mon histoire, un long tissu de fariboles pathétiques, récitées de
la voix la plus musicale.

Et puis, peu à peu, tous les grands mouvements de
l'éloquence et de la passion, les accents de cette reine
éplorée aux pieds de ce truand, j'espère qu'il est bien
hideux et brutal, et de temps en temps une interro-

gation, un mot, une touchante petite question. C'est
cela ! par-ci par-là un rien, une fusée, clair, clair, tendre,
touchant, une gentille petite *cocotte !*

Et par-derrière, toujours naturellement, le secret fé-
minin, quelque chose de réservé et de sous-entendu.

LA CAMÉRISTE : Oh ! je me cacherai quelque part
pour vous voir ! Oh ! si Madame est aussi belle que
l'autre soir, ce sera épatant ! Je ne savais où me fourrer !
j'en ai pleuré toute la nuit ! (*Là-dessus, le rideau se
lève, entraînant dans les airs le miroir, la table de toilette et tout le fourniment.*) O mon Dieu, qu'est-ce qui
arrive ?

L'ACTRICE : Nous sommes de l'autre côté du rideau !
Sans y faire attention nous avons passé de l'autre côté
du rideau et l'action a marché, sans nous ! O mon
Dieu, quelqu'un a pris mon rôle ! Je me sens toute
nue ! Dépêchons-nous de nous remettre là-dedans et
nous finirons bien par sortir par un bout ou par
l'autre ! (*Elles sortent. Le rideau en se levant a découvert* L'ACTRICE [*une autre tenant le même rôle*], *le col
et les bras nus, en train de peindre à une table, un
verre plein d'eau sale devant elle, et* RODRIGUE *au-dessus d'elle lui donnant des indications.*)

DON RODRIGUE : C'est un grand honneur que me fait
Votre Majesté en consentant ainsi à travailler sur mes
indications.

L'ACTRICE, *sans lever les yeux* : Vous feriez mieux
de me dire si c'est vert ou bleu que vous voulez le para-
pluie. Moi, je le vois gros bleu.

DON RODRIGUE : Et moi, je le vois rouge, un rouge
passé presque jaune. Et en dessous un évangéliste en
plein vent, Saint Luc, en train de travailler à ses écri-
tures. C'est une petite rue d'Avignon, le long du Palais
des Papes, et en dessus, en plein azur, bien haut, il y a
un arc-boutant tout blanc (faites-le rose qu'il ait l'air
plus blanc) d'un élan, d'une allégresse inouïs !

Entre Saint Luc et l'arc en question il y a un pigeon qui monte en l'air pour s'y poser.

L'ACTRICE : J'aime mieux le Saint Matthieu.

DON RODRIGUE : Oui, c'est une rude idée que j'ai eue de placer derrière lui ce grand arc de triomphe de pierre rouge à deux portes avec l'inscription en capitales romaines et la tête de bœuf.

L'ACTRICE : C'est un ange qui est le symbole de Matthieu.

DON RODRIGUE : Je regrette, mais le bœuf fait mieux. Vous avez attrapé tout à fait la nuance qu'il fallait pour le ciel par-derrière et les longs nuages obliques.

Saint Matthieu le publicain entre les deux mouvements du trafic, montant et descendant.

Oui, mais il est trop petit, on ne le voit pas.

Vite ! une autre feuille ! nous allons en faire un autre, inscrit dans une espèce de fenêtre parabolique.

Il a une espèce de grande face romaine avec des bajoues rasées et deux mentons,

Une toge jaune comme les moines bouddhistes accrochée à l'épaule avec une grande agrafe de cuivre,

Et sous la table un énorme pied chaussé d'une sandale de plomb

Ecrasant Calvin qui vomit le diable !

L'ACTRICE : C'est de la chance que vous m'ayez rencontrée après que votre Japonais vous avait laissé en plan.

DON RODRIGUE : Oui, il est parti subitement. Il a dû trouver une occasion pour regagner son pays. J'ai dû l'offenser je ne sais comment. Ils sont comme ça !

Mais je ne le regrette pas, vous travaillez encore mieux que lui, ça fond bien ensemble nous deux. Il y a tout de même des choses pour lesquelles il n'y a rien de tel que le ·mélange d'un homme et d'une femme.

Et quelle bonne inspiration, j'ai eue tout à coup de vous demander si vous saviez dessiner ! pendant que vous vous obstiniez à me parler d'un tas de choses sans intérêt.

L'ACTRICE : Vous n'avez pas demandé mon avis. Vous m'avez annexée sur-le-champ.

DON RODRIGUE : L'ennuyeux est que vous ne savez pas graver, mais je suis sûr que vous apprendrez vite. Le Japonais a laissé tous ses bois et ses outils.

L'ACTRICE : C'est très bien, mais il va falloir que je retourne en Angleterre.

DON RODRIGUE : Pas le moins du monde. Je vous ai déjà dit que je n'avais pas envie de connaître l'Angleterre.

Je connais un ancien petit couvent près de Majorque avec un *patio* tout rempli de citrons si jaunes que ça fait mal aux yeux.

Vous serez très bien là pour travailler. Vous pourrez travailler du matin au soir sans que personne vienne vous déranger.

L'ACTRICE : Oui, mais le beau duc de Medina Sidonia vient de conquérir l'Angleterre pour moi.

DON RODRIGUE : Je n'aurais jamais cru que le beau Duc de Medina Sidonia fût capable de conquérir quelque chose de difficile.

L'ACTRICE : Qui sait ? Peut-être que mon cœur ne le sera pas pour lui.

DON RODRIGUE : Eh bien ! épousez-le ! Et moi j'irai faire la guerre en Irlande contre vous !

L'ACTRICE : Don Rodrigue ! pourquoi êtes-vous avec moi si brutal et si méchant ?

DON RODRIGUE : Epousez le beau Duc de Medina Sidonia ! Moi, je suis vieux et un pauvre bonhomme et je n'ai qu'une jambe.

L'ACTRICE : Si j'épouse quelqu'un ce sera le fils du Roi d'Espagne.

DON RODRIGUE : Tout ce que je demande et de rester votre ami.

L'ACTRICE : C'est vous que je préfère.

DON RODRIGUE : C'est gentil de dire ça, même si ce n'est pas vrai. Oui, cela me fait plaisir à entendre.

L'ACTRICE : Je n'épouserai personne ! C'est dans la prison de Londres que je me suis aperçue que j'avais une âme, une âme vivante et qui n'était pas faite pour vivre dans une prison.

J'ai juré que jamais plus je ne me laisserais mettre dans une prison.

J'ai juré que jamais je ne supporterais un gros corps d'homme entre le soleil et moi !

Je ne veux pas vivre dans la pâte !

Je veux quelqu'un qui m'aide et non pas qui m'engloutisse !

On vit, avec vous ! Je vis, avec vous, depuis deux jours ! vous ne me demandez rien, vous êtes comme la musique qui ne vous demande rien mais qui, d'emblée, vous enlève et vous met d'accord avec elle.

Dès que vous êtes là, il y a de la musique, je me livre avec ardeur, confiance et mesure, comme entre les bras d'un puissant danseur, je sens que je fournis à votre esprit ce qu'il voulait ! Vous êtes là et aussitôt je suis forte et gaie, je me sens toute brillante et toute sonore !

C'est comme un coup de trompette qui vous nettoie, comme une fanfare guerrière qui ranime l'esprit abattu et le remplit de courage et de feu !

Et en même temps nous sommes libres tous les deux ! Je n'ai aucun droit sur vous et vous aucun sur moi. C'est charmant ! Nous sommes ensemble tant que durera la musique.

DON RODRIGUE : Eh bien, nous allons fabriquer, fabriquer, fabriquer des images à n'en plus finir.

L'ACTRICE : Mais peut-être que j'ai envie de faire

avec vous autre chose que des images et des gâteaux
avec du sable ?

DON RODRIGUE : C'est par le désir du Roi d'Espagne
que vous êtes venue me trouver ?

L'ACTRICE : Pourquoi ne l'avouerais-je pas ? Medina Sidonia n'est pas bon à autre chose que faire le
bonheur et le malheur d'une faible femme.

C'est vous dont le Roi a besoin en Angleterre avec
moi. Il n'attend qu'un mouvement de vous vers lui.

DON RODRIGUE : Je ne ferai pas ce mouvement.

L'ACTRICE : Quoi, ne voulez-vous point m'aider ?

DON RODRIGUE : Je ne comprends pas pourquoi Sa
Majesté s'est avisée de moi tout à coup !

Il n'a pas eu besoin de moi entier et sain, pourquoi
me ramasse-t-il cassé ?

L'ACTRICE : Sa confiance vous honore.

DON RODRIGUE : Elle m'offense. Il n'a pas peur de
moi.

On n'a rien à craindre d'un infirme. Je serai trop
heureux d'exécuter ses ordres.

L'ascendant que le beau Medina Sidonia aurait pu
prendre sur vous, avec moi il n'y a rien à craindre.

L'ACTRICE : Est-ce vrai, cher Rodrigue ?

DON RODRIGUE, *avec un sourire hargneux* : Ce n'est
pas tout à fait vrai.

L'ACTRICE : Votre souverain est un grand politique.
Je suppose en effet qu'il a voulu se servir de nous l'un
contre l'autre.

Eh bien ! pourquoi ne pas faire alliance comme il
nous le demande ? C'est lui qui l'aura voulu.

DON RODRIGUE : Est-ce qu'il y a une alliance possible avec vous ?

L'ACTRICE : Cher Rodrigue, je suis avec vous depuis
deux jours et il me semble que jamais quelqu'un auparavant ne m'a connue,

A ce point que j'en suis gênée.

Vous avez éveillé des forces ignorées en moi, quand je vous écoute tout change de place et cherche un ordre différent, il me semble que c'est quelque chose de profond et de nouveau en moi qui ne peut pas faire autrement que de répondre à votre sollicitation.

Ah ! et vous-même, est-ce qu'il ne vous semble pas que je vous aie reconnu un petit peu ?

DON RODRIGUE : Il n'est vrai que trop !

Vous direz que ce n'est pas délicieux, cette jeune figure attentive qui m'écoute !

Cet éclair de l'intelligence dans ces beaux yeux qui me regardent, c'est autant pour moi qu'un corps blanc !

L'ACTRICE, *couvrant ses épaules d'une mantille* : Je n'aime pas ce pays.

Si je reste plus longtemps sous ce soleil de feu, je sens que je me fanerai comme une algue sur les galets.

DON RODRIGUE : Et cependant, de la tête à vos petits pieds, votre mère l'Aragonaise vous a faite Espagnole.

Votre figure est pâle et cependant je ne sais ce qui lui donne tant d'éclat.

L'ACTRICE : Les yeux, peut-être ? Non,

C'est cette touche de carmin que j'ai posée juste sur le petit bout de l'oreille.

DON RODRIGUE : C'est cela même ! voilà l'importance d'une touche juste ! Hum ! où en étions-nous ?

L'ACTRICE : Nous en étions à l'Angleterre où demain vous allez venir avec moi.

DON RODRIGUE : C'est moi qui aurai l'agréable mission de manipuler ce peuple vaincu ?

Travailler sous le fouet, tous les dimanches bien sagement aller écouter Monsieur le Curé, et tous les mois mettre dans un sac, pour vous, l'argent dont tous les ans vous enverrez au Roi de Madrid le moins possible,

Voilà la tâche que vous me donnez à expliquer en espagnol à mes sympathiques administrés.

Cela me rappelle mon ami jadis, Almagro, sur ses plantations.

L'ACTRICE : Que voulez-vous que nous fassions ?

DON RODRIGUE : Madame, qui est-ce qui obtient le plus d'un cheval,

Celui qui montant sur son dos le pique des deux éperons, ou celui qui le tenant par la bride le bat à coups de fouet tant qu'il peut ?

L'ACTRICE, *battant des mains* : J'ai compris ! Ah ! vous êtes l'homme qu'il me faut !

Un cheval qui a besoin de son maître ne songe pas à le jeter par terre et il ne fera pas de philosophie et de théologie !

Il faut lui donner de l'occupation !

Ah ! vous êtes boiteux, mais je vais mettre les reins sous vous d'un superbe animal ! Mon peuple, comme je l'aime !

Vous l'aimerez comme moi.

C'est vous et moi qui allons révéler à ce peuple sa vocation.

DON RODRIGUE : Pensez-vous que le Roi d'Espagne soit content de ce petit programme ?

L'ACTRICE : Il aura le temps peu à peu de s'y accommoder.

DON RODRIGUE : Ainsi c'est de tromper mon souverain que vous me proposez ?

L'ACTRICE : C'est cela, nous allons le tromper un petit peu, oui, oui !

DON RODRIGUE : Et de nouveau vous allez me rendre aux murs, et aux meubles, et aux papiers ? La vacance immense et le soleil ne seront plus pour moi ?

La mer que je sens depuis si longtemps vivre sous mon cœur et qui est depuis si longtemps ma compagne

.de lit, la couche impériale sous mon corps, il faudra m'y arracher ?

L'ACTRICE (*l'orchestre joue un arrangement de l'« Ouverture des Grottes de Fingal »*) : Mais en Angleterre nous ne sommes jamais loin de la mer, elle remue jusqu'au fond de nos comtés.

L'Ile est une espèce de harpe immense disposée pour en tirer des voix et de la musique.

Deux fois par jour elle revient nous remplir et allaiter par toute sorte de conduites et d'ouvertures jusqu'au centre du pays.

Quel bonheur de l'avoir tout autour de soi et d'être séparée de tout dans ce grand jardin plein d'animaux paissants, cette prairie au cœur de quoi l'arc-en-ciel a toujours un pied !

C'est ce qu'il faut pour un amateur comme vous ! à part de tout, le moyen d'intervenir à son aise dans les affaires de l'Europe sans que jamais personne s'occupe des nôtres, toujours à demi enveloppés dans le mystère et dans la brume.

La ridicule conquête de l'Armada ne se renouvellera plus.

Ah ! je punirai bien les traîtres et les imbéciles qui n'ont pas su se défendre !

Vous autres, ceux du Continent,

Vous ne pouvez pas vous mettre dans la tête qu'il y ait autre chose que de la terre sur cette planète. Mais il y a d'abord la mer et la terre est dedans.

Cet Océan, sans le voir, vous autres Espagnols, vous vous êtes empressés de le traverser les yeux fermés pour aller bien vite vous régaler de cette terre que vous avez trouvée de l'autre côté.

Mais nous, Anglais, c'est la mer entière qui est à nous, pas seulement cette espèce de flaque, votre Méditerranée,

Mais la mer tout entière,

Et la terre qui est dedans par-dessus le marché il suffit d'y accrocher quelques pontons çà et là.

Nous trempons dedans ! Nous ne tenons à rien ! Nous sommes libres ! Nous avons ouverture par tous les bouts ! C'est l'eau infinie qui, de toutes parts, vient baiser les marches de notre château !

Venez avec moi tout en haut de l'Europe, dans cette espèce de colombier tout entouré d'une palpitation d'ailes, d'où partent sans fin mes mouettes, mes colombes, à la picorée vers toutes les mers du Monde !

Ici où nous sommes il n'y a même pas de marée ! Mais à Londres on a le doigt, jour et nuit, sur le pouls du monde qui bat !

Quand vous serez en train de travailler à votre bureau, tout à coup le jour est intercepté, c'est un grand quatre-mâts qui remonte la Tamise !

DON RODRIGUE : Quand le soleil vient à briller à travers la brume, on voit l'eau boueuse s'animer d'un million de petites écailles d'or, c'est l'Egide de Britannia.

L'ACTRICE : Vous viendrez avec moi en Angleterre ?

DON RODRIGUE : Je viendrai si je veux, mais je voudrais d'abord essayer de réaliser avec vous ce grand projet de frise.

Cela s'appellera le Baiser de paix. Cela m'est venu à l'idée en regardant les moines au chœur qui se transmettent l'un à l'autre le baiser que le premier d'entre eux à l'Autel a reçu de l'Officiant.

Ils projetaient leurs ombres l'un sur l'autre.

Mais au lieu de moines nous mettrons des femmes enveloppées de longs voiles.

Elles se communiquent l'une à l'autre la Paix.

J'ai une espèce de grand drap, nous dirons au petit mousse de s'envelopper dedans, ou peut-être je le ferai moi-même, je vous donnerai les poses.

SCÈNE VII

DIÉGO RODRIGUEZ, LE LIEUTENANT

Un vieux bateau délabré et rapiécé qui fait voile péniblement vers le port. (Si c'est trop compliqué à représenter une simple bouteille dans la main de DIÉGO RODRIGUEZ *contenant un bateau à voiles fera l'affaire.) Sur le pont, le commandant* DIÉGO RODRIGUEZ *et son* LIEUTENANT, *un jeune homme.*

DIÉGO RODRIGUEZ : Dès le milieu de la nuit j'ai reconnu l'odeur de Majorque, comme si c'était une femme coup par coup qui me l'envoyait avec son éventail noir. Il n'y a que la Corse qui sente aussi bon.

LE LIEUTENANT : Il y a aussi la ville de Marseille. Comme je donnerais la Corse et les trois Baléares pour respirer l'odeur du bois humide qui brûle sur le rivage de Timor !

DIÉGO RODRIGUEZ : Si je vous entends répéter ces paroles impies, je vous envoie par le fond la tête la première.

LE LIEUTENANT : Ah ! je n'ai fait qu'y mettre les lèvres et vous me l'avez retirée aussitôt ! Que n'ai-je bu plus profond à cette coupe empoisonnée !

DIÉGO RODRIGUEZ, *braquant sa longue-vue* : Rien n'a

changé ! Voilà la maison du notaire, voilà celle de Monsieur le Bailli, voilà le couvent des Clarisses au milieu des cyprès ! C'est ridicule.

LE LIEUTENANT : Montrez-moi la maison de Dona Austrégésile.

DIÉGO RODRIGUEZ : On ne la voit pas. Elle est de l'autre côté de la pointe.

LE LIEUTENANT : Nous y serons dans quelques minutes avec ce bon vent. Vous pourrez débarquer ce soir.

DIÉGO RODRIGUEZ : Non, nous n'avançons pas avec ce vieux rafiot à la quille incrustée de barnacles. Il est trop tard. Je vais dire qu'on mette l'ancre.

LE LIEUTENANT : Vous avez peur, Capitaine ?

DIÉGO RODRIGUEZ : J'ai peur, j'ai peur ! c'est vrai.

LE LIEUTENANT : Peur de cette joie qui vous attend ?

DIÉGO RODRIGUEZ : Quelle joie ? Dona Austrégésile aura eu le temps de se marier et d'être veuve deux fois ou trois. Au moins je n'ai pas d'illusion ! Je ne suis pas assez béjaune pour croire qu'elle soit restée fidèle à ses serments ces dix ans qui viennent de s'écouler.

LE LIEUTENANT : Non, je ne le crois pas non plus.

DIÉGO RODRIGUEZ : Si elle m'avait aimé elle aurait trouvé le moyen de m'écrire.

LE LIEUTENANT : Sûr et certain.

DIÉGO RODRIGUEZ : Il est vrai qu'elle ne savait pas au juste où j'étais. Mais enfin tout se tient sur la mer et une lettre finit toujours par arriver.

LE LIEUTENANT : Je dis comme vous.

DIÉGO RODRIGUEZ : Qui se fierait aux serments d'une femme ! Il n'y a pas de livre où l'on ne voie ce qu'il faut en penser. C'est bien expliqué.

LE LIEUTENANT : En effet.

DIÉGO RODRIGUEZ : Et que puis-je lui offrir maintenant pour la tenter ! Je suis vieux et ce vieux bateau rapiécé et bon pour l'équarrisseur est toute ma fortune,

Ni le commerce ni la guerre, rien de ce que j'ai essayé sur terre ou sur mer n'a réussi.

LE LIEUTENANT : On ne peut pas dire le contraire.

DIÉGO RODRIGUEZ : Je n'ai même pas été capable de rien découvrir. Les autres navigateurs ont des pays pleins d'hommes, de vastes et riches contrées à montrer, avec qui ils partagent leurs noms.

Mais moi, Diégo Rodriguez, c'est un pain de fonte rouge au milieu de l'Océan Atlantique habité par les phoques et les pingouins.

LE LIEUTENANT : Comme vous dites. Un lieu maudit. On ne peut même pas y faire de l'eau.

DIÉGO RODRIGUEZ : Elle est belle. Elle a des terres et de l'argent. Une des bonnes familles de Majorque. Ce ne sont pas les prétendants qui ont dû faire défaut.

LE LIEUTENANT : C'est probable, c'est probable.

DIÉGO RODRIGUEZ : Ce n'est pas probable, c'est sûr.

LE LIEUTENANT : C'est sûr, c'est sûr.

DIÉGO RODRIGUEZ : Non, ce n'est pas sûr, vous êtes un impertinent ! Je dis que c'est honteux !

Pourquoi suis-je parti sinon pour elle ? Pour me rendre digne d'elle ! Il n'y avait pas assez d'or dans le monde entier pour que je le mette à ses pieds !

Ah ! je n'aurais jamais cru qu'elle me trahît ainsi ! ah ! je n'aurais jamais cru qu'elle fût comme les autres femmes !

LE LIEUTENANT : Tout à fait la même chose.

DIÉGO RODRIGUEZ : Si tu continues à parler de cette façon tu vas recevoir mon poing sur le museau !

LE LIEUTENANT : Que voulez-vous, Capitaine ? Il y a si longtemps que vous me parlez de Dona Austrégésile !

J'ai d'abord essayé de la défendre, mais vous avez réponse à tout et j'avoue que vous m'avez convaincu.

DIÉGO RODRIGUEZ : Instruis-toi. J'en sais plus long que mon bras. Tu vas voir ce que c'est que les femmes et que la vie. (*Entre* DON ALCINDAS.)

DON ALCINDAS : Je salue Don Rodriguez, capitaine du *Santa Fé*. Je suis Don Alcindas.

DIÉGO RODRIGUEZ : Bien le bonjour, Monsieur Alcindas, c'est vous la douane ?

DON ALCINDAS : Non, ce n'est pas moi la douane.

DIÉGO RODRIGUEZ : Je pensais qu'il n'y avait que la douane pour nous amarrer aussi vite.

DON ALCINDAS : Il y a de bons yeux à Majorque pour regarder la mer. Il y a de bonnes mémoires qui n'ont pas oublié le *Santa Fé*.

DIÉGO RODRIGUEZ : Je comprends, vous êtes le représentant de mes créanciers. Eh bien je ne vous payerai pas, vous pouvez me faire mettre en prison.

L'argent que vous m'avez prêté il y a dix ans, vous pouvez faire une croix dessus.

Il ne me reste que ce vieux bateau. Payez-vous dessus si vous pouvez.

La cargaison n'est pas à moi.

DON ALCINDAS : Vous m'offensez, Don Diègue. Vous n'avez d'autre créancier ici que celui-là dont il n'est pas en votre pouvoir de cesser d'être le débiteur.

DIÉGO RODRIGUEZ : Quel est ce galimatias ? Je ne vous entends pas.

DON ALCINDAS : Eh quoi ! avez-vous donc oublié Dona Austrégésile ?

DIÉGO RODRIGUEZ : Dona Austrégésile est vivante ?

DON ALCINDAS : Elle est vivante.

DIÉGO RODRIGUEZ : Achevez. Dites-moi le nom qu'elle porte à présent. Quel est le nom de son époux ?

DON ALCINDAS : Pensiez-vous qu'elle vous attendrait ces dix années ? Si belle et si désirable ? Qui étiez-vous pour mériter une telle fidélité ?

DIÉGO RODRIGUEZ : Je suis Diégo Rodriguez qui a inventé au milieu de l'Océan Atlantique un caillou tout neuf que personne n'avait jamais vu.

DON ALCINDAS, *le toisant du haut en bas* : Plus je vous regarde et plus j'ai de peine à croire que jadis vous ayez pu prétendre à la main de la plus belle et vertueuse dame de Majorque.

DIÉGO RODRIGUEZ : C'est vous qu'elle a épousé ?

DON ALCINDAS : Hélas ! elle a repoussé la demande respectueuse que j'avais mise à ses pieds.

DIÉGO RODRIGUEZ : Qui donc est l'homme heureux qu'elle a jugé digne de son choix ?

DON ALCINDAS : Personne. Elle n'est pas mariée.

DIÉGO RODRIGUEZ : Et puis-je savoir pourquoi, belle, riche, vertueuse et la plus noble femme de Majorque, cependant elle n'a trouvé aucun époux ?

DON ALCINDAS : Eh quoi ! ne pouvez-vous, Don Diègue, le deviner ?

DIÉGO RODRIGUEZ : Non, je ne le sais pas ! Non, je ne le sais pas !

DON ALCINDAS : Encore quelques minutes, elle vous le dira elle-même. C'est elle qui a reconnu votre bateau. Chaque jour elle montait sur cette tour pour regarder la mer. C'est elle qui m'envoie.

DIÉGO RODRIGUEZ : Pourquoi ne m'a-t-elle jamais écrit ?

DON ALCINDAS : Elle ne doutait pas que vous aviez une foi aussi grande que la sienne.

DIÉGO RODRIGUEZ : Don Alcindas, que faut-il que je fasse ?

DON ALCINDAS : Je ne sais.

DIÉGO RODRIGUEZ : Je vais couler ce bateau et nous envoyer tous par le fond ! Ça ne peut pas marcher comme ça ! Je ne suis pas digne de lécher la semelle de ses souliers !

DON ALCINDAS : Il est vrai.

DIÉGO RODRIGUEZ : Mais sait-elle en quel état je

reviens, un homme vieux, un conquérant manqué, un marin claqué, un commerçant failli, et le plus ridicule et pauvre homme de toutes les mers d'Espagne ?

DON ALCINDAS : Vous n'êtes pas pauvre. Dona Austrégésile s'est occupée de votre bien en votre absence et vous êtes l'homme le plus riche de Majorque.

DIÉGO RODRIGUEZ, *au* LIEUTENANT : Et voilà la femme, Monsieur, dont vous ne cessiez de me représenter la perfidie !

LE LIEUTENANT : Je vous demande pardon.

DON ALCINDAS : Don Diègue, mettez-vous à genoux et ôtez votre chapeau, et saluez la terre natale où une telle épouse après tant de voyages vous attend.

SCÈNE VIII

DON RODRIGUE, DONA SEPT-ÉPÉES

Le bateau de DON RODRIGUE. DONA SEPT-ÉPÉES *est assise devant la table, la tête dans ses mains.*

DON RODRIGUE, *s'approchant doucement par-derrière et posant sa joue sur la tête de Sept-Epées* : A quoi pense mon petit agneau ?

(SEPT-ÉPÉES *ne répond rien et ne change pas de position, mais elle passe son bras autour du corps de son père.*) : Eh bien ! on a du chagrin ? On ne veut rien dire à son pauvre papa ?

SEPT-ÉPÉES : Si je vous dis ce que je pense, je suis sûre que vous ne me répondrez pas comme je veux.

DON RODRIGUE : Et qu'est-ce que tu veux ?

SEPT-ÉPÉES : Je ne veux pas que vous fréquentiez cette femme que vous appelez la Reine d'Angleterre.

DON RODRIGUE : Sa Majesté la Reine d'Angleterre. N'est-elle pas Marie, la Reine d'Angleterre ? N'as-tu pas vu notre propre Sire, le Roi d'Espagne, la traiter comme telle ?

Elle est venue se jeter à mes pieds. Pouvais-je la repousser ? Suis-je libre de refuser cette tâche où personne ne pourrait me remplacer ?

Ma conscience m'imposait de l'écouter.

Pour moi seul elle veut être une élève docile. Tout ce que nos armées ont conquis, elle le met à ma disposition.

Il y a en elle je ne sais quoi d'attentif et de soumis qui m'a touché le cœur.

C'est intéressant d'écrire royalement son nom au travers de cette page toute blanche.

SEPT-ÉPÉES : Je ne suis plus rien et c'est elle qui fait de vous ce qu'elle veut.

DON RODRIGUE : Petite fille, êtes-vous jalouse ?

SEPT-ÉPÉES : C'est une autre qui est jalouse.

DON RODRIGUE : Oui, je sais celle dont tu veux parler et je la regarde dans tes yeux.

SEPT-ÉPÉES : Ma mère qui m'a donnée à vous afin que vous ne cessiez pas d'être à elle.

DON RODRIGUE : Oui, je sais que tu n'as pas cessé d'être à elle et d'en faire partie.

SEPT-ÉPÉES : Si elle n'était avec moi je ne vous sentirais pas autant.

DON RODRIGUE : Ainsi il n'y a pas moyen de s'en aller sans aucun bruit et sur la pointe du pied.

SEPT-ÉPÉES : Je ne suis pas elle seulement, je suis de vous aussi, il y a quelque chose dans mon âme qui est vous et qui épie vos mouvements.

Vous n'échapperez pas à votre petite Sept-Epées.

DON RODRIGUE : Ta mère, quand elle n'était pas là, c'est alors que j'avais l'habitude de lui parler.

Quand elle n'était pas là, c'est alors que je lui disais le meilleur.

SEPT-ÉPÉES : Parlez, père chéri. Elle est morte, elle n'est pas là.

DON RODRIGUE : Mais son Ange gardien peut-être est là qui nous écoute ?

SEPT-ÉPÉES : Il s'est trop fatigué à vous suivre. Il dort, il ne vous entend pas. Il est là qui dort amèrement comme un piéton désespéré à l'auberge qui s'endort parce qu'il ne peut plus bouger.

DON RODRIGUE : Je suis seul avec mon enfant chérie ?

SEPT-ÉPÉES : Oui, père ! (*Il remue les lèvres sans faire entendre aucune parole. Elle le regarde tendrement et attentivement, puis détourne le visage en lui mettant la main sur les yeux.*)

DON RODRIGUE, *à voix basse et posant sa main sur son autre main* : Les larmes que contient mon cœur, la mer ne serait pas assez grande...

SEPT-ÉPÉES : Eh quoi, vous n'êtes pas consolé ?

DON RODRIGUE : Mon âme est vide. A cause de celle qui n'est pas là, de lourdes larmes, mes larmes, pourraient nourrir la mer.

SEPT-ÉPÉES : Mais elle va être là tout à l'heure. Bientôt. Celle que vous aimiez, bientôt, celle que vous aimiez, vous allez la retrouver bientôt.

DON RODRIGUE : Et moi, je pense que ce sera jamais ! Cette absence essentielle, oui, ma chérie, et même quand vous étiez vivante et que je vous

Possédais entre mes bras en cette
Etreinte qui tarit l'espoir,
Qui sait si elle était autre chose qu'un
Commencement et apprentissage de ce
Besoin sans fond et sans espoir à quoi je suis
Prédestiné, pur et sans contrepartie ?

SEPT-ÉPÉES : Mais c'est l'enfer que vous dites ! Ce sont là des pensées coupables nées de ne rien faire.

Tant qu'on aime il y a quelque chose à faire.

Au lieu de penser à vous, pourquoi ne pas penser à elle ?

Elle-même, qui sait si elle n'a pas besoin de vous ? Qui sait si elle ne dit pas Rodrigue ! Qui sait si elle n'est pas en un lieu que nous ignorons attachée de liens que vous êtes capable de défaire ?

DON RODRIGUE : Plus audacieux que Colomb pour arriver jusqu'à elle

Suis-je puissant à franchir le seuil entre ce monde et l'autre ?

SEPT-ÉPÉES : Il y a ce qu'on doit faire et non pas à s'inquiéter si l'on est puissant ou pas puissant, rien n'est plus simple.

Pourquoi parlez-vous de seuil comme s'il y avait une séparation ? Il n'y a pas de séparation lorsque les choses sont unies comme le sang avec les veines

L'âme des morts comme une respiration pénètre notre cœur et notre cervelle.

J'entends ma mère la nuit qui me parle, si doucement, si tendrement ! Si substantiellement. Il n'y a pas besoin de paroles entre nous pour nous comprendre.

DON RODRIGUE : Dis-moi ce qu'elle dit, Sept-Epées.

SEPT-ÉPÉES : Pas un mot qui soit capable de résonner dans cet air extérieur que nous respirons.

DON RODRIGUE : Comment faire en ce cas pour la comprendre ?

SEPT-ÉPÉES : Que peut demander un captif ? Cela déchire le cœur !

DON RODRIGUE : Avec quelles mains jusqu'à elle faire passer la libération ?

SEPT-ÉPÉES : Où le corps ne passe pas, la charité peut passer qui est plus forte que tout.

DON RODRIGUE : Quel pain et quelle eau qui aille jusqu'à sa bouche dans la tombe ?

SEPT-ÉPÉES : Elle n'a pas de mains ni de bouche, mais il ne manque pas de gens à sa place en Afrique qui ont tout ce qu'il faut jour et nuit pour hurler de désespoir vers l'Espagne qui les oublie !

Est-ce que tout ne tient pas ensemble ? est-ce que ce n'est pas la même privation et la même gêne ?

Cependant que les dames et les cavaliers dansent au son du flageolet et du luth, cependant que les seigneurs dans les tournois se piquent avec de grands bâtons...

DON RODRIGUE : Cependant que certain vieux fou s'amuse à dessiner des images avec le moignon qui lui reste de son esprit...

SEPT-ÉPÉES : Cependant que nos marchands vont jusqu'au bout de la terre pour en rapporter une poignée de perles, quelques tonneaux d'huile, quelques sacs d'épices,

On oublie une huile plus grasse,

Un vin plus généreux, cette eau, la vraie, qui nous régénère,

Les larmes sur nos mains des captifs que nous avons délivrés et que nous ramenons à leurs femmes et à leurs mères.

DON RODRIGUE : Vive Dieu, Sept-Epées, tu as raison, en avant ! Que faisons-nous ici ? Que ne sommes-nous déjà en route vers la Barbarie ?

Pourquoi chercher une autre Afrique que celle-là même

A qui j'ai été habitué depuis si longtemps à demander l'impossible ?

SEPT-ÉPÉES : C'est vrai ? vous voulez que nous partions ? Et moi j'ai déjà un petit soldat avec moi, une bouchère que j'ai rapportée de Majorque.

DON RODRIGUE : Ça fait trois ! Laisse-moi encore trouver quarante gaillards du même poil !

SEPT-ÉPÉES : Ce n'est pas quarante que nous trouverons, c'est dix mille si vous le voulez !

On peut tout demander à des chrétiens ; si on n'obtient rien d'eux, c'est qu'on n'ose pas, c'est qu'on ne leur demande pas assez !

Si on essayait un peu de leur demander quelque chose ?

Croyez-vous qu'ils s'amusent tant que ça en Espagne au milieu de leurs petites occupations ?

Dites-leur que c'est fini.

Dites-leur que vous allez en Afrique et qu'ils viennent avec vous, et qu'ils mourront tous, il n'en reviendra pas un seul !

Ce n'est pas dix mille que nous trouverons, c'est cent mille, nous n'aurons jamais assez de bateaux ! Mais nous n'accepterons pas tout le monde !

Le Roi d'Espagne lui-même, avec ça que ça doit être drôle d'être le Roi d'Espagne !

Quand il nous verra partir, bravo ! je suis sûre qu'il voudra venir aussi et se battre avec nous pour une si noble cause comme un bon petit homme !

DON RODRIGUE : Et c'est Don Rodrigue le premier qui pilonnera en avant à la tête de toute cette armée !

SEPT-ÉPÉES : Vous vous moquez de moi !

DON RODRIGUE : Que mon pilon prenne racine si je me moque de toi, et que le greffage d'un vieux sacripant sur ce pied de ronce l'aide à produire assez de cubleds tout rouges chaque hiver pour pourvoir à l'existence de deux pinsons !

SEPT-ÉPÉES : Alors quand est-ce que nous commençons ?

DON RODRIGUE : C'est *les larmes sur mes mains* qui m'embêtent. Je n'aime pas qu'on me pleure dessus.

Comme ce serait plus amusant si on pouvait faire le bien sans que personne s'en aperçoive,

En silence, comme Dieu, et sans aucune espèce de chance d'être remercié ou reconnu et enduit des pieds à la tête de gratitude !

Au lieu de démolir les portes à coups de hache,

Comme ce serait plus drôle d'arriver par-derrière en tapinois, comme un poison, et de faire aux prisonniers et à leurs gardiens la blague d'ouvrir tout sans qu'ils s'en aperçoivent !

Et de donner naissance quelque part à une liberté irrésistible comme le soleil peu à peu qui triomphe de tous les voiles sans qu'on ait l'idée de dire merci !

SEPT-ÉPÉES : Pourquoi refuser tout ce qu'un pauvre homme peut donner et les larmes d'un cœur naïf ?

Et puis, ce n'est pas ce qui vous paraît drôle et amusant, cher père, qui est le point principal, mais de délivrer les captifs à la gloire de Dieu.

DON RODRIGUE : Quand j'aurai délivré les captifs (allons, je veux bien, ils me pleureront sur les pieds !),

Il en restera encore d'autres.

SEPT-ÉPÉES : Mais nous, nous resterons aussi, ou alors nous serons morts, ce qui nous délivrera de notre devoir.

DON RODRIGUE : Sept-Epées, mon enfant, est-ce que tu me mépriseras beaucoup si je te dis ce que je pense ?

SEPT-ÉPÉES : Parlez, mon père.

DON RODRIGUE : C'est curieux comme l'idée du bon monsieur Alonzo Lopez dans les fers et de reverser Alonzo Lopez à la désolée madame Lopez et à tous les petits Lopez,

De prendre désormais Alonzo Lopez dans cet épisode africain de son existence temporelle pour mon étoile polaire,

Fait remuer peu de chose en moi.

SEPT-ÉPÉES : Mon père, je ne croirai jamais que vous soyez si cruel et si léger.

DON RODRIGUE : Je ne le suis pas non plus, le diable m'emporte ! mais je sors ma pensée par le bout que je peux, je voudrais tâcher de me faire comprendre !

Dis-moi un peu, mon enfant, qui a rendu le plus de services aux pauvres fiévreux,

Le médecin dévoué qui ne bouge pas de leur chevet et qui leur tire du sang et qui leur ôte la vie pour les guérir au péril de la sienne,

Ou cette espèce de propre-à-rien qui, ayant eu un jour comme ça

Envie de l'autre côté de la terre,
A découvert le quinquina ?

SEPT-ÉPÉES : Hélas, c'est le trouveur de quinquina.

DON RODRIGUE : Et qui a délivré le plus d'esclaves,
Celui qui ayant vendu son patrimoine les rachetait
un par un,
Ou le capitaliste qui a trouvé le moyen de faire
marcher un moulin avec de l'eau ?

SEPT-ÉPÉES : Chacun sa manière ! Ce n'est pas tant
de faire du bien patiemment à nos frères et sœurs qui
nous est recommandé
Que de faire ce que nous pouvons, d'aimer les captifs et les souffrants qui sont les images de Jésus-Christ
et de poser notre vie pour eux.

DON RODRIGUE : Allons, une fois encore je suis
repoussé avec perte, et cependant je suis convaincu
qu'il doit y avoir quelque moyen de t'expliquer
Pourquoi quand je suis appelé au nord j'ai le sentiment aussitôt que c'est du côté de l'ouest ou du sud
que mon devoir est de regarder.

SEPT-ÉPÉES : Mais ici ce n'est ni nord ni sud, mais
vous flottez au hasard sur une eau sans courant,
Livrant aux vents tout ce qui sort de votre imagination.

DON RODRIGUE : Et pourquoi n'aurais-je pas le droit
de produire mes papiers volants, comme le cerisier ses
fruits, ou si c'est trop d'honneur que de me comparer
à cet arbre sucré,
Le genévrier les siens ?

SEPT-ÉPÉES : Parce que j'ai besoin de vous. Ma mère
a besoin de vous et tous ces captifs à Alger ont besoin
de vous.
Nous avons profondément besoin de vous et non
pas de vos fruits, mais de votre bois.

DON RODRIGUE : Mais c'est-il avoir besoin de moi

que de me demander ce que tout autre à ma place
pourrait fournir encore mieux ?

Ainsi si tu as besoin d'une table, certainement tu
peux t'adresser à un serrurier et peut-être qu'il te fera
quelque chose qui y ressemble,

Mais à ta place je penserais à un ébéniste.

SEPT-ÉPÉES : Ainsi votre spécialité n'est pas de vous
occuper de vos frères souffrants ?

DON RODRIGUE : Ma spécialité n'est pas de leur faire
du bien un par un. Je ne suis pas l'homme du particulier.

Ma spécialité n'est pas de sauver Antonio Lopez des
bagnes turcs et Marie Garcia de la petite vérole.

SEPT-ÉPÉES : Mais ne dites pas, mon cher père, que
vous ne servez à rien !

Ne me faites pas cette peine ! Ne dites pas qu'en
ce monde misérable vous ne voulez servir à rien et à
personne !

DON RODRIGUE : Si fait, Sept-Epées ! Oui, je crois
que je ne suis pas venu au monde pour rien et qu'il
y a en moi quelque chose de nécessaire et dont on ne
pouvait se passer.

SEPT-ÉPÉES : Qu'êtes-vous venu faire parmi nous ?

DON RODRIGUE : Je suis venu pour élargir la terre.

SEPT-ÉPÉES : Qu'est-ce que c'est qu'élargir la terre ?

DON RODRIGUE : Le Français qui habite en France
par exemple, c'est trop petit, on étouffe ! il a l'Espagne
sous les pieds et l'Angleterre sur la tête et dans ses
côtes l'Allemagne et la Suisse et l'Italie, essayez de
remuer avec ça !

Et derrière ces pays d'autres pays et d'autres pays
encore et finalement l'inconnu. Personne, il y a cinquante ans, ne savait ce qu'il y a. Un mur.

SEPT-ÉPÉES : Est-ce que vous pensez faire disparaître
l'inconnu ?

DON RODRIGUE : Quand tu me parles de délivrer les captifs, mais est-ce les délivrer que de les faire passer d'une prison dans une autre prison ? changer de compartiment ? L'Espagne jadis pour moi n'était pas un cachot moins insupportable qu'Alger.

SEPT-ÉPÉES : Il y a toujours quelque part un mur qui nous empêche de passer.

DON RODRIGUE : Le Ciel, ça n'est pas un mur !

Il n'y a pas d'autre mur et barrière pour l'homme que le Ciel ! Tout ce qui est de la terre en terre lui appartient pour marcher dessus et il est inadmissible qu'il en soit d'aucune parcelle forclos.

Là où son pied le porte il a le droit d'aller.

Je dis que Tout lui est indispensable. Il ne peut pas s'en passer. Il n'est pas fait pour marcher avec une seule jambe et pour respirer avec la moitié d'un poumon. Il faut l'ensemble, tout le corps.

C'est autre chose que d'être limité par Dieu ou par des choses qui sont de la même nature que nous et qui ne sont pas faites pour nous contenir.

Je veux la belle pomme parfaite.

SEPT-ÉPÉES : Quelle pomme ?

DON RODRIGUE : Le Globe ! Une pomme qu'on peut tenir dans la main.

SEPT-ÉPÉES : Celle-là qui poussait autrefois dans le Paradis ?

DON RODRIGUE : Elle y est toujours ! Où il y a de l'ordre là est le Paradis. Regarde le Ciel et les astronomes te diront si l'ordre y fait défaut.

Maintenant, grâce à Colomb, grâce à moi,

Nous faisons partie par le poids de cette chose astronomique,

Bienheureusement détachés de toute autre chose que Dieu.

Nous ne tenons plus à rien que par la Loi et par

le Nombre qui nous rejoignent au reste de l'Univers. Que d'étoiles ! que Dieu est riche ! Et nous aussi nous ajoutons notre sou d'or à l'inépuisable richesse de Dieu !

SEPT-ÉPÉES : Et pendant que vous regardez le Ciel, vous ne voyez pas le trou à vos pieds, vous n'entendez pas le cri de ces malheureux qui sont tombés dans la citerne sous vous !

DON RODRIGUE : C'est pour qu'il n'y ait pas de trou que j'ai essayé d'élargir la terre. Le mal se fait toujours dans un trou.

On fait le mal dans un trou, on ne le fait pas dans une cathédrale.

Tous les murs qui s'écartent, c'est comme la conscience qui s'élargit. Il y a plus d'yeux qui nous regardent. Il y a plus de choses que vient déranger le désordre que nous causons.

Et nous-mêmes, quand les parois se sont ouvertes, nous nous apercevons qu'il y a des occupations plus intéressantes que de nous manger le ventre réciproquement comme des insectes dans un pot.

SEPT-ÉPÉES : Je me demande comment vous vous êtes aperçu autrefois de cette femme qui était ma mère.

DON RODRIGUE : Je ne m'en suis pas aperçu. J'ai été livré entre ses mains.

SEPT-ÉPÉES : Et maintenant sa mort vous a rendu libre de nouveau, quel bonheur !

DON RODRIGUE : Mon enfant, ne parle pas de choses qu'elle et moi nous sommes seuls à savoir.

SEPT-ÉPÉES : Le lien avec elle, un peu de mort a suffi à le casser. Quand je vous demande de venir à son secours vous ne voulez pas.

DON RODRIGUE : Une autre tâche m'appelle (*Sept-Epées ne répond pas et fait des raies sur la table avec son doigt.*) Mon petit docteur a quelque chose à dire.

SEPT-ÉPÉES : Père, je vous aime tellement ! mais quand vous me parlez d'élargir la terre et toutes ces grandes choses,

Je ne peux plus vous suivre, c'est trop grand, je ne sais plus où vous êtes, et je me sens toute seule, et j'ai envie de pleurer !

Ce n'est pas la peine d'avoir un père si on n'est pas sûr de lui et s'il n'est pas tout simple et tout petit comme nous.

DON RODRIGUE : Alors je n'ai pas le droit de vivre pour autre chose que pour toi ?

SEPT-ÉPÉES : Vous venez de dire que vous avez été livré entre ses mains, alors pourquoi est-ce que vous essayez de lui échapper ? ce n'est pas honnête.

Il ne fallait pas permettre une fois à une femme de prendre l'avantage sur vous. Maintenant ce que vous lui avez promis, vous n'avez plus le droit de le retirer et je suis là pour le réclamer à sa place.

DON RODRIGUE : Mais comment faire si ce que tu me demandes je ne puis absolument pas le donner ?

SEPT-ÉPÉES : C'est votre affaire de vous arranger, tant pis pour vous ! C'est un ordre, vous savez ! il n'y a qu'à obéir !

Je ne suis pas contente que vous mettiez cette espèce de douane à la porte de votre cœur pour laisser entrer ce qui vous plaît et le reste pas.

Quand je vous commande quelque chose, et que vous me dites : je ne peux pas, qu'en savez-vous ? Vous n'en savez rien du tout. Essayez voir !

C'est si bon, c'est si fort d'obéir !

Naturellement on peut imaginer soi-même un tas de choses. L'imagination vous présente un tas de bonnes choses qui sont toutes également alléchantes.

Mais un ordre qu'on reçoit, on n'a pas le choix, c'est comme la faim naturelle qui vous prend aux entrailles. On laisse tout en place pour aller se mettre à table.

DON RODRIGUE : Alors qu'est-ce qu'il faut que je fasse ?

SEPT-ÉPÉES : Il faut promettre.

DON RODRIGUE : Eh bien ! je promets.

SEPT-ÉPÉES : Il ne faut pas dire comme ça : Eh bien ! je promets, mais simplement : Je promets — et cracher par terre.

DON RODRIGUE : Je promets. (*Il crache par terre.*)

SEPT-ÉPÉES : Je promets aussi.

DON RODRIGUE : Je promets, mais je ne tiendrai pas.

SEPT-ÉPÉES : Alors je ne tiendrai pas non plus.

SCÈNE IX

LE ROI D'ESPAGNE *et sa* COUR, DON RODRIGUE

La Cour du ROI D'ESPAGNE *sur son Palais flottant
telle que ci-dessus décrite. Il est fait de plusieurs pontons accolés et mal joints, toujours craquant, montant,
descendant et changeant de niveau, de sorte que pas un
des acteurs n'a le pied sûr et que l'architecture de ce
beau lieu varie de la plus étrange façon.*

*Pantomime des courtisans qui font de leur mieux ;
on voit bien qu'ils font tout leur possible pour être là
et qui, à l'aide de force hochements de tête, mains
jointes, bras croisés, les yeux levés au ciel ou fichés en
terre et gestes attestateurs, expriment (en mesure sur
un petit air à la fois guilleret et funèbre) leur profonde
consternation. Le sol mouvant les oblige d'ailleurs à des
flexions de jarret et inclinations de corps pour rester en
place et les lance parfois de la manière la plus inopinée
dans de surprenants zigzags.*

UN : Mon cousin est au nombre des disparus.

DEUX : Mon oncle également. Il me laisse toute sa
fortune. Je vais être très riche. Oh la la ! Hélas !
Hélas !

TROIS : Hélas ! hélas ! hélas !

QUATRE : Et penser que je venais d'obtenir le monopole du haddock fumé en Ecosse pour soixante-dix ans ! Que vont dire mes créanciers ?

CINQ : Le duc de Medina Sidonia a eu la tête prise entre les deux battants d'une huître énorme.

On le voit quand il fait soleil qui s'agite mollement dans une espèce de courant d'air au fond de l'eau,

Terminé par d'élégants petits souliers aux boucles de diamant.

LE CHANCELIER, *d'une voix caverneuse* : Quel étrange revirement des choses humaines ! (*Il n'a pas achevé qu'un coup de roulis l'envoie à toute vitesse à travers la salle dans les bras d'un insignifiant hidalgo, fort embarrassé de cet honneur.*)

UN : Hier encore, sur la foi de cet absurde sous-préfet de Bayonne...

DEUX : Hier, et aujourd'hui !

TROIS : Tout a péri ! Cette fois il n'y a pas à douter. Rien ne reviendra en Espagne.

QUATRE : Hélas ! hélas ! notre armée !

CINQ : Hélas ! hélas ! nos bateaux !

SIX : Hélas ! nos bateaux ! Le *Lion-de-Castille,* le *Soleil-Royal,* l'*Eléphant-des-Asturies,* le *Rempart-des-Pyrénées* et *Grand-Blanc-d'Espagne.*

UN : Le stationnaire de la Bidassoa !

DEUX : Le *Saint-Fernand,* le *Saint-Ferdinand.*

TROIS : Le *Saint-Ponce,* le *Saint-Alphonse,* le *Saint-Ildefonse...*

QUATRE : Le *Saint-Marc-Girardin,* le *Sainte-Marie-Perrin,* le *Saint-René-Taillandier,* et le *Barthélemy-Saint-Hilaire...*

CINQ : Tout cela est allé par le fond, *de profundis,* ça ne fait rien, n'y pensons plus !

UN : Ce qui est le plus merveilleux est l'attitude de Sa Majesté. Son visage n'a pas changé.

DEUX : Elle n'a décommandé aucune fête.

TROIS : Aucune audience.

QUATRE : Quoi ! l'audience avec Don Rodrigue tient encore ?

LE CHANCELIER : Ordre exprès de Sa Majesté. Rien n'est changé. Don Rodrigue va être solennellement investi de son commandement d'Angleterre.

CINQ : Eh quoi ! il ne sait rien ?

LE CHANCELIER : On l'a mis à part depuis deux jours sur un bateau. Ordre sévère de tout lui cacher. Ordre à vous tous, Messieurs, de vous conduire avec lui respectueusement, comme il convient avec le Vice-Roi d'Angleterre, l'Elu de Sa Majesté.

UN : Ça va être amusant !

DEUX : Ainsi s'expliquait donc ce choix étrange de Don Rodrigue !

LE CHANCELIER : Nous avons un grand souverain. Dès qu'il apprit le désastre de l'Armada, au moment même où la fausse nouvelle à nous nous parvenait de notre victoire,

Il eut la pensée de Don Rodrigue.

TROIS : Le voici (*Entre* DON RODRIGUE *en superbes vêtements noirs, une chaîne d'or autour du cou, appuyé sur un page et flanqué de deux estafiers. Tous s'inclinent respectueusement avec les variantes que le mouvement de la mer introduit. Un rideau s'ouvre au fond de la scène et* LE ROI *paraît sur son trône. Toute la cour fait la révérence. Comme il est sur un ponton différent de celui où se trouvent Rodrigue et les courtisans, tantôt il disparaît par-dessous et l'on ne voit plus que sa tête ceinte d'une couronne d'or à grandes dents au niveau du plancher. L'orchestre se désintéresse de tout ce qui va suivre et s'occupe pour se désennuyer à imiter les plongeons et ascensions de la mer et les sentiments des gens qui ont mal au cœur.*)

LE ROI : Approchez-vous, Don Rodrigue, et laissez-

moi enfin contempler ce visage qu'on m'a si souvent
dépeint,

Ce front d'où ont jailli tant de nobles pensées, ce
bras qui a su imposer ses lois à la fortune.

On m'a montré sur la carte cette coupure que vous
avez eu l'idée de pratiquer entre les deux Amériques :

Ingénieuse petite chose dont les talents de Don
Ramire ont su tirer de merveilleuses conséquences.

Car c'est par elle désormais, l'auriez-vous cru, Monsieur ? que la paix règne sur tout ce vaste empire et qu'à
l'abri de la sédition nous étendons à l'un et à l'autre
continent les bienfaits de la religion et de l'impôt.

Et plus tard c'est vous qui, au milieu de l'Océan,
au flanc même de la Chine et du Japon,

Avez rivé ces espèces d'anneaux, les Philippines
éparses, où cet antique vaisseau l'Espagne a porté son
ancre la plus lointaine,

Non sans dépenses, dont nos esprits, plus lourds et
lents que le vôtre, arriveront cependant quelque jour,
j'en suis sûr, à reconnaître l'utilité.

Tant de services méritaient une récompense. Mais
quelle position trouver pour vous où vous ne fussiez
pas à l'étroit ?

Les grands esprits n'ont pas de besoins. Ils se rient
des titres et de l'argent. Quelle récompense plus grande
que d'ouvrir libre carrière à votre génie et de vous
laisser croiser en long et en large dans le soleil de notre
bénignité ?

C'est alors que nous avons admiré votre esprit chrétien, quand libéré de tout souci mercenaire

Vous vous êtes entièrement consacré au bien-être
moral de nos laborieuses populations maritimes, si
étroitement uni à leur développement matériel.

Quoi de plus méritoire que de faire pénétrer dans les
classes déshéritées par des moyens appropriés à leur
esprit naïf et rude

Quelque rayon d'idéal et le reflet d'une beauté supérieure, le sentiment des Beaux-Arts en un mot ?

Item quel plus noble sujet d'inspiration que ces grands hommes qui, pendant toute leur vie, n'ont fait autre chose qu'enseigner le mépris des richesses et le respect de l'Etat

Et qui maintenant au ciel, fonctionnaires perpétuels, partagent avec le soleil et la lune les honneurs du calendrier ?

Pardonnez-moi, Don Rodrigue, si la considération de vos efforts artistiques a quelquefois amené sur mes lèvres un sourire bienveillant.

J'ai rencontré en feuilletant ces humbles gravures d'heureuses saillies, les trouvailles d'une imagination généreuse malheureusement desservie par des moyens insuffisants et par l'ignorance de toutes les règles.

Vous m'avez fait admirer une fois de plus combien la nature à elle seule ne saurait suppléer à l'absence de bonnes institutions.

Croyez, Monsieur, que nos académies sont pleines d'imaginations débordantes, de sensibilités frémissantes, de passions volcaniques,

Mais tous ces beaux génies n'auraient pu arriver à leur claire et harmonieuse expression, à leur véritable utilité sociale, ils n'auraient pu exploiter avec économie leur petit domaine, ils ne jouiraient pas sans fatigue pour nos yeux et notre cerveau de cet éclat tempéré que nous admirons,

Si, effrayés de leurs propres transports, ils ne s'étaient jetés avidement sur tous les freins que la sagesse de nos aïeux a préparés, et s'ils ne s'étaient sévèrement imposé cette règle ascétique :

Celui qui fait ce qu'un autre a fait avant lui ne risque pas de se tromper.

Pardonnez-moi de m'étendre si longuement sur ce sujet frivole :

Peut-être estimerez-vous que je ne suis pas dénué de toutes lumières sur ces questions, ayant reçu autrefois les leçons de Raphaël,

Je veux dire de Raphaël Colin et de Cormon.

Mais je m'arrête. Je sais qu'en vous amusant à ces naïves compositions, vous n'avez pas eu pour but d'augmenter le patrimoine artistique de la nation espagnole,

Mais que l'esprit qui vous a guidé est celui de la vulgarisation, de l'édification et de la philanthropie.

DON RODRIGUE : Rien ne saurait échapper au regard pénétrant de Votre Majesté. Quel honneur et quelle confusion à la fois d'avoir retenu pour un moment l'attention de cet œil d'aigle,

Habitué aussi bien à prendre les dimensions d'un empire qu'à suivre le pauvre lapin qui essaye de se dissimuler entre deux touffes de bruyère.

Tel le grand Napoléon autrefois, d'un seul regard, enfantant Luce de Lancival !

Ces dessins que Votre Majesté vient de juger m'ont coûté à moi qui ne suis qu'un pauvre ouvrier bien des peines, bien des années d'études, d'expériences et de réflexions,

Mais il a suffit à Votre Majesté d'un seul regard, de quelques minutes d'attention, pour en reconnaître les défauts.

Hélas ! je ne les connais que trop ! *Defuit mihi symmetria prisca,*

Et pour m'orienter sur mes véritables directions (*mettant la main sur son cœur*) les paroles de Votre Majesté seront mon plus précieux trésor ! Oui, je veux qu'elles fassent désormais la règle de mon art et de ma vie,

Qui sera consacrée tout entière non seulement au relèvement du *tonus* moral de nos travailleurs du thon

Mais à la gloire et illustration de son règne. (*Il s'incline.*)

LE ROI : J'approuve vos intentions aussi bien que

votre modestie. (*Murmure flatteur de l'assistance, commenté délicatement par l'orchestre. Petits coups de grosse caisse.*)

Mais je parlais pour vous éprouver. La sérénité et la déférence avec lesquelles vous m'avez répondu

Me prouvent que l'artiste en vous n'a pas tout gagné et corrompu.

Ce n'est pas d'un artiste que j'ai besoin en Angleterre.

Ce n'est pas de ces mains qui étalent de la couleur sur du papier que j'ai besoin, mais de celles qui autrefois ont façonné l'Amérique.

Je vous donne congé de parler, Monsieur le Chancelier.

LE CHANCELIER, *les jambes écartées, en vieux loup de mer, chevauchant sur les mouvements du tangage et du roulis* : Trop longtemps, Don Rodrigue, vous vous êtes dérobé à l'appréciation de votre souverain et à l'expectation de vos compagnons d'entreprises.

Et s'il est trop vrai, comme il est naturel aux choses humaines, que l'envie et la fureur des faibles et des sots se soient donné carrière contre vous,

Cependant ce ne fut pas un acte charitable et juste et pieux de votre part de ne faire aucun effort là-contre et de céder la place en silence.

Aujourd'hui, l'Espagne et le monde avouent qu'ils ne peuvent plus se passer de votre secours.

Il n'est pas vrai que c'est dans l'adversité que nous avons le plus besoin de conseil car alors la nécessité s'impose à nous.

C'est quand la prospérité comme aujourd'hui nous accable,

Quand une entreprise, comme aujourd'hui réussit au-delà de notre attente, quand de démesurées responsabilités nous échoient, et que s'ouvrent en tous sens autour de nous des avenues pleines d'intérêt et de péril,

C'est alors qu'on reconnaît un cœur vraiment magnanime, c'est alors s'il est pour cet empire surchargé
quelque colonne,

Qu'elle s'avance et dise : Je peux ! et vienne au support de son souverain qui craque et qui gémit !

Et comme jadis les trois femmes qui vinrent trouver
Coriolan,

Ce n'est pas seulement l'Angleterre aujourd'hui qui
est venue se jeter à nos pieds, Marie que la fille de la
prostituée dépossède de son héritage,

C'est l'Espagne, c'est la Chrétienté, c'est l'Eglise, qui
supplient que pas plus longtemps Rodrigue ne leur
fasse défaut ! (*Silence. — Sensation.*)

DON RODRIGUE : Je ne demande pas de troupes ni
d'argent. Je demande que le Roi aussitôt que possible

Retire ses soldats et ses bateaux. Je suffirai.

LE CHANCELIER : Vous allez au-devant des désirs de
Sa Majesté qui a besoin de toutes ses forces en Allemagne.

LE MINISTRE DES FINANCES : Et comment ferez-vous
tout seul sans soldats et sans bateaux pour tirer de
l'argent aux Britanniques ?

Qui nous remboursera les frais de notre expédition ?

DON RODRIGUE : Le bon vin chrétien d'Espagne et
de Portugal, Monsieur le Ministre,

Que nous boirons dans nos brouillards à votre santé,

C'est cela qui se chargera de vous payer.

La paix pour toujours. La route sûre vers les Indes.

LE CHANCELIER : Point de troupes ni d'argent, c'est
entendu. Mais soyez tranquille, nous vous fournirons
largement d'auxiliaires et de conseillers.

DON RODRIGUE, *mettant ses lunettes et tirant un
papier de sa poche* : Je vois là, écrit sur un papier que
je me suis amusé à gribouiller cette nuit,

Que Rodrigue vaut un sou s'il est entier et qu'il ne vaut rien du tout si on le coupe en deux.

LE MINISTRE DE LA JUSTICE : Quoi ? pas d'hommes de loi pour vous accompagner ?

DON RODRIGUE : C'est écrit sur mon papier.

LE CHANCELIER : Vous voulez que nous ayons en vous une confiance absolue ?

DON RODRIGUE : Je vois écrit sur mon papier que c'est nécessaire.

Il est plus facile d'avoir confiance dans un seul homme que dans deux.

LE MINISTRE DE LA GUERRE : Et quels sont les engagements que vous prenez en retour ?

Qu'est-ce que vous êtes disposé à faire en matière de contingent militaire et de tribut ?

DON RODRIGUE : Le contingent militaire ce sera ces troupes que vous consacriez jusqu'ici à nous faire du mal,

Et quant au tribut, j'ai beau chercher je ne trouve pas ce mot dans mon rôlet.

LE MINISTRE DE LA GUERRE : Est-ce dans l'intérêt de l'Angleterre et de l'Espagne que le Roi vous envoie là-bas conseiller et gouverner ?

DON RODRIGUE : Je serais un bien mauvais tuteur si je ne prenais en mains les intérêts de mon pupille.

LE MINISTRE DE LA GUERRE : Faut-il sacrifier pour eux ceux de votre mandant ?

DON RODRIGUE : A Dieu ne plaise ! Je veux épargner à monsieur le Ministre des Finances la dépense d'une nouvelle Armada.

Oui, pendant que nous y sommes, profitons pleinement de notre victoire !

Je veux que l'Angleterre et l'Espagne après tant de combats béni soit à jamais le jour où elles ont eu l'idée de s'embrasser !

Ah ! nous nous sommes bien battus mais pas plus qu'il ne fallait !

Nous nous sommes tiré l'un de l'autre tout ce qui pouvait s'en tirer.

Le baiser n'aurait pas tant de goût si ce n'était pas un ennemi vaincu en cette personne défaillante que nous tenons entre nos bras.

LE MINISTRE DE L'INSTRUCTION PUBLIQUE : Je supplie Votre Majesté de faire attention aux propos inquiétants de Don Rodrigue.

LE ROI, *qui occupe à ce moment une position périlleusement oblique pendant que les courtisans, sur l'autre bateau, affectent l'oblique opposée* : Ce qu'il dit n'est pas privé de sens. Moi-même je ne regarde pas l'Angleterre autrement qu'avec des intentions pacifiques et matrimoniales.

Je crois à l'amour ! Ce que la politique ne peut faire, c'est à l'amour de l'achever.

Quel exemple des ménagements délicats de la Providence, à travers tant de batailles, meilleur

Qu'un arrangement qui pourvoirait à la fois à la paix de l'univers et à l'établissement de mes fils ?

Où cette reine abandonnée pourrait-elle se trouver mieux qu'entre les bras de Don Udolphe et de Don Valentin ?

DON RODRIGUE : Le problème de la tolérance entre les peuples est déjà suffisamment difficile

Sans qu'on y ajoute celui d'un accord entre les époux.

LE ROI : J'ai remarqué cependant que la Reine Marie considérait notre Don Ernesto d'un œil clément.

DON RODRIGUE : Non. Si quelqu'un connaît la Reine Marie, j'ose dire que c'est moi. C'est une âme réservée et ombrageuse. Elle sort à peine de prison. On voit bien qu'elle a passé sa vie dans la retraite loin des regards publics,

Il a fallu l'admiration ingénue que je lui inspirais pour qu'elle m'ouvre son cœur ; j'ai pénétré jusqu'au fond ce cœur de vierge, ce mélange de hardiesse et de timidité.

Je crois que si un homme peut quelque chose sur son esprit, c'est moi.

LE ROI : Je remets donc la cause de mon fils entre vos mains.

DON RODRIGUE : Il ne faut point de hâte.

Votre Majesté pèsera tout et jugera tout s'il convient de donner plus tard à un étranger

Titre sur la succession d'Espagne.

LE ROI : J'y penserai.

LE MINISTRE DE LA GUERRE : Don Rodrigue a omis de nous dire jusqu'à présent ce secret pour quoi lui seul suffit et comment

Sans troupes, sans argent et sans mariage,

Il maintiendra l'Angleterre et fera d'elle pour toujours l'amie et l'associée de l'Espagne.

DON RODRIGUE : Donnez à manger à vos ennemis, ils ne viendront pas vous déranger dans votre repas et vous arracher le pain de la bouche.

LE CHANCELIER : Je n'entends pas cette parabole.

DON RODRIGUE : Les Indes, là-bas dans le soleil couchant, je dis qu'elles sont au-dessus de l'appétit d'un homme seul.

LE CHANCELIER : Je commence à comprendre.

DON RODRIGUE : Il y a là dedans de quoi faire pour tout le monde pendant des siècles un repas énorme !

Pourquoi faire tant d'affaires de ce monde-ci, quand l'autre est là où nous n'avons qu'à prendre et dont Sa Majesté Catholique pour toujours, grâce à moi, tient l'artère principale ?

LE ROI : Vous voulez donc que nous donnions à l'Angleterre franchise et liberté de nos deux Amériques ?

DON RODRIGUE : Non pas à l'Angleterre seulement !

Ce n'est pas pour rien que le Bon Dieu, à la suite du Christophore, nous a invités à passer la mer ! Je veux que tous les peuples célèbrent la Pâque à cette table énorme entre les deux Océans qu'Il nous avait préparée !

Quand Dieu a donné l'Amérique à ce Ferdinand qui est appelé excellemment le Catholique, c'était trop grand, ce n'était pas pour lui seul, mais pour que tous les peuples y communient.

Que l'Angleterre bénisse à jamais le jour de sa réunion où en échange de sa liberté pareille à celle de mutins sur un bateau volé vous lui avez donné un monde nouveau !

Donnez à tous ces petits peuples d'Europe trop serrés qui se rentrent l'un dans l'autre la place de remuer !

Unissez toute l'Europe en un seul courant ! Et tous ces peuples travaillés par l'hérésie, puisqu'ils ne peuvent se retrouver par leurs sources, qu'ils s'unissent par leurs embouchures !

LE ROI : Dois-je comprendre que pour accepter cette Légation que je suis prêt à vous donner sur l'Angleterre,

Vous exigez que j'ouvre l'Amérique à vos nouveaux sujets qui sont mes récents ennemis ? C'est votre condition ?

DON RODRIGUE : Je ne vois pas ce que je peux faire là-bas d'utile autrement. (*Murmure de réprobation dans l'assistance auquel l'orchestre s'associe après avoir pris le temps de la réflexion.*)

LE MINISTRE DE LA GUERRE : Quelle insolence !

LE MINISTRE DE L'HYGIÈNE : Quelle impudence !

LE MINISTRE DE LA JUSTICE : Quelle exigence !

LE MINISTRE DE L'INSTRUCTION PUBLIQUE : Quelle extravagance ! Sire, nous vous supplions que vous n'ob... (*Coup de roulis.*) ...tempériez pas !

Nous vous supplions tous que vous n'obtempériez

pas aux impudentes et insolentes exigences et extra-
vagances de cet exorbitant gentilhomme ! (*L'orchestre
ajoute péremptoirement :* « *C'est ça !* » *et après une
petite pause se met à imiter les efforts de quelqu'un qui
vomit.*)

LE MINISTRE DE L'OLTRAMAR : Nous ne pouvons pourtant pas faire de l'Amérique que le génie et la vertu
de votre inoubliable grand-père ont fait sortir du sein
des Indes

La pâture banale de toute l'Europe !

LE MINISTRE DE L'INSTRUCTION PUBLIQUE : Il ne faut
pas obtempérer ! Il ne faut pas obtempérer !

LE ROI : Qu'en dites-vous, Monsieur le Chancelier ?

LE CHANCELIER : Excusez-moi. Je ne sais que penser.
Vous me voyez tout ému et frémissant.

LE ROI : Voyez-vous un moyen quelconque de nous
passer de Don Rodrigue en Angleterre ?

LE CHANCELIER, *la tête baissée et fronçant les sourcils comme s'il faisait un grand effort de réflexion, puis
avec un geste de résignation désespérée* : Hélas ! j'ai
beau chercher ! nous n'avons pas d'autre choix !

LE ROI, *à ses ministres* : Quelqu'un de vous veut-il
recevoir de mes mains l'Angleterre à la place de Don
Rodrigue ?

LE MINISTRE DE L'HYGIÈNE : Que votre Majesté m'excuse !

LE ROI : Avez-vous un autre nom à suggérer ?

LE MINISTRE DES EXERCICES PHYSIQUES, *avec éclat et
désespoir* : Il n'y en a point d'autres ! il n'y en a point
d'autres ! (*Là-dessus un coup de roulis l'oblige à réta-
blir son équilibre par une série de figures compliquées.*)

LE CHANCELIER, *pathétique et chevrotant* : Don Rodrigue, laissez-moi vous supplier d'être conciliant !
Ecoutez les conseils d'un vieillard.

Vous voyez le cruel embarras où se trouve votre souverain ! Soyez magnanime ! N'abusez pas de la situa-

tion ! Vous voyez que nous ne pouvons pas nous passer de vous !

Je vous supplie de ne pas demander plus qu'il n'est possible d'accorder.

DON RODRIGUE : Je ne puis assurer la paix si vous ne me donnez le monde entier.

LE ROI : Le monde entier est peu de chose pour moi, Don Rodrigue, s'il peut m'assurer de votre amour et de votre fidélité.

Retournez sur votre bateau. Vous connaîtrez ma décision dans un moment. Vous vous êtes donné en spectacle à tous. Chacun a pu vous regarder à son aise,

Gardes, accompagnez Son Altesse et veillez à chacun de ses pas.

Je ne puis vous priver plus longtemps de la place que vous vous êtes à vous-même assignée. (*Il sort majestueusement avec des arrêts en accord avec les mouvements de la mer.* DON RODRIGUE *sort de son côté. Tous les personnages de la cour se placent sur trois rangs, face au public et sur un claquement de mains ils sortent sur deux files à droite et à gauche après s'être livrés à quelques démonstrations de gymnastique rythmique.*)

SCÈNE X

DONA SEPT-ÉPÉES, LA BOUCHÈRE

En pleine mer, sous la pleine lune. DONA SEPT-ÉPÉES *et* LA BOUCHÈRE *à la nage. Pas d'autre musique que quelques coups espacés de grosse caisse. On pourra employer le cinéma.*

DONA SEPT-ÉPÉES : En avant ! Courage, la Bouchère !

LA BOUCHÈRE : Oh ! ce n'est pas le cœur qui me manque ! Partout où vous allez, Mademoiselle, je sais bien que je n'ai autre chose à faire que d'aller avec vous.

SEPT-ÉPÉES : Si tu es fatiguée, il n'y a qu'à se mettre sur le dos, comme ça, en croix, les bras écartés.

On ne sort que la bouche et le nez et quand on enfonce une grande respiration vous retire en l'air aussitôt.

Un tout petit mouvement, comme ça, avec les pieds et la moitié des mains.

Il n'y a pas de danger de se fatiguer.

LA BOUCHÈRE : Ce n'est pas tant que je sois fatiguée, mais quelqu'un m'a dit qu'il avait vu des requins. Oh ! j'ai peur qu'il y ait un requin qui vienne me tirer en bas par les pieds !

SEPT-ÉPÉES : Ce n'est pas des requins, je les ai vus ! Ce sont les pourpoises qui s'amusent. Ils n'ont pas le droit de s'amuser ? Ce n'est pas amusant peut-être d'être une jolie pourpoise ? (*Elle fait sauter de l'eau à grand bruit avec ses pieds.*)

LA BOUCHÈRE : Oh ! j'ai peur qu'ils me sautent dessus !

SEPT-ÉPÉES : N'aie pas peur, qu'ils y viennent, s'il y en a un qui veut te faire du mal je te défendrai contre eux, les fils de garce ! (*Elle rit aux éclats.*)

LA BOUCHÈRE : Mademoiselle, j'ai beau regarder partout, je ne vois plus la lanterne rouge.

SEPT-ÉPÉES : Tes amies de Majorque nous auront oubliées hourra, tralala !

LA BOUCHÈRE : Oh ! non, ne dites pas cela, je vous en prie, Mademoiselle, vous me faites si peur !

Oh ! non, je suis bien sûre de Rosalie et de Carmen et de Douleurs, qu'elles ne m'ont pas oubliée et qu'elles nous attendent quelque part avec des vêtements tout prêts comme je leur ai dit.

Quelque chose leur aura fait peur.

SEPT-ÉPÉES : Tu as peur, elles ont peur, on te fait peur ! Peur, peur, peur, peur, tu n'as que ce mot-là à la bouche !

Je ne comprends pas pourquoi tu es si pressée d'arriver, il fait si bon dans la mer jolie !

Regarde devant nous la lune dans l'eau toute plate comme une assiette d'or ! Il me semble que je pourrais l'attraper avec les dents.

LA BOUCHÈRE : Dites, Mademoiselle, si nous revenions vers le bateau de votre père, nous ne sommes pas encore très loin.

SEPT-ÉPÉES : Nous sommes parties, c'est fini, je ne veux pas revenir.

LA BOUCHÈRE : Ça lui fera tant de peine de voir que vous êtes partie comme ça !

SEPT-ÉPÉES : Ça ne lui fera pas de peine du tout. Le Roi lui a donné l'Angleterre, le voilà Roi d'Angleterre. Il a déjà trente-six idées sur l'Angleterre, il ne pense plus à moi.

Il va peindre toute l'Angleterre bleu ciel.

LA BOUCHÈRE : Si vous expliquiez tout à votre père comme il faut, peut-être qu'il viendrait avec nous.

SEPT-ÉPÉES : Non, il ne viendra pas. Il a autre chose à faire. On lui a donné la terre à élargir.

LA BOUCHÈRE : Mais vous même, cela ne vous fait pas de la peine de le quitter ?

SEPT-ÉPÉES : Si, ça me fait de la peine ! Pauvre père, il est si bête ! Cela me fait pleurer rien que d'y penser. Il m'aime bien dans le fond.

LA BOUCHÈRE : Que dirait Madame votre mère si elle vous voyait le quitter ainsi ?

SEPT-ÉPÉES : C'est elle qui m'appelle.

LA BOUCHÈRE : Elle vous appelle à quoi ?

SEPT-ÉPÉES : Ce que mon père ne veut pas faire, c'est moi qui le ferai toute seule à sa place.

LA BOUCHÈRE : Ne dites pas que votre père ne veut rien faire, regardez toutes les choses autour de lui qu'il a faites.

SEPT-ÉPÉES : Il n'y en a qu'une de nécessaire.

LA BOUCHÈRE : C'est d'aller avec Jean d'Autriche ?

SEPT-ÉPÉES : Oui, c'est d'aller avec Jean d'Autriche, tu sais que c'est demain qu'on part, il n'y a pas de temps à perdre ! en avant !

Mon père n'a pas besoin de moi, il est parti me laissant ce petit mot, le voilà comme un vieux brochet qui s'enfonce sous l'eau, dégageant de dessous lui, derrière lui, quelques bulles d'air, on ne le voit plus.

Et moi aussi je lui ai laissé un petit mot.

LA BOUCHÈRE : Oh ! je voudrais bien être poisson !

SEPT-ÉPÉES : Courage ! la voilà ! la voilà ! je la vois de nouveau ! il y a la lanterne rouge de nouveau ! je suis sûre qu'elles nous voient, il fait clair comme en plein jour ! on doit voir nos deux têtes très bien et le blanc que nous faisons en nageant !

— Il n'y a qu'une chose de nécessaire, c'est les gens à qui nous sommes nécessaires. En avant !

— Oh ! si je pouvais ramasser cette espèce de chapeau plat qui flotte là devant moi à trois pieds devant ma bouche et l'agiter au-dessus de moi pour leur faire signe !

LA BOUCHÈRE : Sept-Epées, vous étiez si belle et c'était si amusant de vous entendre parler, je suis allée avec vous.

Quand vous êtes là et que vous parlez, quel bonheur ! je n'existe plus, ce n'est pas la peine pour moi d'exister.

SEPT-ÉPÉES : Tu verras si ce n'est pas la peine d'exister, le joli mari que je te donnerai à bord du bateau de Jean d'Autriche, tout en fer et tout en or !

LA BOUCHÈRE : Quand vous lui expliquerez, jamais il ne se consolera de ne m'avoir jamais vue.

SEPT-ÉPÉES : Mais c'est idiot, ce que tu dis ! La mer vous porte, c'est délicieux ! Il n'y a presque aucun effort à faire, l'eau est chaude. Qui est-ce qui peut se fatiguer ? Il n'y a pas moyen de se fatiguer. Ne va pas me dire que tu es fatiguée.

LA BOUCHÈRE : Non, je ne suis pas fatiguée.

SEPT-ÉPÉES : Il n'y a qu'une chose de nécessaire et pas à s'occuper de tout le reste.

A quoi cela sert-il de tant regarder et de se promener éternellement en amateur avec un pot de couleur à la main, faisant une retouche ici et là ?

Et quand une chose est finie de remballer son petit fourniment de rétameur pour aller ailleurs bricoler ?

Il n'y a qu'une chose nécessaire, c'est quelqu'un qui vous demande tout et à qui on est capable de tout donner. En avant !

Que dirait mon petit Jean d'Autriche, ce soir, s'il ne me voyait pas rejoindre les couleurs ! On a besoin de moi !

Puisque mon père ne veut pas se battre, moi je me battrai à sa place.

Tu as bien entendu que toute l'Asie encore une fois est en train de se lever contre Jésus-Christ, il y a une odeur de chameau sur toute l'Europe !

Il y a une armée turque autour de Vienne, il y a une grande flotte à Lépante.

Il est temps que la Chrétienté, une fois de plus, se jette sur Mahomet à plein corps, il va voir ce que nous allons lui faire prendre, lui et le Roi de France, son allié !

J'espère que tu n'es pas fatiguée ?

LA BOUCHÈRE, *presque épuisée* : Non, non, je ne suis pas fatiguée.

SEPT-ÉPÉES : Si tu es fatiguée, c'est fini, je ne t'emmènerai plus jamais avec moi.

LA BOUCHÈRE : Je vous demande pardon de savoir si mal nager.

SEPT-ÉPÉES : Allons tout doucement à notre aise. C'est délicieux de tremper dans cette espèce de lumière liquide qui fait de nous des êtres divins et suspendus (*Pensé*), des corps glorieux.

Il n'y a plus besoin de mains pour saisir et de pieds pour vous porter.

On avance comme les anémones de mer, en respirant, par le seul épanouissement de son corps et la secousse de sa volonté.

Tout le corps ne fait plus qu'un seul sens, une planète attentive aux autres planètes suspendues.

(*Tout haut.*) Je sens directement avec mon cœur chaque battement de ton cœur. (*Ici* LA BOUCHÈRE *se noie.*)

L'eau porte tout. C'est délicieux, l'oreille au ras de

l'eau, de percevoir toutes ces musiques confuses (*Pensé*), les danseurs autour de la guitare,

La vie, les chants, les paroles d'amour, l'innombrable craquement de toutes ces paroles imperceptibles!

Et tout cela n'est plus dehors, on est dedans, il y a quelque chose qui vous réunit bienheureusement à tout, une goutte d'eau associée à la mer ! La communion des Saints !

(*Tout haut.*) Quel malheur ! Je vois que la barque nous a vues, elle se dirige sur nous !

Courage, la Bouchère, encore un petit effort, la feignante ! En avant ! tu n'as qu'à me suivre.

(Elle nage vigoureusement.)

SCÈNE XI ET DERNIÈRE

DON RODRIGUE, FRÈRE LÉON, DEUX SOLDATS

La même nuit. DEUX SOLDATS, FRÈRE LÉON, DON RODRIGUE, *enchaîné, sur un bateau qui se dirige vers la terre. Un gros falot attaché au mât éclaire la scène.*
La musique se compose : 1° *d'instruments à vent (flûtes diverses) extrêmement verts et acides qui tiennent indéfiniment la même note jusqu'à la fin de la scène ; de temps en temps, l'un des instruments s'arrête, découvrant les lignes sous-jacentes qui continuent à filer ;* 2° *trois notes pincées en gamme montante sur les instruments à corde ;* 3° *une note avec l'archet ;* 4° *roulement sec avec des baguettes sur un petit tambour plat ;* 5° *deux petits gongs en métal ;* 6° *ventral et au milieu détonations sur un énorme tambour. Le tout* pianissimo.

DON RODRIGUE, *à l'un des soldats qui tient une lettre à la main :* Je vous prie de me donner cette lettre qui m'appartient.
FRÈRE LÉON : Donne-lui cette lettre, Manuelito.
LE SOLDAT : Je la lui donnerai si ça me plaît. Je n'aime pas qu'on fasse le Roi d'Angleterre avec moi.
DON RODRIGUE : Cette lettre m'appartient.

LE SOLDAT : C'est toi, mon vieux Rodrigue, qui m'appartiens. Le Roi dans sa grande miséricorde ayant jugé bon de pardonner à un traître,

T'a donné en toute propriété à son chambellan, qui t'a donné à son tour à son valet de chambre en payement de dix pièces d'or que lui avait prêtées ce fils de chien.

Qui à son tour ne sachant que faire de ce vieux N'a-qu'une-jambe,

T'a donné, pour un certain service, à moi, c'est une belle prise, demain, je vas te faire tambouriner dans tout Majorque, je tirerai bien dix sous de toi au prix qu'est la peau de traître.

DON RODRIGUE : Veuillez considérer, Monsieur, que cette lettre est de ma fille.

LE SOLDAT : Eh bien, si tu veux, nous allons la jouer aux dés. Si tu gagnes, elle est à toi. (*Il remue les dés dans un cornet qu'il lui présente.*)

DON RODRIGUE : Frère Léon, je ne peux pas prendre ce cornet à cause de mes chaînes. Je vous prie de jouer à ma place. (*Le moine remue le cornet et lance les dés par terre.*)

LE SOLDAT, *regardant les dés* : Trois as ! ce n'est pas mauvais. (*Il lance les dés à son tour.*)

Quatre as ! j'ai gagné.

FRÈRE LÉON : Donne-lui la lettre quand même, mon fils !

LE SOLDAT : Je ne lui donnerai pas la lettre, mais je veux bien la lui lire. Qui sait s'il n'y a pas des complotations là-dedans contre Sa Majesté ? (*Il ouvre la lettre et s'approchant du fanal se met en devoir de lire.*)

Ha ! ha ! (*Il rit aux éclats.*)

DEUXIÈME SOLDAT : Qu'est-ce qui te fait rire ?

PREMIER SOLDAT : *Mon cher papa*, qu'elle dit.

DEUXIÈME SOLDAT : Qu'est-ce qu'il y a de drôle ?

PREMIER SOLDAT : Il lui a fait croire qu'il était son papa ! Son papa est Cacha-diablo comme on l'appelait,

Don Camille, un autre renégat dans le temps, comme lui, qui faisait de la piraterie sur la côte du Maroc, —

Et qui avait pour maîtresse la veuve d'un ancien Capitaine général des Présides, attends un peu, elle s'appelait un drôle de nom, quelque chose comme Ogresse ou Bougresse, Prouhèze.

FRÈRE LÉON : Ce n'était pas sa maîtresse, mais sa femme. Je le sais, c'est moi qui les ai mariés tous deux autrefois quand j'étais à Mogador.

DON RODRIGUE : Eh quoi, mon père, vous avez connu Prouhèze ?

PREMIER SOLDAT : Paraît que c'est tout de même Rodrigue qui est le papa. *Mon cher papa,* qu'y a d'écrit. Ho ! ho !

DEUXIÈME SOLDAT : Attends un peu, il a quelque chose à dire. Monsieur a quelque chose à dire ?

DON RODRIGUE : Nullement. Je m'associe à votre simple gaieté. C'est défendu de rire ? Votre camarade a un rire communicatif qui indique une heureuse nature.

DEUXIÈME SOLDAT : Et ça vous fait rien qu'on vous appelle un traître ?

DON RODRIGUE : Cela me ferait quelque chose si j'en étais un.

DEUXIÈME SOLDAT : Mais c'est vrai que vous en êtes un !

DON RODRIGUE : Alors on a su s'arranger pour que je ne fasse de mal à personne.

DEUXIÈME SOLDAT, *au Premier Soldat* : Lis-nous la suite.

PREMIER SOLDAT, *lisant* : « Le Roi vous a donné l'Angleterre. Vous n'avez plus besoin de moi. » Ha ! ha ! ha ! (*Il rit aux éclats.*)

DEUXIÈME SOLDAT : Le Roi lui a donné l'Angleterre, c'est drôle ! Il n'y a plus qu'à la prendre !

PREMIER SOLDAT : Mon vieux, il y a une actrice appelée, appelée quelque chose, elle lui a fait croire que c'était elle Marie, la Reine d'Angleterre.

Elle est allée se jeter à ses pieds pour lui demander de voler à son secours et d'accepter un royaume de sa main.

DEUXIÈME SOLDAT : C'est drôle.

PREMIER SOLDAT : C'est alors qu'ils ont fait toute espèce de petits arrangements ensemble contre le Roi d'Espagne. Elle a tout raconté.

DEUXIÈME SOLDAT : J'aurais voulu être là quand il a posé ses conditions au Roi pour accepter l'Angleterre ! Tout le monde en rit sur la mer !

DON RODRIGUE : Vous voyez là un exemple, mon Père, des situations ridicules où peut se mettre un homme d'imagination. Rien ne lui paraît surprenant.

Comment ne pas croire une jolie femme qui absorbait tout ce que je disais de la bouche et des yeux, une personne charmante qui dessinait si bien et qui du bout de son pinceau ramassait mes moindres intentions ?

PREMIER SOLDAT, *approchant la lettre du falot* : Où en étais-je ? « ... l'Angleterre, vous n'avez plus besoin de moi. »

FRÈRE LÉON : Manoel, j'ai là dans ma manche quatre pièces d'argent que les âmes charitables m'ont données pour mon couvent,

Je te les donne si tu me donnes cette lettre.

PREMIER SOLDAT : Je vous la donnerai quand je l'aurai lue.

DON RODRIGUE : Laissez-le lire, Frère Léon.

PREMIER SOLDAT : « Je pars pour rejoindre Jean d'Autriche. » Ça, c'est une nouvelle. Tu as entendu, le vieux ? Elle part pour rejoindre Jean d'Autriche.

DEUXIÈME SOLDAT : Jean d'Autriche va l'épouser pour sûr. Il n'y aura plus à s'occuper de son établissement.

PREMIER SOLDAT : Elle a su qu'on arrêtait son père.

Il n'y avait plus qu'à déguerpir au plus vite. Ce vieux bancal qu'on met en prison, il n'y a plus qu'à le lâcher. Ce n'est pas pour rien qu'on est la fille de deux traîtres.

DEUXIÈME SOLDAT : C'est le moment de rejoindre Jean d'Autriche.

PREMIER SOLDAT : L'aura-t-elle rejoint seulement ? Tout à l'heure j'ai entendu dire que les pêcheurs venaient de ramasser dans l'eau une jeune fille qui est morte entre leurs mains.

FRÈRE LÉON : Comment pouvez-vous être tous les deux si méchants et si cruels ?

PREMIER SOLDAT : C'est lui qui nous défie et qui se moque de nous avec son air supérieur et tranquille.

On dirait que c'est Monsieur qui nous a invités et qui ressent une sincère satisfaction de la joie qu'il nous cause en nous agréant au nombre de ses domestiques.

FRÈRE LÉON, à DON RODRIGUE, *lui mettant la main sur la main* : Don Rodrigue, ce n'est pas vrai, ou alors c'est une autre jeune fille.

DON RODRIGUE : J'en suis sûr. Que pourrait-il m'arriver de mauvais par une nuit si belle ?

DEUXIÈME SOLDAT : C'est une belle nuit pour vous que celle où l'on vous emmène pour vous mettre en prison ou pour vous vendre comme esclave ?

DON RODRIGUE : Je n'ai jamais vu quelque chose de si magnifique ! On dirait que le ciel m'apparaît pour la première fois. Oui, c'est une belle nuit pour moi que celle-ci où je célèbre enfin mes fiançailles avec la liberté !

DEUXIÈME SOLDAT : Tu as entendu ce qu'il dit ? Il est fou.

PREMIER SOLDAT : Achevons notre lecture : « Je vais rejoindre Jean d'Autriche. Adieu. Je vous embrasse. Nous nous retrouverons... » Je ne peux pas lire.

FRÈRE LÉON : Donnez-moi la lettre.

PREMIER SOLDAT : « ... au ciel. Nous nous retrouverons au ciel. »

DEUXIÈME SOLDAT : Au ciel ou bien ailleurs. Ainsi soit-il.

FRÈRE LÉON : Il n'y a pas autre chose ?

PREMIER SOLDAT : « Votre fille qui vous aime. Marie de Sept-Epées. »

DEUXIÈME SOLDAT : Ça termine bien la lettre.

PREMIER SOLDAT : Il y a encore une ligne. « Quand je serai arrivée avec Jean d'Autriche, je dirai que l'on tire un coup de canon. Faites attention. »

APPEL DE FEMME *dans la nuit sur la mer* : Oh ! de la barque !

PREMIER SOLDAT : On nous appelle. Il y a une barque là-bas qui nous fait signe avec un falot. (*Tous les deux vont dans une autre partie du bateau.*)

DON RODRIGUE, *à voix basse* : Est-ce vrai, Frère Léon ? pensez-vous que ce soit vraiment mon enfant que les pêcheurs ont ramassée dans la mer ?

FRÈRE LÉON : Non, mon fils. Je suis sûr que ce n'est pas vrai.

DON RODRIGUE : Brave Sept-Epées ! Non, non, ni ton père ni toi ne sommes de ceux que la mer engloutit ! Celui qui a un bras vigoureux et qui respire à pleine poitrine l'air de Dieu, il n'y a pas de danger qu'il enfonce ! Il surmonte joyeusement cette grosse vague magnifique et qui ne nous veut aucun mal !

FRÈRE LÉON : Il faut lui pardonner.

DON RODRIGUE : Lui pardonner, dites-vous ? il n'y a rien à pardonner. Ah ! que n'est-elle ici, chère enfant, pour que je la serre entre ces bras chargés de chaînes !

Va à ta destinée, mon enfant ! va combattre pour Jésus-Christ, mon agneau, à côté de Jean d'Autriche,

L'agneau que l'on voit sur les peintures avec sa petite bannière sur l'épaule.

FRÈRE LÉON : Frère Rodrigue, ne serait-ce pas le moment de m'ouvrir votre cœur chargé ?

DON RODRIGUE : Il est chargé de péchés et de la gloire de Dieu, et tout cela me vient aux lèvres pêle-mêle quand j'essaye de m'ouvrir !

FRÈRE LÉON : Dites-moi donc tout à la fois.

DON RODRIGUE : Ce qui vient le premier, c'est ma nuit au fond de moi comme un torrent de douleurs et de joie à la rencontre de cette nuit sublime !
Regardez !
On dirait toute une population autour de nous qui ne vit que par les yeux !

FRÈRE LÉON, *montrant le ciel* : C'est là dedans, Rodrigue, que vous allez célébrer vos fiançailles avec la liberté !

DON RODRIGUE, *à voix basse* : Frère Léon, donnez-moi votre main. Essayez de vous rappeler. C'est vrai que vous l'avez vue ?

FRÈRE LÉON : De qui voulez-vous parler ?

DON RODRIGUE : Cette femme que vous avez mariée autrefois à Mogador. Ainsi vous l'avez vue ? C'est vrai que vous l'avez vue ? Qu'est-ce qu'elle vous a dit ? Comment était-elle, ce jour-là ? Dites-moi s'il a jamais existé au monde une femme plus belle ?

FRÈRE LÉON : Oui, elle était très belle.

DON RODRIGUE : Ah ! ah, cruelle ! ah ! quel atroce courage ! ah ! comment a-t-elle pu me trahir et épouser cet autre homme ! et moi je n'ai tenu qu'un moment sa belle main contre ma joue ! Ah ! après tant d'années la plaie est toujours là et rien ne pourra la guérir !

FRÈRE LÉON : Tout cela un jour vous sera expliqué.

DON RODRIGUE : Vous devez vous rappeler. Le jour que vous l'avez mariée, est-ce qu'elle avait l'air heureuse à côté de ce nègre ? Est-ce qu'elle lui a donné volontiers sa belle main, le doigt de sa main pour qu'il y passe l'anneau ?

FRÈRE LÉON : Il y a si longtemps. Je ne me rappelle plus.

DON RODRIGUE : Vous ne vous rappelez plus ? Et quoi, même ces yeux si beaux ?

FRÈRE LÉON : Mon fils, il ne faut plus regarder que les étoiles.

DON RODRIGUE : Vous ne vous rappelez plus ?

Ah ! ce sourire radieux et ces yeux pleins de foi qui me regardaient ! Des yeux que Dieu n'a pas faits pour voir ce qu'il y a de vil et de mort en moi !

FRÈRE LÉON : Abandonnez ces pensées qui vous déchirent le cœur.

DON RODRIGUE : Elle est morte, morte, morte ! Elle est morte, mon Père, et je ne la verrai plus ! Elle est morte et jamais elle ne sera à moi ! Elle est morte et c'est moi qui l'ai tuée !

FRÈRE LÉON : Elle n'est pas si morte que ce ciel autour de nous et cette mer sous nos pieds ne soient encore plus éternels !

DON RODRIGUE : Je le sais ! C'était cela qu'elle était venue m'apporter avec son visage !

La mer et les étoiles ! Je la sens sous moi ! Je les regarde et je ne puis m'en rassasier !

Oui, je sens que nous ne pouvons leur échapper et qu'il est impossible de mourir !

FRÈRE LÉON : Fouillez dedans tant que vous voudrez ! Vous n'arriverez pas au bout de ces trésors inépuisables ! Il n'y a plus moyen de leur échapper et d'être ailleurs ! On a retiré autre chose que Dieu ! On a enchaîné l'exacteur ! Tout ce qui en vous s'accrochait misérablement aux choses une par une et successivement ! C'est fini des œuvres serviles ! On a mis aux fers vos membres, ces tyrans, et il n'y a qu'à respirer pour vous remplir de Dieu !

DON RODRIGUE : Vous comprenez ce que je disais quand tout à l'heure j'ai ressenti obscurément que j'étais libre ? (*Choc, le bateau est abordé par un autre bateau.*)

VOIX DE FEMME : Aidez-moi ! (*Une vieille religieuse, suivie par une autre plus jeune, monte à bord.*)

PREMIER SOLDAT : Salut à la Sœur glaneuse !

LA RELIGIEUSE : Bonjour, mon petit soldat ! Il n'y a rien pour moi sur ton bateau ?

PREMIER SOLDAT : Si, il y a un tas de vieux bouts et débris de toutes sortes, vieilles armes, vieux chapeaux, vieux drapeaux, fers cassés, pots fendus, chaudrons fêlés, qu'on m'a donné à vendre à Majorque.

LA RELIGIEUSE : Montre voir, mon petit soldat.

PREMIER SOLDAT : C'est trop sale et trop vilain pour vous.

LA RELIGIEUSE : Il n'y a rien de trop sale et trop vilain pour la vieille sœur chiffonnière. Tout est bon pour elle. Les déchets, les rognures, les balayures, ce qu'on jette, ce que personne ne veut, c'est ça qu'elle passe son temps à chercher et ramasser.

PREMIER SOLDAT : Et vous faites de l'argent avec ça ?

LA RELIGIEUSE : Assez d'argent pour nourrir beaucoup de pauvres et de vieillards et pour bâtir les couvents de la Mère Thérèse.

DON RODRIGUE : C'est la Mère Thérèse de Jésus qui vous envoie ainsi la mer glaner ?

LA RELIGIEUSE : Oui, mon garçon, je glane pour elle et pour tous les couvents d'Espagne. (*Le* SOLDAT *est allé chercher une brassée de vieux vêtements et d'objets hétéroclites qu'il jette sur le pont.* LA RELIGIEUSE *les examine et les remue du bout de sa canne à la lueur de la lanterne.*)

LA RELIGIEUSE : Qu'est-ce que tu veux de tout ça ?

PREMIER SOLDAT : Trois pièces d'or !

LA RELIGIEUSE : Trois pièces d'or ! Je veux bien t'en donner deux.

DON RODRIGUE : Mère glaneuse ! Mère glaneuse !

Puisque vous êtes amateur, pourquoi est-ce que vous ne me prenez pas aussi avec les vieux drapeaux et les pots cassés ?

LA RELIGIEUSE, *au Soldat* : Qu'est-ce que c'est que celui-là ?

PREMIER SOLDAT : C'est un traître que le Roi m'a donné à vendre au marché.

LA RELIGIEUSE, *à Don Rodrigue* : Eh bien, mon garçon, tu entends ? tu es un traître, que veux-tu que je fasse d'un traître ? Si encore tu avais tes jambes au complet.

DON RODRIGUE : Vous m'aurez pour pas cher !

LA RELIGIEUSE, *au Soldat* : Est-ce qu'il est à vendre pour de bon ?

PREMIER SOLDAT : Il est à vendre, pourquoi pas ?

LA RELIGIEUSE : Et qu'est-ce que tu sais faire ?

DON RODRIGUE : Je sais lire et écrire.

LA RELIGIEUSE : Et est-ce que tu sais faire la cuisine ? Ou coudre et tailler les vêtements ?

DON RODRIGUE : Je sais parfaitement bien.

LA RELIGIEUSE : Ou raccommoder les souliers ?

DON RODRIGUE : Je sais aussi.

PREMIER SOLDAT : Ne l'écoutez pas. Il ment.

LA RELIGIEUSE : Ce n'est pas beau de mentir, mon garçon.

DON RODRIGUE : Du moins je peux relaver la vaisselle.

PREMIER SOLDAT : Si vous la lui donnez, il cassera tout.

DON RODRIGUE : Je veux vivre à l'ombre de la Mère Thérèse ! Dieu m'a fait pour être son pauvre domestique.

Je veux écosser les fèves à la porte du couvent. Je veux essuyer ses sandales toutes couvertes de la poussière du Ciel !

FRÈRE LÉON : Prenez-le, Mère glaneuse.

LA RELIGIEUSE : C'est pour vous faire plaisir, mon
Père. Je le prends, mais je ne veux rien payer pour lui.

PREMIER SOLDAT : Ce n'est pas que j'y tienne, mais
il faut me donner une petite douceur. Un petit sou d'argent, histoire de dire que j'en ai retiré quelque chose.

LA RELIGIEUSE : Alors tu peux le garder.

FRÈRE LÉON : Donne-le, soldat. Il sera en sûreté. Personne ne sait ce qui peut encore sortir de ce vieux
Rodrigue.

PREMIER SOLDAT : Alors vous pouvez le prendre.

LA RELIGIEUSE : Et j'aurai en plus cette espèce de
chaudron en fer que je vois là et dont vous ne faites
rien ? Ou alors je ne le prends pas.

PREMIER SOLDAT : Prenez-le ! Prenez tout ! Prenez
ma chemise !

LA RELIGIEUSE : Emballez tout cela, ma sœur. Et toi,
viens avec moi, mon garçon.

Fais attention à l'échelle avec ta pauvre jambe.

DON RODRIGUE : Ecoutez ! (*Trompette au loin sonnant triomphalement.*)

LA RELIGIEUSE : Cela vient du bateau de Jean d'Autriche.

DON RODRIGUE : Elle est sauvée ! mon enfant est
sauvée ! (*Coup de canon dans le lointain.*)

FRÈRE LÉON : Délivrance aux âmes captives ! (*Les
instruments de l'orchestre se taisent un par un.*)

EXPLICIT
OPVS MIRANDVM

Paris, mai 1919.
Tokyô, décembre 1924.

ŒUVRES DE PAUL CLAUDEL

Poèmes.

CORONA BENIGNITATIS ANNI DEI.

CINQ GRANDES ODES.

LA MESSE LA-BAS.

LA LÉGENDE DE PRAKRITI.

POÈMES DE GUERRE.

FEUILLES DE SAINTS.

LA CANTATE A TROIS VOIX, *suivie de* SOUS LE REMPART D'ATHÈNES et de traductions diverses (Coventry Patmore, Francis Thompson, Th. Lowell Beddoes).

POÈMES ET PAROLES DURANT LA GUERRE DE TRENTE ANS.

CENT PHRASES POUR ÉVENTAILS.

SAINT FRANÇOIS, *illustré par José Maria Sert.*

DODOITZU, *illustré par R. Harada.*

ŒUVRE POÉTIQUE (1 vol., *Bibliothèque de la Pléiade*).

Théâtre.

L'ANNONCE FAITE A MARIE.

L'OTAGE.

LA JEUNE FILLE VIOLAINE (*première version inédite de 1892*).

LE PÈRE HUMILIÉ.

LE PAIN DUR.

LES CHOÉPHORES. — LES EUMÉNIDES, *traduit du grec.*

DEUX FARCES LYRIQUES : Protée. — L'Ours et la Lune.

LE SOULIER DE SATIN OU LE PIRE N'EST PAS TOUJOURS SUR.

LE LIVRE DE CHRISTOPHE COLOMB, *suivi de* L'HOMME ET SON DÉSIR.

LA SAGESSE OU LA PARABOLE DU FESTIN.

JEANNE D'ARC AU BÛCHER.

L'HISTOIRE DE TOBIE ET DE SARA.

LE SOULIER DE SATIN, *édition abrégée pour la scène.*

L'ANNONCE FAITE A MARIE, *édition définitive pour la scène.*

PARTAGE DE MIDI.

PARTAGE DE MIDI, *nouvelle version pour la scène.*

THÉATRE (2 vol., *Bibliothèque de la Pléiade*).

Prose.

POSITIONS ET PROPOSITIONS, I et II.

L'OISEAU NOIR DANS LE SOLEIL LEVANT.

CONVERSATIONS DANS LE LOIR-ET-CHER.

FIGURES ET PARABOLES.

LES AVENTURES DE SOPHIE.

UN POÈTE REGARDE LA CROIX.

L'ÉPÉE ET LE MIROIR.

ÉCOUTE, MA FILLE.

TOI, QUI ES-TU ?

SEIGNEUR, APPRENEZ-NOUS A PRIER.

AINSI DONC ENCORE UNE FOIS.

CONTACTS ET CIRCONSTANCES.

DISCOURS ET REMERCIEMENTS.

L'ŒIL ÉCOUTE.

ACCOMPAGNEMENTS.

EMMAÜS.

UNE VOIX SUR ISRAËL.

L'ÉVANGILE D'ISAIE.

LE LIVRE DE RUTH.

PAUL CLAUDEL INTERROGE L'APOCALYPSE.

PAUL CLAUDEL INTERROGE LE CANTIQUE DES CANTIQUES.

LE SYMBOLISME DE LA SALETTE.

PRÉSENCE ET PROPHÉTIE.

LA ROSE ET LE ROSAIRE.

TROIS FIGURES SAINTES.

VISAGES RADIEUX.

QUI NE SOUFFRE PAS... (Réflexions sur le problème social.) *Préface et notes de Hyacinthe Dubreuil.*
MÉMOIRES IMPROVISÉS, *recueillis par Jean Amrouche.*
CONVERSATION SUR JEAN RACINE.

Morceaux choisis.

PAGES DE PROSE *recueillies et présentées par André Blanchet.*
LA PERLE NOIRE, *textes recueillis et présentés par André Blanchet.*
JE CROIS EN DIEU, *textes recueillis et présentés par Agnès du Sarment. Préface du R. P. Henri de Lubac, S. J.*

Correspondance.

AVEC ANDRÉ GIDE (1899-1926). *Préface et notes de Robert Mallet.*
AVEC ANDRÉ SUARÈS (1904-1938). *Préface et notes de Robert Mallet.*
AVEC FRANCIS JAMMES ET GABRIEL FRIZEAU (1897-1938) ET DES LETTRES DE JACQUES RIVIÈRE. *Préface et notes d'André Blanchet.*

*

ŒUVRES COMPLÈTES : *vingt-six volumes parus.*

ACHEVÉ D'IMPRIMER
EN MAI 1967 PAR
EMMANUEL GREVIN et FILS
A LAGNY-SUR-MARNE

Dépôt légal : 2e trimestre 1967.
Nº d'Édition : 12575. — Nº d'Impression : 8908.

Imprimé en France.